Research on the Influencing Factors and Economic Consequences
of the Accounting Information
Comparability of Chinese Listed Companies

中国上市公司会计信息可比性
影响因素及经济后果研究

袁知柱　等著

中国财经出版传媒集团

经济科学出版社

Economic Science Press

图书在版编目（CIP）数据

中国上市公司会计信息可比性影响因素及经济后果研究/袁知柱等著 . -- 北京：经济科学出版社，2022.10
ISBN 978 - 7 - 5218 - 4115 - 2

Ⅰ. ①中… Ⅱ. ①袁… Ⅲ. ①上市公司 - 会计信息 - 影响因素 - 研究 - 中国②上市公司 - 会计信息 - 经济效果 - 研究 - 中国 Ⅳ. ①F279. 246

中国版本图书馆 CIP 数据核字（2022）第 189888 号

责任编辑：袁　溦
责任校对：齐　杰
责任印制：邱　天

中国上市公司会计信息可比性影响因素及经济后果研究
袁知柱　等著
经济科学出版社出版、发行　新华书店经销
社址：北京市海淀区阜成路甲 28 号　邮编：100142
总编部电话：010 - 88191217　发行部电话：010 - 88191522
网址：www. esp. com. cn
电子邮箱：esp@ esp. com. cn
天猫网店：经济科学出版社旗舰店
网址：http：//jjkxcbs. tmall. com
固安华明印业有限公司印装
710 × 1000　16 开　20.5 印张　230000 字
2022 年 10 月第 1 版　2022 年 10 月第 1 次印刷
ISBN 978 - 7 - 5218 - 4115 - 2　定价：92.00 元
（图书出现印装问题，本社负责调换。电话：010 - 88191510）
（版权所有　侵权必究　打击盗版　举报热线：010 - 88191661
QQ：2242791300　营销中心电话：010 - 88191537
电子邮箱：dbts@ esp. com. cn）

前　　言

　　可比性是一项重要的会计信息质量特征，然而由于其测度的困难，现有研究局限于采用会计准则协调或实务协调度量方法来进行间接考察，缺少直接检验成果。弗朗哥等（De Franco et al.，2011）基于盈余—收益回归模型，创新性的设计出会计信息可比性的测度方法，从而为会计信息可比性的实证研究提供了难得的契机。然而，该方法测度的是 4 年平均的会计信息可比性值，无法得到公司年度层面的截面可比性值。本书采用尼尔（Neel，2011）、安德烈等（André et al.，2012）、林等（Lin et al.，2013）、贾亚拉曼和威尔第（Jayaraman and Verdi，2014）等文献对该方法的改进思路，测度出中国上市公司的公司年度层面截面可比性值，并对测度结果进行了有效性检验。

　　考察了会计制度变迁、地区法治水平、市场竞争、事务所特定审计方式等因素对会计信息可比性的影响。实证结果发现：新会计准则实施初期会计信息可比性没有显著变化，而当实施进入成熟期后可比性显著提升。我国地区法治水平与会计信息可比性显著正相关，即在我国法治水平较强的地区，管理层能更严格遵守会计准则规定，会计信息可比性较强；相对于国有控股公司，法治水平与可比性的正相关关系在非国有控股公司中更显著。市场竞争程度与会计信息可比性显著负相关，即激烈的市场竞争会导致管理层提供可比性较低的会计信息，因此相对于市场竞争的公司治理效应来说，专有性成本效应与盈余压力效应对可比性起到了决定性作用。"国际四大"与"国内六大"会计师事务所均存在特定审计方式，由同一"国际四大"（或"国内六大"）审计的两家公司间的会计信息可比性值要显著高于由不同"国际四大"（或"国内六大"）审计的两家公司间的会计信息可比性值。会计师事务所规模越大，特定审计方式对可比性的作用效应越强，由同一"国际四大"审计的两家公司间的会计信息可比性值要显著高于由同一"国内六大"审计的两家公司间的会计信息可比性值，而后者又显著高于由同一"国内非六大"审计的两家公司间的会计信息可比性值。

从企业会计盈余操纵、资源配置效率、权益资本成本、创新绩效等角度考察了会计信息可比性的经济后果。实证结果发现：会计信息可比性与企业应计盈余操纵程度显著负相关，与真实盈余操纵程度显著正相关，因此尽管高可比性能抑制应计盈余操纵行为，但这会导致管理层转而采用真实经济业务操纵手段来实现盈余管理目标。高可比性会计信息能抑制企业的投资过度及投资不足行为，最终提升企业资源配置效率。随着企业信息透明度的增强，会计信息可比性与投资过度行为的负相关关系减弱，因此信息透明度与可比性在抑制投资过度行为上是替代的治理作用；但对于投资不足行为，只有在高信息透明度环境下，信息透明度与可比性对其抑制作用才呈现出替代关系。高可比性会计信息能显著降低企业权益资本成本，且相对于国有控股公司，这种作用在非国有控股公司中更加显著。会计信息可比性与企业创新绩效显著正相关，并且这种相关性随着企业信息透明度的提升而减弱。进一步检验发现，独立董事比例较低或地区法治水平较弱时，会计信息可比性对企业创新绩效的提升作用更加显著。

本书研究结果有助于深入认识中国上市公司会计信息可比性程度及其影响因素与经济后果，能为监管者制定合理的会计信息监管策略提供指导，进而促进市场健康快速发展。

本书感谢国家自然科学基金青年科学基金项目（71202153）、教育部人文社会科学研究规划基金项目（18YJA790102）及中央高校基本科研业务费专项资金资助项目（N2006015）等课题的资助。本书的写作得到了东北大学工商管理学院领导、同事及学生们的支持与帮助，在此向他们表示衷心的感谢，没有他们的支持与帮助，本书很难在规定时间内顺利完成。

本书由袁知柱进行总体策划、框架结构设计、研究问题提炼和研究方案制定、具体分工安排和协作等。本书主要由袁知柱撰写完成，吴粒、张小曼、刘思琪、吴珊珊、侯乃堃、于雪航、姚依明、宋晋龙、俞珺泽、刘洁等作者也参与撰写了部分内容。特别要感谢宋晋龙，他为本书稿的校正及排版做了大量工作。

本书共计 23 万字，其中袁知柱撰写了 18 万字，剩余部分由其他作者完成。

本书的选题属于会计信息质量领域的前沿课题，由于本人研究水平及能力有限，撰写时间较紧张，因此书中难免有错误或不妥之处，请广大读者批评指正。

袁知柱

2022 年 9 月 5 日

目　　录

第 1 章

绪　　论

1.1　研究背景及研究意义

1.1.1　研究背景

　　会计信息质量特征是会计信息应达到的质量要求，是会计系统为达到会计目标而对会计信息的约束，它主要回答什么样的会计信息才算有用或有助于决策。作为质量特征体系中不可缺少的组成部分，可比性是一个非常重要的会计信息特征，它是指当经济业务相同时，不同主体的会计信息应能显示相同的情况；反之，当经济业务不同时，会计信息也能反映其差异。1980 年 12 月美国财务会计准则委员会（FASB）发布的第 2 号财务会计概念公告《会计信息的质量特征》中就可比性做出了明确要求，并指出可比性使信息使用者能够比较两类经济现象之间的异同（FASB，1980）。国际会计准则委员会（IASC）于 1989 年 7 月发布的《关于编制和提供财务报表的框架》中认为，高质量会计信息必须符合十个质量特征，其中四个最主要特征为可理解性、相关性、可靠性和可比性（IASC，1989）。

    会计信息可比性可分为横向可比性与纵向可比性，其中横向可比性是指不同主体提供的会计信息在同一时期可比，也称为狭义可比性，而纵向可比性是指同一主体提供的会计信息在不同时期可比。根据比较空间范围的不同，横向可比性又可分为国际会计信息可比性和一国内部不同主体会计信息可比性（本书将可比性限定于研究一国内部公司之间的横向可比性，而纵向可比性不在研究范围）。会计信息可比性能扩大会计信息的有用性和决策相关性，它有利于投资者、债权人及其他信息使用者对不同企业的财务状况、经营成果及未来前景做出比较、分析、鉴别和预测，从而提高投资决策的效率（FASB，1980，2008；IASC，1989；SEC，2000；IASB，2008）。具有可比性的会计信息是市场公平竞争和正确评价企业业绩的必要条件（会计信息质量特征研究课题组，2006）。

    随着跨国公司的迅猛发展和国际资本市场的形成，对国际会计信息可比性的需求日益增强。因此，如何增加不同国家的会计信息可比性，使会计成为全球性的通用商业语言，从而减少信息加工成本，提高国际资本流动性和配置效率，成为过去 30 年来国际会计理论和实务界共同关注的焦点。1973 年国际会计准则委员会（IASC）成立，致力于协调会计活动并制定一个世界范围内通用的会计准则。1987 年启动"可比性与改进计划"项目，初步形成了国际会计准则体系。1999 年前后完成了对已发布国际会计准则的全面修订，其中的 30 项准则在 2000 年 5 月由国际证监会组织评审通过。为了成为一个更独立的世界性准则制定机构，并取得更广泛的支持，2001 年初，国际会计准则委员会重组为国际会计准则理事会（IASB）。2002 年欧盟决定采用国际会计准则，并于 2005 年 1 月开始在上市公司中实行。到目前为止，全球已有 120 多个国家或地区要求或允许采用国际会计准则（杨敏，2011）。田高良等（2020）研究发现，国际会计准则得到大多数"一带一路"沿线国家的认可和采用，各国家的会计准则与国际会计准则趋同是大势所趋。在这一背景下，大量文献开始研究国际会计信息可比性问题，如会计准则国际协调度测度（Rahman et al.，1996；杨钰和曲晓辉，2008；吴革等，2013）、会计实务国际协调度测度（Van der Tas，1988；魏明海，2005），会计国际协调效果（Weetman et al.，1998；徐经长等，2003；周嘉南和贾巧玉，2018），国际会计准则执行问题（Street and Gray，2002）等。

尽管国际会计信息可比性问题已经得到了较多学者的关注，但是对于一国内部会计信息可比性问题，却较少有学者关注。究其原因，一方面是由于在国际会计协调与趋同的大背景下，多数国家的管理当局与学术界都把可比性关注的重点放在如何修订本国会计准则，以实现跨国可比性。另一方面，更为重要的是，由于公司层面可比性测度困难导致的。不同于应计质量、平滑度、可预测性、稳健性等会计特征使用公司自身的数据即可计算得到，可比性是一个相对概念，不仅需要本公司会计数据，还需要找到"对比公司"，并设计适当的统计方法来比较公司间信息的可比程度。单独依赖公司自身数据来计算可比性是有问题的（Schipper and Vincent，2003），因此可比性测度要比其他会计质量特征困难一些，或者方法更灵活一些。需要指出的是，前述会计准则与实务国际协调研究中仅仅是依据不同国家的准则与实务差异来度量会计可比性，不需要找"对比公司"，是一种国家间的整体近似测度值，不适用于一国内部公司层面研究（袁知柱和吴粒，2012）。弗朗哥等（2011）基于盈余—收益回归模型，创新性地设计出了公司层面会计信息可比性测度方法，从而为这方面问题的研究创造了机会。

中国会计制度改革前实行的是分所有制、分行业和分部门的会计制度，不同所有制、行业或部门企业之间的会计信息很难进行相互比较，会计信息缺乏可比性。1993 年会计制度改革取消了不同所有制企业的界限，采取按行业或企业组织形式执行同一会计制度的办法，且当行业或组织形式不同时，对于发生的相同交易或事项，也应尽可能采用相同的会计处理方法，以增强会计信息可比性。1992 年 11 月公布的《企业会计准则——基本准则》规定："会计核算应当按照规定的会计处理方法进行，会计指标应当口径一致、相互可比；会计处理方法前后各期应当一致，不得随意变更"。1997年 5 月开始，财政部逐步公布了《关联方关系及其交易的披露》等一系列会计准则，2001 年取消分行业会计制度，建立起综合统一的企业会计制度。2006 年 2 月又颁布了由一项基本准则，38 项具体准则构成的与国际会计准则全面趋同的新会计准则体系，并同时在基本准则中将可比性列为会计信息应具备的八项基本质量特征之一，为中国上市公司会计信息可比性的提升进一步创造了条件。

中国股票市场成立于 20 世纪 90 年代初，虽然仅仅有 30 年的发展时间，但已经取得了举世瞩目的发展成就。根据上海证券交易所和深圳证券交易所网站显示，截至 2022 年 9 月 30 日，上海证券交易所与深圳证券交易所的上市公司总数达到了 4600 余家，股票总市值超过了 75 万亿元。在股票市场快速发展的同时，上市公司会计信息可比性状况如何？是否已经随着会计制度改革而不断提高呢？由于会计信息质量除受到会计准则影响外，还受到投资者保护制度、公司治理、审计监管及管理层报告动机等因素的影响（Ball et al.，2003；刘峰等，2004；Ball，2006；Soderstrom and Sun，2007），因此除了会计准则外，还有哪些因素会对会计信息可比性产生影响。会计信息可比性的提高会给中国上市公司带来什么经济后果，它会减少企业盈余操纵行为吗？会增加资源配置效率吗？会减少权益资本成本吗？会增加企业创新绩效吗？这些问题目前国内很少有相应的研究成果，急需解决，本书即是在此背景下提出的。

1.1.2 研究意义

（1）理论意义

会计信息可比性虽然是一项重要的会计信息质量特征，这一概念也很早就提出了，但由于公司层面测度的困难，实证研究非常匮乏，难以为其理论体系构建提供支持。因此目前可比性的理论不如相关性、稳健性等会计信息质量特征丰富与完善，理论成果较少，还没有形成一个理论体系。本书试图以新兴的中国证券市场为研究样本，对会计信息可比性的测度、影响因素及经济后果进行全面系统的实证分析与检验，为可比性的相关理论研究提供借鉴。

（2）实践意义

第一，由于国民经济管理及宏观调控经常需要汇总数据，可比的会计信息将使各公司提供的核算资料和数据能够相互比较，此时汇总数据更有意义，宏观决策会更有效，反之汇总数据噪声成分比较大，不适合进行宏观决策，因此本书将有助于判断汇总数据的总体有效程度。第二，如果投资者、债权人或其他报表使用者能够利用本书研究结果来比较不同公司的会计信息可比性，并借此来评价公司财务状况与经营成果的可靠程度，将更有利于他们做出有效投资或借贷决策，从而增进资源配置效率。第三，有助于监管者了解中国证券市场会计信息可比性现状及不足，促使他们制定更合理的监管策略，提高信息可比性，最终促进市场平稳健康发展。

1.2　研究内容和研究方法

1.2.1　研究内容

本书首先对中国上市公司会计信息可比性进行准确测度，并深入系统地分析可比性的影响因素及经济后果，主要研究内容如下。

第1章　绪论。首先阐述本专著的研究背景和研究意义；其次介绍了研究内容、研究方法和研究框架；最后分析特色与创新之处。

第2章　相关文献综述。包括会计信息可比性内涵及相关理论研究，会计信息可比性的测度方法、影响因素及经济后果研究的综述，并对国内外研究现状进行评述。

第 3 章 会计制度变迁、实施阶段与会计信息可比性。测度中国上市公司会计信息可比性值，并对测度结果进行了有效性检验，然后考察 2007 年新会计准则实施对会计信息可比性的影响。进一步地，由于内外部治理环境可能对会计准则的执行力度产生影响，因此也考察在不同治理环境下新会计准则实施提升可比性的效果是否有显著差异。

第 4 章 地区法治水平与会计信息可比性。采用樊纲等（2011）的度量指标，实证考察我国各地区法治水平对上市公司会计信息可比性的影响。进一步地，由于企业产权性质可能对投资者保护的治理作用产生影响，因此也考察了不同产权性质下法治水平与可比性的关系是否存在差异。

第 5 章 市场竞争、治理环境与会计信息可比性。实证考察了市场竞争对会计信息可比性的影响。进一步地，由于公司内外部治理环境可能对市场竞争的治理作用产生影响，与市场竞争存在互补效应或替代效应，因此也考察了不同的治理环境下市场竞争对会计信息可比性的影响是否存在显著差异。

第 6 章 事务所规模、特定审计方式与会计信息可比性。本章以中国上市公司为样本，考察中国市场上的会计师事务所是否存在特定的审计方式，且这种审计方式是否影响了会计信息可比性。首先，考察了“国际四大”特定审计方式是否在中国市场存在。其次，考察了除“国际四大”外，近几年快速发展的国内规模较大的会计师事务所是否形成了特定审计方式，这些大所的内部工作规则和指引是否影响会计信息可比性。再次，分析了如果“国际四大”与国内大所的特定审计方式都存在，那么其对会计信息可比性的影响是否存在显著差异。最后，考察了国内数量众多的中小事务所是否也形成了特定审计方式。

第7章　会计信息可比性与企业会计盈余操纵。考察了可比性对企业应计及真实盈余操纵行为的影响。进一步地，由于内外部治理环境对盈余操纵成本及操纵难度有显著影响，因此也考察了法治水平、产权性质及会计准则变更等治理环境变化是否影响可比性与应计及真实盈余操纵行为的关系。

第8章　会计信息可比性、信息透明度与企业资源配置效率。实证考察了会计信息可比性对企业投资过度及投资不足行为的影响。进一步地，由于公司信息透明度较高时，信息使用者已经能从目标公司那里获得所需要的相关信息，此时同行业竞争者信息的价值及效用降低，因此也考察了公司信息透明度对可比性与资源配置效率关系的影响。

第9章　会计信息可比性与权益资本成本。实证考察了会计信息可比性对企业权益资本成本的影响，进一步的，产权性质不同，企业融资难度及融资成本可能存在差异，因此也考察了产权性质对会计信息可比性与权益资本成本关系的影响。

第10章　会计信息可比性、信息透明度与企业创新绩效。实证考察了会计信息可比性对企业创新绩效的影响，以及信息透明度对这一关系的调节作用。进一步的，由于完善的内外部治理机制能够抑制代理问题、降低投资者的风险溢价，此时同行业竞争者信息的效用降低，选用独立董事比例和地区法治水平作为公司治理机制代理指标，考察了治理机制对会计信息可比性与创新绩效关系的影响。

第11章　研究结论及对策建议。针对上述分析总结研究结论，提出相关建议对策。

1.2.2　研究方法

由于本书是要分析中国上市公司会计信息可比性的实际特征，因此运用了规范分析与实证分析相结合的方法进行研究，并以实证分析为主。

（1）规范研究方法

规范研究是依据设定的假设条件，通过抽象的数理模型刻画，或者依据逻辑推理来剖析问题。采用规范分析方法，综合运用财务学及经济学理论，并结合中国的制度背景和证券市场特征，对中国上市公司会计信息可比性内涵与特征做深入刻画，并探讨会计制度变迁、法治水平、市场竞争及会计师事务所特定审计方式等因素对可比性的影响机理。由于目前缺少理论文献说明哪些变量能解释可比（Lang et al.，2011），因此这一规范分析过程非常重要。最后从企业会计盈余操纵、资源配置效率、权益资本成本和企业创新绩效等角度对可比性经济后果的产生机理做深入理论分析。

（2）实证研究方法

由于模型假设条件或逻辑推理过程不可能与现实完全符合，因此规范分析结论可能与现实有一定出入，这就需要使用实证分析作补充，实证分析不但可以检验规范分析的结论，而且还可以丰富揭示现实中的一些经济现象。会计信息可比性测度的计算工作量非常大，手工无法完成，需要编制统计软件程序来运算。本书各实证检验在充分控制相关变量基础上，建立多元线性回归模型进行实证分析。另外，对于部分因变量与自变量间的因果决定关系问题，采用联立方程模型等方法来解决。为了增加研究结果可信度，对实证分析结果进行多角度的稳健性检验。

1.3 特色与创新之处

（1）从新的研究视角考察了会计信息可比性问题

可比性是会计信息质量的重要特征之一，但是由于其测度的困难，相对于稳健性、相关性、可预测性等质量特征来说，相关成果很少，目前的研究主要局限于间接地从会计准则协调及方法协调的角度来进行，如会计准则差异、会计方法差异等。这些方法虽然为国际会计准则及实务协调做出了重要贡献，但这些方法的设计初衷并不是考察会计信息可比性，而是研究准则及方法协调问题，且会计准则可比、会计方法可比都不必然意味着信息可比，因此如果采用这些方法来考察会计信息可比性是存在计量误差的。本书基于会计信息的产出视角，借鉴了弗朗哥等（2011）的研究方法，从公司层面研究了中国上市公司会计信息可比性的测度、影响因素及经济后果问题，具有研究视角的创新性。

（2）系统地全面考察了会计信息可比性的影响因素

郎等（Lang et al.，2011）在研究国际会计准则（IFRS）强制执行对会计信息可比性的影响时指出，由于目前尚没有理论或实证文献说明哪些变量能解释会计信息可比性，因此在为回归方程选择控制变量时只能加入公司规模与权益市场账面价值比这两个最常用的公司特征变量作为控制变量。基于现有研究的严重不足，并结合中国证券市场制度背景，本书提出会计制度变迁、法治水平、市场竞争、会计师事务所特定审计方式是会计信息可比性影响因素的观点，并构建回归模型进行实证检验，为会计信息可比性高低不同的原因做出了解释。目前在国内外很少有可比性影响因素的研究成果，本书在这方面的研究具有创新性。

（3）系统考察了会计信息可比性的经济后果

公司披露高可比性会计信息，会给证券市场信息使用者或企业自身带来什么影响，目前缺少相关的研究成果。会计信息披露会产生外部性效应，即对同行业其他公司的股票定价及资源配置效率产生影响（Han and Wild，1990；Ramnath，2002；Thomas and Zhang，2008）。会计信息可比性较高时，信息使用者能从同行业竞争者中推断目标公司相关信息，如推断目标公司的研发投入、盈利状况、产品的边际利润率或者其他与商业机密相关的重要财务信息（如下个生产期间的生产、销售计划），因此会计信息可比性也会产生外部性效应。本书将从企业会计盈余操纵、资源配置效率、权益资本成本、企业创新绩效这四个角度系统考察高可比性会计信息的经济后果，有效弥补现有研究的不足。

第 2 章

相关文献综述

2.1　会计信息可比性内涵及相关理论研究

西蒙斯（Simmons，1967）较早地对会计信息可比性概念做出了解释，他认为可比性是对相似的经济状况做出同等的计量和报告。可比性是一种有助于识别出两种经济现象异同点的能力（王清刚、胡丽君，2010）。为达到会计信息可比，不同企业尤其是同一行业的不同企业之间，应使用相同的会计程序和会计方法来处理相同或类似的经济业务，便于会计报表使用者进行企业间的比较，从而有效地判断企业的经营绩效，据以做出投资决策。会计信息可比意味着通过阅读财务报表评价企业的财务状况和经营成果以及预计收益与现金流量的可靠程度（Harry and Teamey，1997）。会计信息可比能减少报表使用者对公司财务报表的依赖性，因为此时他们可以间接地从可比的其他公司推断该公司的财务信息（Cheng et al.，2011）。当使用财务比率来判断企业经营绩效时，可比性居于非常重要的地位（Stickney et al.，2007）。如果缺乏可比性基础，对财务数据进行有效分析将是不可能的（Libby et al.，2009）。FASB（1980）的概念框架也对可比性财务报表的作用进行了强调："投资或借贷决策尤其需要对不同投资机会进行比较与评价，如果会计信息不具有可比性，就不能有效的做出决策。"

美国注册会计师协会（AICPA）财务报告特别委员会于 1994 年发表了题为《改进企业报告——面向用户》的报告，在评估财务信息质量标准方面强调相关性、可靠性和可比性。美国证券交易委员会原主席阿瑟·利维特（Arthur Levitt）在其题为《高质量会计准则的重要性》的演讲中以保护投资人的利益为目标，提出诚信、透明、公允、可比和充分披露等特征为主要的会计信息质量要求。英国会计准则委员会（ASB）于 1999 年发布的公告"财务报告原则公告"中将会计信息质量特征分为三类，其中第二类与报表中信息的"表述"有关，主要包括可比性和可理解性。FASB 于 2010 年 9 月发表了与 IASB 内容趋同的第 8 号概念公告，并在第 3 章中重点指出，决策有用的会计信息至少应具备相关性和如实反映两项基本质量特征，但若再具备可比性等四项增进质量特征，就能进一步提高会计信息质量。

吴水澎（2000）指出，可理解性是会计信息的基础质量特征；有用性是会计信息的总体质量特征；可靠性、充分性、相关性和可比性是会计信息的主要质量特征。葛家澍和陈守德（2001）认为保护投资人的主要信息质量是透明度，而透明度由可比性、中立性、清晰性、完整性、充分披露及实质重于形式构成。张苏彤（1999）认为可比性要服从于真实性和相关性的要求。如果为了确保两个公司之间的信息可比性，不得不将其中一个公司的信息通过能导致产生不大可靠或不大相关信息的方法获得，那么可比性的改善就会损害或削弱真实性与相关性。孟凡利（2005）详细分析了会计信息可比性的六项构成要素，即指标含义一致、口径一致、时间一致、指导原则和计算方法一致、确认基础一致、计量基础一致，会计信息的生成和列报符合上述六项要素就是具备可比性的。刘骏（2010）认为可比性是会计信息能否有用的直接决定因素，"一家企业的信息若能与另一家企业的类似信息相比较，若能与本企业其他期间或时点的类似信息相比较，其有用性就将大大提高"。信息可靠、相关且可理解，若可比性不强，则信息的效用微不足道。因此，可比性是会计信息不可或缺的主要信息质量特征，它和可靠性、相关性、可理解性一样都是会计信息充分发挥效用的保证或支持。

2.2 会计信息可比性的测度方法研究

在国际会计准则（IFRS）的形成过程中，大量学者对会计准则协调（形式协调）与实务协调（实质协调，也称为会计方法协调）的测度问题进行了研究。严格来说，大部分这类研究的初衷并不是为了测度会计信息的可比性，而是为了考察不同国家会计准则与会计实务的协调程度，但由于这些方法可以用来间接地比较不同国家的会计信息可比性，因此这里先对这一领域的几个测度方法进行介绍，然后再分析弗朗哥等（2011）构建的公司层面会计信息可比性测度方法。

（1）基于会计准则协调（差异）的测度方法

拉赫曼等（Rahman et al.，1996）最早采用多元判别分析中的马氏距离法测量了澳大利亚与新西兰两国会计准则之间的协调程度。随后加里多等（Garrido et al.，2002）采用欧氏距离法考察了国际会计准则（IFRS）自身协调水平的变化，而丰特斯等（Fontes et al.，2005）采用欧氏距离、杰卡德（Jaccard）相似系数以及斯皮尔曼（Spearman）相关系数三种方法研究了葡萄牙会计准则在三个不同发展阶段与国际会计准则之间的差异程度。拜等（Bae et al.，2008）通过与国际会计准则的对比点分析，构建了两种度量国家间会计准则差异的方法。国内学者王静和孙美华（2003）、王建新（2005）通过对比点的差异程度计算出单项会计准则的协调度，然后将单项准则协调度加权平均得到中国会计准则总的国际协调度。王治安等（2005）采用平均距离法，杨钰和曲晓辉（2008）采用修订 Jaccard 系数，张国华和曲晓辉（2009）采用模糊聚类分析法测量了中国会计准则与国际会计准则的协调度。如果采用该方法来判断会计信息可比性，其基本的分析逻辑是"两个国家会计准则的差异程度越小，则会计信息可比性越强"。

上述方法为国家会计准则差异及协调度研究做出了很大贡献，但如果采用该方法来判断会计信息可比性，则存在一些不足，因为它没有考虑到准则执行问题，而会计信息质量除受到准则影响外，还会受到投资者保护制度、公司治理机制、审计监管及管理层报告动机等因素影响（Ball et al.，2003；刘峰等，2004；Ball，2006；Soderstrom and Sun，2007）。在不同国家准则执行力度不同的情况下，准则可比并不必然导致会计信息可比（Leuz and Wysocki，

2008；DeFond et al.，2011）。另外，该方法虽然可以用来近似比较国家间会计信息可比性，但却无法比较同一国家内部公司间会计信息的可比性（袁知柱和吴粒，2012）。

（2）基于会计方法协调（差异）的测度方法

范德塔斯（Van der Tas，1988）提出采用 H、I 和 C 指数来测量会计方法的协调程度，其中 H 指数借鉴的是产业研究中集中度（Herfindahl）指数，其基本逻辑是如果所有公司在不同的会计方法里集中选择某一种或者几种方法，就提高了会计信息可比性，C 指数考虑到个别公司采用多种备选会计处理方法并编制多重报告的情况，H 指数和 C 指数可以用来计量一国内部会计实务的协调程度，I 指数则可以用来计量不同国家之间的实务协调程度。由于指数法没有包含重要性测试，也没有考虑会计方法选择会受到经营环境和企业性质的影响，阿切尔等（Archer et al.，1996）、麦克利等（McLeay et al.，1999）、贾法尔和麦克利（Jaafar and McLeay，2007）又提出了统计模型方法。国内学者魏明海等（2005），王治安和万继峰（2006），杨钰（2007）也运用类似方法测度了我国具体会计实务的国内和国际协调程度。

然而，上述方法计算得到的是企业总体在单一事项上会计选择的总体可比性或集中度。这对研究单一事项上会计方法可比性的总体测度有重要价值，但对构成企业总体的企业个体的认识则未涉及，即未反映单一特定企业在单一事项或多事项上的会计方法选择与其他企业会计方法选择的可比性（胡志勇，2008），因此就无法对两个公司间会计方法的总体可比性进行测度。针对这一不足，胡志勇（2008）设计了可用于测度公司间方法总体可比性的高尔

（Gower）指数。但基于会计方法构建的测度指标仍然存在如下问题：首先，会计信息是所有会计方法选择的综合结果，那么各个方法的贡献率有多大差异，如何权衡？如何解释不同会计方法的执行差异？如何考虑会计方法与企业环境和经济业务的适应性？因此方法可比不一定导致信息可比。其次，对于某一特定经济业务，两个公司使用不同的方法也可能产生相同结果，如当价格与存货量不变时，后进先出法与先进先出法对会计信息的影响是相同的。最后，使用会计方法来研究通常需要手工搜集数据，成本往往是巨大的。

（3）会计数据双重披露差异的测度方法

在国际资本市场形成过程中，大量公司开始到境外如美国上市融资。按美国证券交易委员会（SEC）的规定，在美国上市的外国公司须提交 20 - F 格式的年度报告，年报编制可以依据美国会计准则以外的其他公认会计准则，但应在年报中披露调节情况，尤其需要调整其净利润和净资产，并要披露两者之间的差异数，这为研究会计信息可比性提供了难得的机会。因为在不同会计准则下的净资产或净利润的差距越小，说明两种会计准则协调程度越强，基于这两种准则下编制的会计报表的可比性越强。威特曼等（Weetman et al.，1998）、斯特里特等（Street et al.，2000）采用或改进格雷（Gray，1980）提出的稳健性指标方法，比较了其他国家公司在美国上市后会计信息的可比程度。中国内地发行 A + B 股或 A + H 股的上市公司需要编制双重财务报告，国内大量文献基于这一背景研究中国会计准则与国际（或香港）会计准则协调程度，如李树华（1997）、蒋义宏（2001）、陈等（Chen et al.，2002）、徐经长等（2003）、盖地和卢强（2004）、王跃堂等（2004）、王华和刘晓华（2007）、周嘉南和贾巧玉（2018）均做了这方面研究。

该方法从双重上市这一视角研究了准则实质协调效果，有很大应用价值，但该方法与会计信息可比性内涵有本质区别，因为它研究的是同一公司在不同会计准则下的数据差异，并非不同公司之间的信息可比性问题。另外，该方法的研究样本仅限于双重上市公司，无法扩展到其他公司。

（4）基于国家间盈余质量差异的测度方法

假定企业经营和经济环境等其他条件保持不变，盈余与应计收益倍数（盈余质量）在不同国家之间的差异是由不同国家的会计差异引致的。只要能够控制有关企业经营和经济环境等方面的变量，如国内生产总值（GDP）增长率、实际利率变动、公司盈余和销售增长率等，就可以判定不同国家之间盈余与应计收益倍数的差异及其变动所反映出的这些国家财务报告可比性的状况及变动趋势（魏明海，2003）。乔斯和郎（Joos and Lang，1994）认为国家间会计可比性增强将使盈利能力、会计定价倍数及价值相关性的差异减少。兰德和郎（Land and Lang，2002）以澳大利亚、加拿大、德国、法国、英国、日本和美国为例，研究 1987～1992 年及 1994～1999 年这两个区间盈余收益倍数的差异及变化趋势，在控制相关变量后，发现这七个国家盈余收益倍数的差距变小了（尽管系统性的差异依然存在），进一步检验发现应计收益倍数及应计与现金流量的负相关性也降低了，因此会计协调促使这七个国家会计信息可比性增强了。采用类似思路与方法，贝瑟林克等（Beuselinck et al.，2007）研究了 14 个欧洲国家的应计系统可比性，而廖等（Liao et al.，

2012）比较了法国与德国采用 IFRS 后，盈余与净资产账面价值可比性变化情况。

该方法需要考虑的问题是，盈余质量趋同就一定能表示会计信息可比了吗？似乎很难找到一个理论为其做出合理解释。魏明海（2003）指出，该方法的控制变量选择随意性较大，因此很难肯定地说盈余质量差异及其变化就是由会计差异引致的，而且有多种多样的现金流量、盈余和应计收益概念，选择哪一种概念更合理仍有待进一步研究。另外，与会计准则差异测度方法一致，该方法是国家层面（或样本层面）测度结果，无法用来比较同一国家内部公司层面会计信息的可比性。

（5）弗朗哥等（2011）构建的会计系统可比性测度方法

依据 FASB（1980）的观点"可比性使信息使用者能够比较两类经济现象之间的异同"，弗朗哥等（2011）把会计系统定义为企业经济业务生成财务报表的转换过程，两个公司的会计信息转换差异越小，则会计系统的可比性越强。依据这一逻辑，给定相同的经济业务，如果两个公司能生成相似的财务报表，则会计信息可比性越强。弗朗哥等（2011）用股票收益代表经济业务对公司的净影响，用会计盈余这一重要的财务指标代表公司的会计信息，基于盈余—收益回归模型设计了公司的会计转换函数，两个公司间转换函数的相近程度表示会计信息可比性。为了估计这种相近程度，对于公司 i 和 j，假定经济业务相同，分别用两公司的转换函数来计算它们的预期盈余，并用两公司预期盈余差异绝对值平均数的相反数来表示会计信息可比性。

提出该方法后，弗朗哥等（2011）从多个方面对该方法进行了有效性检验，并发现该指标与企业信息环境呈显著正相关，从而证明该方法测度公司层面会计信息可比性是有效的。郎等（2011）、德丰等（DeFond et al.，2011）、方等（Fang et al.，2016）、谢盛纹和刘杨晖（2016）、陈等（Chen et al.，2018）、崔等（Choi et al.，2019）、刘斌等（2019）、唐雪松等（2019）、契尔考普等（Chircop et al.，2020）、江轩宇和林莉（2022）等文献采用该方法研究了会计信息可比性的影响因素及经济后果问题。

除了该方法外，弗朗哥等（2011）还提出了盈余变化同步性测度方法，他们认为同一行业内的公司一般都会面临相同的外部经济冲击，如原材料价格或消费者需求的变化，如果两个公司的会计信息可比（从经济业务到生成财务报表的转换过程可比），公司利润会呈现比较一致的变化趋势。也就是说，同一行业内两公司盈余变化同步性（用两公司的盈余为因、自变量回归后的可决定系数 R^2 来表示）越高，则会计信息可比性越强。然而，这一方法也存在一些问题，盈余同步变化不一定能表明会计信息可比性强，因为可能是可比性之外的其他因素冲击的结果（如相同商业模式），虽然作者提出采用现金流量或股票收益同步性指标来控制这种影响，但仍然无法完全消除这一影响。郎等（2011）跨国样本检验时发现该指标与企业信息环境显著负相关，他们认为该指标考察的仅仅是盈余相关性问题（没有考虑企业环境及业务差异），并不能有效代表会计信息可比性。

2.3　会计信息可比性的影响因素研究

2.3.1　基于会计方法选择影响因素视角的间接研究

由于不同企业会计方法选择的一致性会对会计信息可比性产生影响，早期一些研究主要探讨会计方法选择的影响因素，并借此来间接的判断会计信息可比性的影响因素。拉赫曼等（Rahman et al.，2002）考察了公司特征因素与会计方法选择的关系，发现公司所处行业类别、管理集权程度、债务比率及审计师类型对会计方法选择协调有显著影响。贾法尔和麦克利（2007）发现国家及行业类别是欧盟国家企业会计方法选择的最重要因素，但相对于行业类别，国家类别的影响程度更大，公司特征因素方面，跨国上市和公司规模也对会计方法选择有显著影响。胡志勇（2008）采用高尔（Gower）指数测度会计方法可比性，实证发现行业类别、成长性、公司规模、财务杠杆、特别处理（ST）管制等对会计方法选择有重要影响。科尔等（Cole et al.，2010）以比利时、德国、荷兰和英国这 4 个国家的 79 个公司为样本，通过手工采集数据考察这些公司对 IF-RS 准则中各条款不同会计方法选择的差异程度及影响因素，来判断欧盟国家准则形式上的可比性是否能导致实质可比性。不同于贾法尔和麦克利（2007）的结论，他们发现国家类别是会计方法选择的最重要影响因素，而行业类别对会计方法选择的影响并不重要，就公司层面因素来说，审计师类型对会计方法选择有重要影响，而公司规模、债务比率及盈利性等公司特征均不是会计方法选择的影响因素。

2.3.2 IFRS执行对会计信息可比性影响的研究成果

上述文献是间接判断信息可比性影响因素，并非直接检验结果。随着国际会计准则（IFRS）的执行，一些学者开始直接检验 IFRS执行对会计信息可比性提升的影响。

这方面研究始于贝瑟林克等（2007），他们以欧盟14个国家1990~2005年的数据为样本，通过不同国家应计与正、负现金流关系的变化来考察会计信息可比性，检验发现在 IFRS 执行之前，这14个国家的应计会计系统就逐渐趋于一致，而2005年的强制执行并未显著提升可比性。进一步研究发现，经济周期及制度特征均是会计信息可比性的驱动因素。该文结论与保尔等（Ball et al.，2003）的观点一致，即仅仅实现准则的统一并不能完全带来会计信息可比，制度特征、报告动机与会计准则一样，都是会计信息可比性的重要影响因素。从研究思想来说，该文无疑是很有创新性的，但该文的一个最大不足是采用应计与正、负现金流关系的变化来考察会计信息可比性，这种考察方式使得该文的检验结果表述不是很清楚，而且缺乏一致性的判断标准，研究结论是一个总体性的判断结果。

卡西诺和加森（Cascino and Gassen，2010）以40个国家为样本，研究发现 IFRS 强制执行能显著提高资产负债表中无形资产（不含商誉）及准备金（不含职工福利准备金）项目的可比性，但却不能提高商誉项目的可比性，也未能显著提高应计质量、可预测性、持续性、平滑性、稳健性等盈余属性指标的可比性。为了解释这种相互矛盾的结果，他们手工收集了德国及意大利两国更为详细的数据，检验发现即使 IFRS 强制执行后，国家、区域及公司特征因素仍显著影响财务报告结果，因此限制了不同国家会计报表的可比性，从而为上述矛盾性的结果作了较好的解释。作者最后指出，IFRS的强制执行对国家间会计信息可比性的影响有限，会计信息依然受到会计准则及报告动机的双重影响。郎等（2011）将弗朗哥等（2011）的会计系统可比性及盈余变化同步性指标从一国内部扩展到国际比较层面，与弗朗哥等（2011）的结论不一致，他们发现这两个指标的经济内涵不同，尽管会计系统可比性仍然与公司信息环境指标显著正相关，但盈余变化同步性却会降低分析师盈利预测精度、增加信息不对称程度，作者认为这是由于这两个方法构造的思想完全不同导致的，因为盈余变化同步性仅仅考虑了两公司盈余的关联程度，而没有考虑到经济环境差异。进一步的检验结果发现，IFRS 的强制执行能显著提高国家间盈余变化同步性，但却会显著降低会计系统可比性，由于盈余变化同步性与公司信息环境指标负相关，因此他们得到结论：IFRS 的强制执行对国家信息环境的改善有负向作用，它会降低国家间会计信息可比性。究其原因，作者认为这主要是由于经过多年发展，很多国家自有的会计准则已经较好地适应了国家法律及经济制度特点，因此强制性的转换到统一会计准则反而会有损于会计系统对不同国家经济环境的有效描述。

　　不同于上述三篇文献的研究结论，巴斯等（Barth et al.，2012）研究非美国公司采用 IFRS 前后与采用美国 GAAP 的美国公司间会计信息可比性状况时发现，当这些公司采用的会计准则由本国 GAAP 转向 IFRS 后，与美国公司间的会计系统可比性及价值相关可比性均显著增强了。并且当这些公司是强制采用而非自愿采用 IFRS、或观测值是 2005 年后、或公司所在国家是普通法法律渊源或有较好执行体系时，会计信息可比性更强。他们还发现盈余平滑度、应计质量及盈余及时性变化均是会计信息可比性提升的原因。总的来说，巴斯等（2012）认为 IFRS 在全球的大范围采用提高了非美国公司与美国公司间的会计信息可比性，尽管整体性的会计信息质量差异仍然存在。吴和张（Wu and Zhang，2011）研究发现欧洲大陆国家在采用 IFRS 后，首席执行官（CEO）更换对国外竞争者会计绩效的敏感程度显著增强了，即 IFRS 强制执行后基于国外竞争者会计绩效的相对绩效评价体系（RPE）的使用增多了，作者认为这主要是由于国家间会计信息可比性的增强导致的，这就支持了巴斯等（2012）的研究结论。

此外，王（Wang，2014）研究发现实施 IFRS 后，当外国公司发布盈余公告时，本国公司股票价格反应更显著，因此会计准则趋同促进了跨国信息传递，进一步考察发现会计信息可比性提升是促进信息传递的直接路径。此外，裴泰班鲁等（Petaibanlue et al.，2015）发现欧盟国家采用 IFRS 后，会计业务及经济绩效相近的外国同行业竞争者数量增加，这促进了国家间会计信息可比性的改善，进而提高了分析师盈利预测精度。

2.3.3　基于弗朗哥等（2011）测度方法的影响因素研究

弗朗西斯等（Francis et al.，2014）以公司间应计项目差额及盈余相关性这两个指标来度量会计信息可比性，发现"国际四大"会计师事务所的程序化审计方法及内部工作规则与指引会导致事务所形成特定的审计风格，从而对其审计客户的会计行为及会计数据产生较大影响。被同一"国际四大"审计的客户之间的会计行为和会计实务较类似，其会计信息可比性值要高于被不同的"国际四大"审计的客户间的可比性值。恩德莱维斯（Endrawes，2020）研究了审计委员会特征与会计信息可比性的关系，由于审计委员会监督企业会计政策选择和财务报告的生成过程，因此当审计委员会规模越大，或财务专业人士比例越高时，企业会计信息与同行业竞争者会计信息的可比性越强。

谢盛纹和刘杨晖（2016）采用 2005～2014 年我国沪深 A 股上市公司为研究样本，考察审计师变更对会计信息可比性的影响，以及前任审计师任期在其中所扮演的角色。经验证据表明：整体而言，发生审计师变更的公司其会计信息可比性要弱于未变更审计师的公司；考虑审计师与客户之间的密切程度后发现，前任审计师任期越长，审计师变更与会计信息可比性的负向关系越为明显；进一步地，不同变更方向对可比性的影响存在差异，升级变更对会计信息可比性的削弱程度不明显。张姗姗等（2016）探讨了资产减值与会计盈余可比性的关系，发现会计盈余受资产减值的影响越大，其与同行业其他企业的可比性就越差。进一步的分析显示，资产减值所涉及的稳健性原则和盈余操纵行为是导致企业间会计信息不可比的主要原因所在。袁振超等（2016）研究发现，两类代理成本越高，会计信息可比性越低；相比而言，国有企业更多地体现为第一类代理成本对会计信息可比性的损害；非国有企业更多地体现为第二类代理成本对会计信息可比性的损害。潘临等（2019）研究发现，签字会计师执业经验越丰富，公司的会计信息可比性越高。进一步考察公司的内外部监督机制的调节作用，研究发现，内部控制质量越高或机构投资者持股比例越高，签字会计师执业经验对会计信息可比性的促进作用越弱。

刘斌等（2019）通过实证研究发现：独立董事连锁的两家公司，其会计信息可比性更高；兼任公司数较多、审计委员会任职以及有会计师事务所工作背景的独立董事连锁会进一步加强连锁公司间的会计信息可比性；连锁独立董事能够使连锁公司间资产减值计提等会计政策更加趋同，是会计信息可比性提高的作用机制。翟淑萍等（2020）以上市公司会计信息可比性为切入点，探讨了中国资本市场监管方式转型背景下交易所财务报告问询函的监管效应。研究发现：交易所的财务报告问询函不但能提高收函公司的会计信息可比性，而且还能提高同行业、具有审计联结和董事联结关系的未收函公司的会计信息可比性。林钟高和李文灿（2021）基于2015年上市公司信息披露监管模式由"辖区监管"转向"行业监管"的背景，借鉴制度变迁理论考察信息披露分行业监管对会计信息可比性的影响。研究发现：相对于辖区监管模式，分行业监管模式能显著提升会计信息可比性，而且在受到重点监管和发布信息披露指引的行业内公司效果更好。这种监管模式变更对会计信息可比性的提升效果在机构投资者持股比例高和内部控制质量低的公司更显著，信息透明度的改善成为分行业监管模式提高会计信息可比性的一个重要机制。

2.4　会计信息可比性的经济后果研究

关于会计信息可比性的经济后果研究，可分为两类文献，第一类文献基于国家间会计准则的差异来测度会计信息可比性，从国家层面考察可比性的经济后果，而第二类文献则基于弗朗哥等（2011）构建的可比性测度方法，从公司层面来考察可比性的经济后果。

2.4.1　基于会计准则差异方法的经济后果研究

这方面研究始于拜等（2008），他们通过与国际会计准则的对比点分析，构建了两种度量国家间会计准则差异的方法，使用 1998 ~ 2004 年 49 个国家的数据检验了国家间会计准则差异对分析师盈利预测行为的影响。研究结果发现，两个国家间会计准则条款差异程度越大，一国证券分析师对另一个国家股票的跟进就越少，且预测精度越低，因此会计准则差异会给证券分析师的预测行为带来经济成本。李（Li，2010）研究发现 IFRS 的强制执行能显著降低公司资本成本，但这种情况仅仅发生在制度环境及法律执行体系较好的国家。作者进一步采用 IFRS 与当地会计准则的差异程度来度量会计信息可比性，检验会计信息可比性在这一过程中的作用，发现资本成本的下降可部分的归因于 IFRS 采用后会计信息可比性的增加。

德丰等（2011）以 14 个欧盟国家 2003 ~ 2004 年及 2006 ~ 2007

年的上市公司数据为样本，在 IFRS 强制执行的背景下，研究了会计信息可比性提升对外国投资基金跨国投资决策的影响。布拉德肖等（Bradshaw et al.，2004）和科夫里格等（Covrig et al.，2007）认为导致很多投资者存在家乡投资偏好，不愿意到国外投资的一个重要原因在于获取和加工外国公司的信息需要耗费大量成本（尤其是存在会计准则差异时）。外国投资基金的投资人员都是由经验丰富的专业人士组成，他们习惯基于报表分析来做决策，因此当准则差异减少，会计信息可比性提升时，外国投资基金就会增加在该国的投资比例。德丰等（2011）采用行业内使用相同会计准则的公司数量在 IFRS 执行前后增加的倍数来考察会计信息可比性变化情况。研究发现，外国投资基金的投资比例随着会计信息可比性的提升而显著增加，但这种显著的提升作用仅发生在制度基础较好从而使会计准则能够得到严格执行的国家。进一步检验表明，基金投资比例的增加主要来自全球投资基金，而不是区域或国内投资基金，这是因为全球投资基金的投资活动分布于大量国家，因此从国家间会计信息可比性的提升中受益最大。不同于德丰等（2011）的研究样本及思路，于（Yu，2010）以完全采用 IFRS（如欧盟国家）或正在与 IF-RS 实质趋同（如澳大利亚、新西兰等）的 28 个国家为样本，采用"会计距离"方法考察可比性，对 IFRS 执行后会计距离变化（从而导致可比性变化）在国际投资决策中的作用做了深入分析。研究发现：相对于同一国家内尚未采用 IFRS 的公司，外国投资基金将其在采用 IFRS 的公司中的投资比例增加了 2.7%，尽管在这一阶段国内投资基金的投资比例也增加了，但其增加幅度显著低于外国投资基金。进一步研究证实，会计距离减少增加了会计信息可比性，进而降低外国投资者信息加工成本，是导致这一现象出现的重要原因。

2.4.2 基于弗朗哥等（2011）测度方法的经济后果研究

同时采用会计系统可比性及盈余变化同步性测度方法，弗朗哥等（2011）首次基于公司层面从证券分析师盈利预测行为角度考察了信息可比性的经济后果。他们发现，证券分析师比较热衷于跟进会计信息可比性较强的公司，并且可比性与他们的盈利预测精度显著正相关，与预测偏离度显著负相关。因此可比性强的财务报表可以降低信息收集成本，并为证券分析师提供更高质量、更多数量的会计信息，为资本市场发展带来益处。在弗朗哥等（2011）研究的基础上，一些学者采用他们的测度方法，从其他视角研究了会计信息可比性的经济后果。

程和张（Cheng and Zhang，2011）研究了会计信息可比性与盈余平滑度对盈余价值相关性的影响，发现会计信息可比性与异常应计显著负相关，即可比性较高的公司盈余操纵行为较少。会计信息可比性能显著增加盈余的价值相关性，但盈余平滑度自身对价值相关性的影响不显著。考虑交互作用后，发现在可比性较高时，盈余平滑度也能显著增加价值相关性，即当某公司平滑后的盈余与行业内其他公司盈余的可比性较强时，报告盈余与真实盈余的偏离程度较小。因此会计信息可比性能增加财务报表的信息含量，并且能帮助投资者区分盈余平滑的内在动因。方等（2016）发现会计信息可比性与企业贷款成本显著负相关，并且这种负相关性在非标准普尔评级的借款企业样本中更为显著，因此可比性能使贷款人的信息加工更为便利，从可比企业中获取更多的信贷状况信息。

张（Zhang，2018）研究发现，会计信息可比性与审计质量及审计报告准确度显著正相关，与审计收费及审计结果递延公布的时间长度显著负相关，因此具有可比性的相关信息有助于审计师评估委托人的经营风险，降低信息获取、加工、取证及审核验证的成本。陈等（2018）发现主并公司与同行业内其他公司的会计信息可比性较高时，并购收益较高，且并购后出现商誉减值及资产剥离的概率较低，因此高可比性传递的会计信息能帮助主并公司做出更有效率的并购决策，提高行业资源配置效率。崔等（2019）发现可比性能提升当期股票收益反映未来会计盈余的能力，此时投资者能够更准确地预测公司未来绩效。契尔考普等（2020）研究发现高可比性环境下公司较易从同行业竞争者中获取信息，学习技术创新活动的相关经验，从而做出高质量的创新活动决策，且竞争者创新能力越强，学习效果越显著。

国内方面，也有一些文献考察了会计信息可比性的经济后果。江轩宇等（2017）研究了会计信息质量的可比性特征是否有助于克服市场摩擦，促进企业创新。研究发现：会计信息可比性与企业创新显著正相关，随着信息不对称程度的增强、股东与经理人代理冲突的加剧、企业融资约束水平的提高及经理人职业忧虑程度的增加，二者的正相关关系更显著。因此会计信息可比性是影响企业创新的一个重要因素，且通过降低信息不确定性抑制经理人的机会主义行为（尤其是由职业忧虑诱发的短视行为）及缓解企业融资约束是促进企业创新的关键途径。鲁威朝等（2019）从投资者信息需求视角出发，实证检验会计信息可比性对跨公司信息传递的影响。结果发现：可比性的提升可以促进盈余信息的跨公司传递；无论投资者目的是预期未知信息还是验证已有信息，可比性均具有显著作用；但当公司间会计信息可靠性水平呈现差异时，可比性作用不同。唐雪松等（2019）以 2006～2016 年我国上市公司为对象，研究会计信息可比性与高管薪酬契约有效性之间的关系，结果发现：会计信息可比性与公司高管薪酬—业绩敏感度之间存在显著正相关关系，与国有企业相比，会计信息可比性对薪酬契约有效性的影响在非国有企业中更为显著。进一步分析发现，会计信息可比性与高管薪酬—业绩敏感度之间的正相关关系在信息复杂程度较高、内部控制质量较差、外部监督较弱的企业中更为显著。

丁鑫和杨忠海（2021）研究发现：会计信息可比性越高，银行借款规模越大，成本越低。短信贷期限结构公司的会计信息可比性有助于延长其信贷期限结构，支持代理成本假说；长信贷期限结构公司的会计信息可比性有助于缩短其信贷期限结构，支持信号传递假说。货币政策紧缩期间，会计信息可比性能够增加银行借款规模，降低借款成本。短信贷期限结构公司依然支持代理成本假说，长信贷期限结构公司减弱了信号传递假说。江轩宇和林莉（2022）利用 2006～2019 年沪深 A 股数据，考察了会计信息可比性对企业劳动收入份额的影响。研究发现：会计信息可比性的增强显著提高了企业的劳动收入份额，表明会计信息质量的提高有助于员工更好地分享企业的发展成果。进一步研究结果表明，降低资本成本及增大自主研发强度是会计信息可比性提高企业劳动收入份额的两大作用路径；会计信息可比性对劳动收入份额的影响存在一定异质性，当企业自身融资约束程度较高、信息透明度较低，或可比公司的会计盈余质量较强时，会计信息可比性与劳动收入份额的正相关关系更强。

2.5 对国内外研究现状的评述

可比性是一个很重要的会计信息质量特征，但由于可比性是一个相对的概念，不仅需要本公司的会计数据，还需要找到"对比公司"，并设计适当的统计方法来比较公司间信息的可比程度，因此可比性测度要比其他会计质量特征困难一些，或者说方法更灵活一些。测度困难导致了相对于其他会计信息质量特征的大量研究成果（如应计质量、平滑度、可预测性、相关性、稳健性等），可比性研究明显滞后。总结国内外关于会计信息可比性的研究可以做出如下总体评价。

（1）会计信息可比性测度问题尚需进一步深入研究

在会计准则协调与实务协调的研究过程中，学者们设计了会计准则差异、会计方法差异、会计数据双重披露差异及国家间盈余质量差异等测度方法，为会计协调领域研究做出了较大贡献。由于这些方法的设计初衷多数是考察会计协调问题，因此尽管也可以用来间接衡量会计信息可比性特征，但都不是很适用。因为准则可比、方法可比都不必然意味着信息可比，两者在本质上存在差异，而且多数均不是公司层面指标，因此不能对公司会计信息可比性进行有效度量（袁知柱和吴粒，2012）。弗朗哥等（2011）基于盈余—收益回归模型，设计出公司层面会计信息可比性测度方法，从而为这方面问题的研究创造了机会，郎等（2011）、德丰等（2011）、方等（2016）、陈等（2018）、崔等（2019）、刘斌等（2019）、唐雪松等（2019）、契尔考普等（2020）、江轩宇和林莉（2022）等文献采用该方法研究了会计信息可比性的影响因素及经济后果问题（从而间接证明了该方法的有效性）。然而现有研究多数是以西方国家上市公司为样本，其他国家样本的证据比较少，那么该方法是否适用于中国等新兴市场国家？这些问题需要进一步深入研究，从而真正解决会计信息可比性测度问题。此外，依据弗朗哥等（2011）设计的测度模型计算出来的会计信息可比性值是四年区间值，不太适合作为因变量进行影响因素研究。如果因变量是四年会计信息可比性区间值，自变量也应该是一个区间值，且最好在这个区间内值保持不变，但多数变量在四年期间都是变化的，因此符合条件的自变量比较少。那么如何改进该模型，运用一年数据计算出截面可比性值，是需要解决的问题。

（2）对会计信息可比性影响因素的研究成果非常少

在弗朗哥等（2011）的测度方法提出之前，一些学者研究了会计方法选择的影响因素（Rahman et al.，2002；胡志勇，2008），然而这并非直接检验结果，只能帮助我们间接判断哪些因素可能对会计信息可比性产生影响。随着 IFRS 强制执行及弗朗哥等（2011）测度方法的提出，贝瑟林克等（2007）、卡西诺和加森（2010）、郎等（2011）及巴斯等（2012）等文献直接研究了会计信息可比性的影响因素，但均局限于采用跨国样本检验 IFRS 的强制执行是否提高了会计信息可比性，很少对其他方面的影响因素（尤其是一国证券

市场内部的微观层面因素）进行实证研究。郎等（2011）在研究
IFRS 采用对会计信息可比性的影响时指出，由于目前尚没有理论或
实证文献说明哪些变量能解释会计信息可比性，因此在为回归方程
选择控制变量时只能加入公司规模与权益市场账面价值比这两个最
常用的公司特征变量作为控制变量。实际上，会计准则、投资者保护
制度、公司治理、审计监管等因素均在财务报告生成过程中起着非常重
要的作用（Ball et al.，2003；Ball，2006），因此都可能对会计信息可
比性产生影响，目前这方面成果比较少，急需加强相关研究。

（3）会计信息可比性经济后果研究不充分

相对于影响因素研究的缺乏，会计信息可比性经济后果研究已
经有了一些成果，如弗朗哥等（2011）、德丰等（2011）、谢盛纹和
刘杨晖（2016）、陈等（2018）、刘斌等（2019）、契尔考普等
（2020）、江轩宇和林莉（2022）等，然而研究仍然不充分，还有很
多其他方面经济后果没有研究，如与会计信息可比性相关的一个重
要研究问题就是公司信息披露的外部性效应（Beaver，1981），同行
业竞争者的信息传递（或溢出）会对公司股票定价及资源配置产生
影响（Ramnath，2002；Durnev and Mangen，2009），而可比性最重
要的作用是为投资者提供可比的财务信息，帮助投资者识别不同企
业经济现象的异同点，因此可比性增加能提升竞争者信息传递（或
溢出）效应，最终提高资源配置效率。这一研究是很重要的，因为
证券市场发展的一个重要目标就是实现稀缺资源优化配置。虽然德
丰等（2011）和于（2010）基于国家层面研究了可比性提升对外国
基金投资决策的影响，但很少有文献考察会计信息可比性能否影响
企业资源配置效率，且这里面深层次作用机理是什么？当然，可比

性变化还会产生许多别的经济后果，对上市公司及证券市场产生重
要影响，这些都需要进一步深入研究。

（4）中国上市公司会计信息可比性研究尚处于起步阶段

目前研究中国上市公司会计信息可比性的文献比较少，尚处于
起步阶段。虽然徐经长等（2003）、王建新（2005）、魏明海等
（2005）、杨钰和曲晓辉（2008）、周嘉南和贾巧玉（2018）等文献
采用会计准则差异、会计方法差异或会计数据双重披露差异等方法
做了研究，但这些属于准则协调与实务协调领域的研究成果，并非
专门研究公司层面会计信息可比性问题。弗朗哥等（2011）的方法
为这类问题研究创造了难得的机会，但从可检索到的文献来看，目
前采用该方法来研究中国上市公司会计信息可比性问题的文献并不
多。中国上市公司会计信息可比性现状如何？是否已经随着会计制
度改革而不断提高呢？由于会计信息质量除受到会计准则影响外，
还受到投资者保护制度、公司治理、审计监管及管理层报告动机等
因素的影响（Ball et al.，2003；刘峰等，2004；Ball，2006；Soder-
strom and Sun，2007），因此除了会计准则外，还有哪些因素会对会
计信息可比性产生影响？会计信息可比性的提高会给中国上市公司
带来什么经济后果，它会给报表使用者带来益处吗？会增加资源配
置效率吗？这些问题目前国内较少有相应的研究成果，中国作为新
兴市场国家，其制度基础及投资者保护体制与发达国家均有差别，
也有一些自己的特色，因此发达证券市场研究成果在中国不一定能
适用，目前急需加强中国上市公司会计信息可比性问题研究。

第 3 章

会计制度变迁、实施阶段
与会计信息可比性

3.1 引　言

2006 年 2 月我国颁布了与国际会计准则全面趋同的新会计准则体系，关于会计制度变迁的实施效果问题逐渐成为我国实证会计领域的一个研究热点，其中的一个重要方面是新会计准则能否提高会计信息质量。现有文献从可靠性（步丹璐和叶建明，2009；周冬华，2013；王雷和李冰心，2018）、相关性（罗婷等，2008；薛爽等，2008；唐国平和郭俊，2013；谢德仁等，2020）、及时性（谭洪涛和蔡春，2009）、稳健性（陈骏，2013）等角度做了大量的研究，得到了较多有价值的评价新会计准则实施效果的研究成果，然而到目前为止，很少有文献从重要的会计信息质量特征之一——会计信息可比性的角度来进行考察。可比性是指当经济业务相同时，不同主体的会计信息应能显示相同的情况；反之，当经济业务不同时，会计信息也能反映其差异。会计信息可比性有利于投资者、债权人及其他信息使用者对不同企业的财务状况、经营成果及未来前景做出比较、分析、鉴别和预测（FASB，1980；SEC，2000）。

本章采用并改进弗朗哥等（2011）的会计信息可比性测度方法，测度了2002～2012年的中国上市公司会计信息可比性值，并对测度结果进行了有效性检验，然后实证考察了2007年新会计准则实施对会计信息可比性的影响。进一步地，由于内外部治理环境可能对会计准则的执行力度产生影响，因此也考察了在不同的治理环境下新会计准则实施提升会计信息可比性的效果是否有显著差异。

3.2　理论分析及研究假设提出

我国2007年实施的新会计准则实现了与国际会计准则的全面趋同，新会计准则按照国际会计惯例重新设计了会计确认、计量与财务报告标准，增加了会计准则的科学性和规范性。现有实证会计文献也从多个角度证实了新会计准则实施提高了我国上市公司的会计信息质量。罗婷等（2008）发现新准则实施后会计信息相关性显著提高。薛爽等（2008）发现相对于旧准则，新准则的净资产和盈余差异具有增量的信息含量。谭洪涛和蔡春（2009）发现新准则实施后企业在收益平滑限制、巨额亏损确认及时性、价值相关性等方面显著改善。唐国平和郭俊（2013）研究发现，2007年新会计准则实施后提高了会计职业判断允当性对股价（收益）的解释力度，因此新准则实施提升了会计信息披露质量，有利于现实与潜在的投资者进行投资决策。金智（2010）发现新准则提高了会计信息可理解性，降低了信息质量与股价同步性之间的正相关性。王雷和李冰心（2018）研究发现，公允价值计量会计准则的实行，提高了公允价值资产的价值相关性。

基于如下多个方面的原因，新会计准则的实施也会有利于提高公司间会计信息的可比性。第一，为了规范和控制企业对利润的人为操纵，坐实经营业绩，新准则大幅压缩了会计估计和会计政策的选择项目，限定了企业利润调节的空间范围（罗婷等，2008），从而增强了信息可比性。例如取消存货发出计价的后进先出法；取消应收账款计提坏账准备的应收账款余额百分比法，只能采用账龄分析法；取消持有至到期投资中溢价摊销的直线法，只能采用实际利率法等。第二，新会计准则引入公允价值计量属性，避免了历史成本作为会计核算的唯一原则使企业资产的账面价值与市场价值相差较远的弊端，提高了会计信息对使用者的价值，公允价值计量属性的采用使得各公司的资产或负债的账面价值能及时且准确反映其真实市场价值，账面价值与真实市场价值的差距越小，同行业内各公司间会计信息的可比性就越强①。第三，部分准则条款减少了公司利润操纵的空间，如非流动资产减值一经计提，后续期间不得转回。由于我国上市公司连续亏损就会被 ST，甚至退市，"大洗澡"行为成为上市公司利润操纵的重要手段，新准则的这一规定抑制了各公司根据利润操纵的需要随意进行减值处理的行为，为同行业内各公司执行一致的减值会计政策提供了较好的基础。第四，新准则

---

① 考虑到我国特有的市场环境，为了避免公允价值属性被滥用，新会计准则中限定公允价值使用必须满足一系列的前提条件，这保证了公允价值属性真正起到提高会计信息质量的作用。

包含一项基本准则和 38 项具体准则，体系完整，内容全面，对绝大多数会计业务做了区分，并给出细致规定，这有利于各公司根据经济业务类型选择相应的会计政策，从而避免了因为准则制定不全面或不合理导致企业选择不恰当会计政策等行为的出现。如新准则对金融资产和金融负债进行了重新分类，并给出了相对应的核算方法，有利于提高各企业金融资产或金融负债类项目的可比性；新准则对企业合并分别同一控制及非同一控制下进行会计处理，同一控制下以账面价值为基础，而非同一控制以公允价值为基础，这有利于企业区别合并业务的实质采用相应的会计处理方法，从而增强会计信息可比性。第五，相对于旧准则，新准则对一些会计政策的使用做了更为明确的规定和解释，企业具有更强的可操作性，这有利于企业更准确地使用会计方法与会计政策，从而增强信息可比性（袁知柱和吴珊珊，2017）。如资产减值准则中对于如何计算未来现金流量、如何确定折现率都有了明确规定；资产减值准则中还引用了资产组的概念，在单一资产无法计提减值准备的情况下，可以采用资产组的方式计提减值准备。

　　然而新会计准则的有效执行并非一蹴而就的，还需要治理机制做保障，如果相关治理机制没有及时跟上，新准则的执行效果也会有所折扣。虽然我国新修订的《会计法》《证券法》《上市公司信息披露管理办法》能为准则实施提供较好的法律基础和保障，但这些法律法规本身也需要经过时间积累才能发挥最佳效用。此外，由于会计准则最终都需要由会计人员来执行，如果会计人员接受新准则的速度较慢，也会影响准则的实施效果。高利芳（2009）认为会计准则从颁布到发挥作用需要经历一个过渡阶段，包括实施前、实施初期和成熟期三个阶段，各个阶段都存在着不同的制度变迁成本和收益，准则执行效果可能也会表现出差异。朱凯等（2009）则认为会计准则改革存在暂时性成本。他们发现，除了资产交易市场和资本市场的有效性之外，准则变迁的暂时性成本，特别是准则变迁对投资者会计信息准确度预期和调整成本（准则改革早期可能增强投资者对会计信息的不确定感），也会影响公允价值为基础的会计准则实施效果。以较短样本期间开展的研究，未必能够发现新会计准则改革的应有效果，因此评价会计准则改革的经济后果需要较长期的观察和分析。

基于上述分析，本书认为我国2007年的新会计准则实施初期，保障机制不完善及改革成本的存在使得会计信息可比性不会有显著变化，而当准则实施一段时间进入成熟期后，准则得到了有效执行，新准则的效用逐渐发挥出来，会计信息可比性会有显著提升。关于新会计准则实施期间的划分，结合林钟高（1998）、高利芳（2009）的观点，将新会计准则实施前3年界定为实施初期（2007~2009年），3年后（2010年后）进入实施成熟期。提出如下假设：

假设3-1：我国新会计准则实施初期，企业会计信息可比性没有显著提升，而到了新会计准则实施成熟期，会计信息可比性会有显著提升。

3.3 研 究 设 计

3.3.1 会计信息可比性测度方法

依据FASB（1980）的观点"可比性使信息使用者能够比较两

类经济现象之间的异同",弗朗哥等（2011）把会计系统定义为企业经济业务生成财务报表的转换过程，用函数形式表述如下：

$$Financial\ Statements_i = f_i(Economic\ Events_i) \quad\quad (3-1)$$

其中，$f_i(\cdot)$ 表示公司 i 的会计系统（也称为会计转换函数），两个公司的会计信息转换差异越小，则会计系统的可比性越强。依据这一逻辑，给定相同的经济业务，如果两个公司能生成相似的财务报表，则会计信息可比性越强。也就是说，拥有可比会计系统的两个公司 i 和 j，$f_i(\cdot)$ 和 $f_j(\cdot)$ 的差异应该较小，给定经济业务 X，公司 i 和 j 生成的会计信息的差异也比较小。

为了使上述定义有操作性，与科塔里（Kothari，2001）一致，用股票收益代表经济业务对公司的净影响，用会计盈余这一重要的财务指标代表公司的会计信息。为计算公司 i 第 t 期的会计信息可比性，使用第 t 期前的连续 16 个季度数据估计下述方程：

$$Earnings_{it} = \alpha_i + \beta_i Return_{it} + \varepsilon_{it} \quad\quad (3-2)$$

其中，$Earnings_{it}$ 为季度会计盈余水平（实证检验中用季度会计收益率来表示），而 $Return_{it}$ 为季度股票收益率。根据方程（3-1）可知，上式的估计系数 $\hat{\alpha}_i$ 和 $\hat{\beta}_i$ 表示公司 i 的会计转换函数 $f_i(\cdot)$。类似的，$\hat{\alpha}_j$ 和 $\hat{\beta}_j$ 表示公司 j 的会计转换函数 $f_j(\cdot)$（通过公司 j 的 $Earnings_{jt}$ 与 $Return_{jt}$ 回归估计得到）。

两个公司间会计转换函数的相近程度表示会计信息可比性，为了估计这种相近程度，对于公司 i 和 j，假定经济业务相同（用 $Return_{it}$ 表示），分别采用各公司的转换函数来计算它们的预期盈余。

$$E(Earnings)_{iit} = \hat{\alpha}_i + \hat{\beta}_i Return_{it} \quad\quad (3-3)$$

$$E(Earnings)_{ijt} = \hat{\alpha}_j + \hat{\beta}_j Return_{it} \quad\quad (3-4)$$

其中，$E(Earnings)_{iit}$ 表示在期间 t，依据公司 i 的会计转换函数及公司 i 的股票收益计算得到的公司 i 的预期盈余，而 $E(Earnings)_{ijt}$ 表示在期间 t，依据公司 j 的会计转换函数及公司 i 的股票收益计算得到的公司 j 的预期盈余。上述式（3-3）和式（3-4）均采用公司 i 的收益 $Return_{it}$ 来做预测（不失一般性，也可以用 $Return_{jt}$ 来预测），这样就可以计算两公司在经济业务相同的情况下所生成的盈余的差异程度。

定义公司 i 和 j 会计信息可比性（$CompAcct_{ijt}$）为两公司预期盈余差异绝对值平均数的相反数。

$$CompAcct_{ijt} = -1/16 \times \sum_{t-15}^{t} \left| E(Earnings)_{iit} - E(Earnings)_{ijt} \right|$$

$$(3-5)$$

$CompAcct_{ijt}$ 值越大表示公司 i 与公司 j 之间的会计信息可比性越强。除了计算公司 i 和公司 j 之间的可比性外，还可以通过如下方法计算得到公司 i 的年度公司层面（firm-year measure）可比性测度值。具体来说，先计算出同一行业内每一对公司组合 i 和 j 的会计信息可比性值，然后以公司 i 为基准，将所有与 i 配对的组合的可比性值按从大到小排列，$CompAcct4_{it}$ 为可比性最高的四对组合的平均值，而 $CompAcctInd_{it}$ 为所有组合的平均值。$CompAcct4_{it}$ 和 $CompAcctInd_{it}$ 都是公司 i 的会计信息可比性测度值，其值越大表示可比性越强。这里同时选用 $CompAcct4_{it}$ 作为可比性度量指标是因为库珀和科尔代罗（Cooper and Cordeiro, 2008）指出，投资者有时会仅选取行业内可比性最高的几家公司（4～6 家）来评估可比性，因此考虑过多公司反而可能给评估结果带来噪声。

上述方法有很大创新性，有效解决了会计信息可比性测度问题，叶和杨（Yip and Young，2012）、布罗谢等（Brochet et al.，2013）、方等（Fang et al.，2015）、崔等（2019）等文献均采用该方法进行了相关实证研究。但该方法的最大问题在于它是基于单个公司连续16 个季度（4 个会计年度）股票收益和会计盈余计算出来一个平均值，如果把该可比性值纳入回归方程进行实证检验，其他变量最好也是 4 年平均值，而平均值难以反映各变量的年度变化过程，会屏蔽掉许多随年度变化的因素（如资产负债率每年都会发生变化，如果用 4 年平均值，则难以反映实际变化情况），因此研究结果可能存在一定误差。也就是说，该方法仅能得到 4 年平均可比性值，而无法得到某个公司在某一年度的截面可比性值，这一定程度上限制了该方法的应用范围（尤其是不适合在一国证券市场内部从微观层面进行会计信息可比性的影响因素研究）。就本章研究来说，考察新会计准则实施能否提高可比性，需要各年度的截面可比性值，也受到上述方法不足之处的限制。

为了得到截面可比性值，尼尔（2011）、安德烈等（2012）、林等（2013）、贾亚拉曼和威尔第（2014）等文献采用计算行业平均会计转换函数的思路对前述测度方法进行了改进。这些文献的改进思路基本一致（均计算行业平均会计转换函数），但根据研究目的的不同，其具体操作方法有一定差异，本书采用安德烈等（2012）的操作方法。假设公司 i 隶属于行业 M，采用年度数据，将 M 行业内除公司 i 外的所有其他公司按照如下方程进行截面回归。

$$Earnings_m = \alpha_M + \beta_M Return_m + \varepsilon_m \qquad (3-6)$$

其中，$m \in M$ 且 $m \neq i$，$Earnings_m$ 为公司 m 的年度会计盈余，而 $Return_m$ 为公司 m 的年度股票收益率，上述方程回归后得到的估计系

数 $\hat{\alpha}_M$ 和 $\hat{\beta}_M$ 所代表的会计转换函数 $f_M(\cdot)$ 即是行业 M 除公司 i 外的所有其他公司的平均转换函数（公司 i 在方程回归时已经被剔除）。

与前述式（3-3）及式（3-4）的思路一致，给定公司 i 的经济业务 $Return_i$，采用行业平均会计转换函数 $f_M(\cdot)$ 来计算其预期会计盈余。

$$E(Earnings)_i = \hat{\alpha}_M + \hat{\beta}_M Return_i \qquad (3-7)$$

公司 i 的会计盈余 $Earnings_i$ 与预期会计盈余 $E(Earnings)_i$ 的差值的绝对值的相反数即是公司 i 的会计信息可比性度量值 $COMP_i$，其值越大代表可比性越强。

$$COMP_i = -\left| Earnings_i - E(Earnings)_i \right| \qquad (3-8)$$

需要指出的是，式（3-5）仅能得到公司 i 和公司 j 之间的会计信息可比性值，而式（3-8）能得到公司 i 和同行业内其他所有公司之间的会计信息可比性值（如弗朗哥等（2011）所述，也称为公司 i 的公司层面会计信息可比性值），因为式（3-4）是采用公司 j 的会计转换函数来计算预期会计盈余，而式（3-7）是采用同行业内其他公司的平均会计转换函数来计算预期会计盈余。

上述改进方法不需要季度数据，仅采用年度数据即可计算出公司的截面可比性值，极大地方便了其在会计信息可比性实证研究中的应用。尼尔（2011）、安德烈等（2012）、林等（2013）、贾亚拉曼和威尔第（2014）等文献依据该方法进行了相关实证研究，均得到了预期研究结果，说明了该改进方法是有效的。本书将采用该改进方法来测度出会计信息可比性值。

3.3.2 回归模型设计

构建如下的多元线性回归方程来检验新会计准则实施对会计信

息可比性的影响。

$$COMP = \alpha_0 + \alpha_1 NEW + \alpha_2 SIZE + \alpha_3 LDR + \alpha_4 GROWTH + \alpha_5 GDP$$

$$+ \alpha_6 BHSHARE + \alpha_7 ABS\_DA + \alpha_8 STDROA + \alpha_9 CR$$

$$+ \alpha_{10} NUMBER + \alpha_i \sum_{i=11}^{21} INDUSTRY + \varepsilon \qquad (3-9)$$

其中，α_0 为常数项，$\alpha_i (i = 1, 2, \cdots, 21)$ 表示回归系数，因变量 $COMP$ 表示会计信息可比性，根据前述对弗朗哥等（2011）的测度方法的改进方法来计算 [式（3-6）、式（3-7）及式（3-8）所示的截面可比性计算方法]。自变量 NEW 是新会计准则实施变量，由于同时考察新准则实施的不成阶段可比性的提升效果，NEW 分别用变量 $NEW1$ 及 $NEW2$ 来表示。$NEW1$ 考察新会计准则实施初期（2007～2009 年）可比性的提升效果，当企业处于新准则实施初期时取值为 1，处于旧准则实施期间则取值为 0；$NEW2$ 考察新会计准则实施进入成熟期后（2010 年后）可比性提升效果，当企业实施新准则进入成熟期时取值为 1，处于旧准则实施期间则取值为 0。

控制变量选择参考了已有文献的研究成果。参考布罗谢等（2013）、弗朗西斯等（2014）、尼尔（Neel，2017）等文献，加入企业规模 $SIZE$、长期负债率 LDR、公司成长性 $GROWTH$、流动比率 CR 等控制变量；参考弗朗西斯等（2014），加入资产净利率波动性 $STDROA$ 作为控制变量；参考方等（2015），加入双重上市变量 $BHSHARE$ 作为控制变量；由于会计信息可比性与企业盈余操纵行为有紧密关系（Sohn，2016），加入应计盈余操纵程度变量 ABS_DA 作为控制变量；行业虚拟变量 $INDUSTRY$ 用来控制行业因素对研究结果的影响。由于自变量新会计准则实施变量 $NEW1$、$NEW2$ 属于是否实施新会计准则的年度 0-1 虚拟变量，因此不再适合加入年度虚假变量来控制宏观经济效应，这样本书替代性地加入年度 GDP 增长率来控制宏观经济效应。此外，由于可比性是度量同行业内所有公司间会计信息的可比性，本书也加入同行业内公司数量 NUMBER 作为控制变量。各变量的定义及计算方法见表 3 – 1。

表 3 – 1　　　　　　　　　　　研究变量定义

变量类型	变量符号	变量名称	变量说明
因变量	COMP	会计信息可比性	根据对弗朗哥等（2011）测度方法的改进方法来计算［式（3 – 6）、式（3 – 7）及式（3 – 8）］
自变量	NEW1	新会计准则变量 1	当企业处于新会计准则实施初期时取值为 1，处于旧会计准则实施期间则取值为 0
	NEW2	新会计准则变量 2	当企业处于新会计准则实施成熟期时取值为 1，处于旧会计准则实施期间则取值为 0
控制变量	SIZE	企业规模	用总资产自然对数来表示
	LDR	长期负债率	长期负债与总资产的比值
	GROWTH	公司成长性	主营业务收入的年度增长率
	GDP	GDP 增长率	我国 GDP 总额的年度增长率
	BHSHARE	双重上市	公司同时在 B 股或 H 股上市时取值为 1，否则为 0
	ABS_DA	应计盈余操纵程度	异常应计项目的绝对值，依据琼斯（Jones，1991）的方法计算得出
	STDROA	资产净利率波动性	等于近 3 年资产净利率的标准差，而资产净利率等于净利润与总资产的比值
	CR	流动比率	流动资产/流动负债
	NUMBER	同行业内公司数量	同一行业内上市公司数量的自然对数值
	INDUSTRY	行业虚拟变量	用来控制行业差异对回归结果的影响，当公司属于某行业时取值为 1，否则取值为 0

3.3.3　样本选择及数据来源

选择沪深两市 A 股上市公司为样本，样本期间为 2002 ~ 2012
年。同时对样本做如下调整：由于金融、保险业上市公司适用的会
计准则与其他公司不同，因此删除了这两个行业的公司；删除被特
别处理（ST）的上市公司；根据前述计算指标及数据要求，删除信
息不全或有异常值数据的公司；删除当年首发上市的公司，即从首
发后第二年开始选取样本，最后共选择 12285 个观测值。数据来源
于万得（Wind）数据库。

3.4　实证过程及结果

3.4.1　会计信息可比性的测度结果及有效性检验

利用前文所述改进的截面会计信息可比性测度方法［式（3 - 6）、
式（3 - 7）及式（3 - 8）］对中国上市公司 2002 ~ 2012 年的会计信
息可比性进行度量，得到每一年的公司层面可比性度量值。图 3 - 1
则给出了各年会计信息可比性均值的变化。

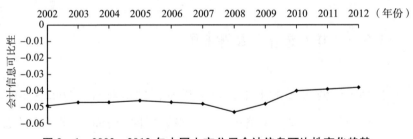

图 3 - 1   2002～2012 年中国上市公司会计信息可比性变化趋势

资料来源：作者整理。

　　从图 3 - 1 中可以看到，旧会计准则期间（2002～2006 年）的会计信息可比性均值稳定在 - 0.047 左右，而新会计准则实施初期（前 3 年，2007～2009 年）可比性均值没有增加的趋势，相反，2007 年可比性均值低于 2006 年，到 2008 年甚至降到了最低值 - 0.053，这可能是因为在新准则实施初期，各方面的配套措施还不完善，会计人员对于合理使用新准则也不是很熟练，导致可比性出现短期下降。但随后可比性就出现回升，尤其是新准则实施进入成熟期（2010 年后），可比性均值明显高于旧准则实施期间，2010 年升到了 - 0.040，2012 年更是升到了 - 0.038，这证明新会计准则的实施提高了中国上市公司会计信息的可比性，对会计信息质量提高起到了正向促进作用。然而这仅仅是直观描述结果，新会计准则实施到底能否提升会计信息可比性还需要在控制可比性的相关影响因素的基础上进行多元线性回归后才能验证。

　　出于研究的稳健性考虑，采用如下两种方法对可比性测度结果进行有效性检验。第一种方法是考察会计信息可比性与其他会计信息质量特征的关系（如相关性）。相关性是指会计信息与信息使用者所要解决的问题相关联，即与信息使用者进行的决策有关，并具有影响决策效率的能力。可比性越高，信息使用者获取信息的成本越低，经营决策效率越高，因此如果可比性测度结果有效，它与相关性会显著正相关。第二种方法是检验可比性与证券市场信息效率（用分析师预测效率指标来表示）的关系。会计信息可比性越高，分析师获取相关信息的成本越低，其预测效率就会增加。根据拜等（2008）及弗朗哥等（2011）的结果，会计信息可比性越高，分析师盈利预测精度越高，预测偏度越低。因此如果本书的可比性测度结果是有效的，它会与分析师盈利预测精度显著正相关，与预测偏度显著负相关。

借鉴居尔等（Gul et al.，2010）的模型，构建如下模型检验可比性与会计信息相关性的关联关系。

$$Return = \alpha_0 + \alpha_1 ROA + \alpha_2 COMP + \alpha_3 ROA \times COMP + \alpha_4 SIZE$$
$$+ \alpha_5 MB + \alpha_6 LEV + \alpha_i \sum_{i=7}^{17} INDUSTRY + \alpha_j \sum_{j=18}^{28} YEAR + \varepsilon$$

$$(3-10)$$

其中，α_0 为常数项，$\alpha_i(i=1，2，\cdots，28)$ 表示回归系数，$Return$ 为年度股票收益率，ROA 为资产净利率，等于净利润与总资产的比值，MB 为股东权益的市场账面价值比，LEV 为资产负债率，等于总负债与总资产的比值，其余变量定义与前文一致。回归结果见表 3-2。

表 3-2　会计信息可比性与会计信息相关性的关联性检验结果

变量名	(1)		(2)	
	回归系数	t 检验值	回归系数	t 检验值
常数项	-1.205 ***	-11.625	-1.186 ***	-11.411
ROA	1.294 ***	14.000	1.671 ***	11.926

续表

变量名	(1)		(2)	
	回归系数	t 检验值	回归系数	t 检验值
COMP	—	—	-0.177^*	-1.911
ROA × COMP	—	—	3.449^{***}	3.422
SIZE	0.041^{***}	8.582	0.039^{***}	8.173
MB	0.104^{***}	31.035	0.102^{***}	30.068
LEV	0.061^{**}	2.135	0.077^{***}	2.633
年度效应	控制		控制	
行业效应	控制		控制	
调整后 R^2	0.732		0.732	
F 值	1340.653^{***}		1243.069^{***}	
观测值	12285		12285	

注：$***$、$**$、$*$分别表示双尾检验在 1%、5% 和 10% 水平上显著。

从表 3 - 2 可以看到，列（1）中变量 *ROA* 的回归系数在 1% 的水平上显著为正，因此股票收益中反映了较多的会计信息，中国上市公司会计信息的价值相关性较高。列（2）中变量 *ROA* 的回归系数仍然在 1% 水平上显著为正，且交乘项 *ROA × COMP* 的回归系数也在 1% 水平上显著为正，因此会计信息可比性越高，股票收益反映会计信息的能力越强，即会计信息可比性与相关性存在显著的正相关关系，这在一定程度上说明了本书的可比性测度结果是有效的。

第二种检验方法是考察会计信息可比性与分析师盈利预测效率的关系。参考拜等（2008）及弗朗哥等（2011）等文献，分析师盈利预测精度用两个指标来表示，*PRECISION*1 = - |分析师每股收益预测值的中间值 - 实际每股收益|/|分析师每股收益预测值的中间

值|，$PRECISION2 = -$|分析师每股收益预测值的中间值 – 实际每股收益|/年末股票收盘价；分析师盈利预测偏度也用两个指标来表示，$DISPERSION1$ 等于分析师每股收益预测值的标准差，而 $DISPERSION2$ 等于分析师每股收益预测值标准差与分析师每股收益预测中间值的绝对值的比值。通过万得数据库收集 2006 ~ 2012 年分析师盈利预测的相关数据，表 3 – 3 给出了可比性与分析师盈利预测精度、预测偏度间的 Pearson 及 Spearman 相关系数检验结果。

表 3 – 3　　会计信息可比性与分析师盈利预测效率的相关关系检验结果

变量名	COMP	PRECISION1	PRECISION2	DISPERSION1	DISPERSION2
COMP	1	0. 060 ***	0. 125 ***	– 0. 170 ***	– 0. 110 ***
PRECISION1	0. 036 **	1	0. 345 ***	– 0. 153 ***	– 0. 145 ***
PRECISION2	0. 055 ***	0. 857 ***	1	– 0. 262 ***	– 0. 107 ***
DISPERSION1	– 0. 108 ***	– 0. 067 ***	– 0. 161 ***	1	0. 294 ***
DISPERSION2	– 0. 056 ***	– 0. 271 ***	– 0. 199 ***	0. 770 ***	1

注：*** 、** 表示双尾检验在 1%、5% 水平上显著。左下角为 Spearman 相关系数，右上角为 Pearson 相关系数。

从表 3 – 3 的 Pearson 相关系数检验结果可以看到，可比性变量 $COMP$ 与预测精度变量 $PRECISION1$ 及 $PRECISION2$ 均在 1% 水平上显著为正，与预测偏度变量 $DISPERSION1$ 及 $DISPERSION2$ 均在 1% 水平上显著为负，秩相关下 Spearman 相关系数的结果与 Pearson 系数基本一致，因此总的来说，会计信息可比性与分析师盈利预测效率显著正相关，这就进一步证明了本书的可比性测度结果是有效的。限于篇幅，这里没有列示控制分析师盈利预测效率影响因素后的多元回归结果，而仅仅给出了变量间的简单相关系数。实际上，控制部分影响盈利预测效率的因素后，研究结果没有显著变化，这就进一步说明了本书可比性测度结果的有效性。

3.4.2 研究变量的描述性统计及相关检验

主要研究变量的描述性统计结果见表3-4。

表3-4　　　　　　　　主要研究变量的描述性统计

变量名	观测值	均值	标准差	最小值	中位数	最大值
COMP	12285	-0.045	0.047	-0.366	-0.030	-0.000001
NEW1	7619	0.427	0.495	0	0	1
NEW2	9029	0.517	0.500	0	1	1
SIZE	12285	21.615	1.148	18.543	21.458	28.282
LDR	12285	0.078	0.100	0	0.037	0.705
GROWTH	12285	0.188	0.340	-0.984	0.148	3.369
GDP	12285	0.097	0.012	0.078	0.092	0.119
BHSHARE	12285	0.082	0.275	0	0	1
ABS_DA	12285	0.059	0.060	0.00002	0.042	0.600
STDROA	12285	0.027	0.031	0.00008	0.017	0.862
CR	12285	2.017	2.571	0.069	1.354	35.501
NUMBER	12285	4.397	0.725	2.197	4.443	5.981

资料来源：作者整理。

从表3-4可以看到，由于NEW1考察新会计准则实施初期会计信息可比性的提升效果，其样本包括2002~2006年及2007~2009

年的上市公司，观测值为 7619 个；而 *NEW2* 考察新会计准则实施成熟期可比性的提升效果，其样本包括 2002～2006 年及 2010～2012 年的上市公司，观测值增加到 9029 个。长期负债率均值为 0.078，说明中国上市公司总体上长期负债并不多。可靠性变量 *ABS_DA* 的标准差为 0.059，小于科恩等（Cohen et al.，2008）的美国上市公司统计结果 0.17，这说明中国上市公司之间的盈余操纵程度差异要小于美国上市公司。

表 3-5 给出了式（3-9）所列示的主要研究变量间的相关系数检验结果。

从表 3-5 可以看到，可比性变量 *COMP* 与新准则实施变量 *NEW1* 的相关关系在 1% 水平上显著为负，而与新准则实施变量 *NEW2* 的相关关系在 1% 水平上显著为正，这说明在新会计准则实施初期会计信息可比性有了一定程度下降，而到了新会计准则实施成熟期，可比性则有了显著提升，这部分研究成果支持了假设 3-1。然而这仅是在没有考虑控制变量情况下的简单相关系数结果，其真实关系还需要多元回归检验结果来证明。

3.4.3 新会计准则实施对会计信息可比性影响的回归检验结果

为考察新会计准则实施对可比性的影响，方程（3-9）的检验结果见表 3-6。

表 3 – 5

主要研究变量的相关系数

变量名	COMP	NEW1	NEW2	SIZE	LDR	GROWTH	GDP	BHSHARE	ABS_DA	STDROA	CR	NUMBER
COMP	1	-0.029**	0.089***	0.054***	-0.041***	0.014	-0.040***	-0.033***	-0.158***	-0.327***	0.105***	-0.019**
NEW1	-0.049***	1	—	0.180***	0.082***	-0.111***	-0.145***	-0.007	0.061***	0.050***	0.013	0.131***
NEW2	0.080***	—	1	0.268***	0.081***	-0.045***	-0.557***	-0.045***	0.005	0.055***	0.195***	0.358***
SIZE	0.024***	0.160***	0.248***	1	0.425***	0.060***	-0.083***	0.285***	-0.008	-0.148***	-0.191***	0.006
LDR	-0.032***	0.082***	0.078***	0.435***	1	0.043***	-0.010	0.085***	-0.016*	-0.063***	-0.169***	-0.114***
GROWTH	0.014	-0.133***	-0.031***	0.083***	0.043***	1	0.135***	-0.011	0.082***	-0.028***	-0.039***	-0.029***
GDP	-0.026***	-0.235***	-0.394***	-0.047***	0.009	0.172***	1	0.025***	0.048***	-0.041***	-0.156***	-0.222***
BHSHARE	-0.031***	-0.007	-0.045***	0.221***	0.080***	-0.007	0.020**	1	-0.024***	0.013	-0.074***	0.014
ABS_DA	-0.108***	0.062***	0.018*	-0.012	-0.024***	0.053***	0.034***	-0.024***	1	0.113***	-0.024***	0.013
STDROA	-0.230***	0.085***	0.099***	-0.156***	-0.085***	-0.087***	-0.086***	0.008	0.104***	1	0.193***	0.039***
CR	0.122***	0.018	0.217***	-0.244***	-0.283***	-0.010	-0.145***	-0.081***	0.034***	0.120***	1	0.114***
NUMBER	-0.004	0.130***	0.354***	0.004	-0.082***	-0.020**	-0.167***	0.009	0.015	0.080***	0.170***	1

注：（1）表格右上部分和左下部分分别为皮尔逊（Pearson）相关系数和斯皮尔曼（Spearman）相关系数。（2）***、**、* 分别表示 1%、5% 和 10% 的显著性水平（双尾检验）。

表 3 - 6　　　新会计准则实施对会计信息可比性影响的回归分析

变量名	2007~2009 年 VS 2002~2006 年 (1)		2010~2012 年 VS 2002~2006 年 (2)	
	回归系数	t 检验值	回归系数	t 检验值
常数项	-0.088 ***	-6.127	-0.065 ***	-5.319
NEW1	-0.0005	-0.429	—	—
NEW2	—	—	0.007 ***	5.530
SIZE	0.003 ***	5.735	0.002 ***	3.746
LDR	-0.033 ***	-5.385	-0.029 ***	-5.359
GROWTH	0.005 ***	3.406	0.003 **	1.978
GDP	0.025	0.488	0.007	0.148
BHSHARE	-0.004 **	-2.061	-0.004 **	-2.338
ABS_DA	-0.088 ***	-10.102	-0.084 ***	-10.480
STDROA	-0.577 ***	-33.943	-0.526 ***	-34.501
CR	0.004 ***	10.430	0.003 ***	15.600
NUMBER	-0.003 ***	-2.594	-0.001	-0.631
行业效应	控制		控制	
调整后 R^2	0.185		0.168	
F 值	83.131 ***		87.603 ***	
观测值	7619		9029	

注：*** 、** 分别表示双尾检验在 1%、5% 水平上显著。

从表 3 - 6 可以看到，列（1）中新准则实施变量 NEW1 的回归系数虽然为负，但并不显著，因此在新会计准则实施初期，会计信息可比性并没有显著变化；而在列（2）中新准则实施变量 NEW2 的回归系数在 1% 水平上显著为正，即当新会计准则实施进入成熟期后，会计信息可比性有了显著提升，假设 3 - 1 得到了验证，这样本书就从会计信息可比性的视角证明了实施新会计准则起到了提高会计信息质量的作用。两个模型在调整后 R^2 均达到了 0.16 以上，说明回归方程的自变量及控制变量对因变量有较好的解释能力，模型构建较为合理。

从控制变量结果来看［以列（1）为例进行说明］，企业规模变量 *SIZE* 的回归系数在 1% 水平上显著为正，因此企业规模越大，越能严格遵循会计准则规定采用适当的会计程序与会计方法，与同行业内其他企业会计信息的可比性就越强。负债率变量 *LDR* 的回归系数显著为负，负债率越高的企业出现财务困难的可能性越高，越有可能隐藏真实经营业绩，会计信息可比性就越低（Neel，2017）。成长性变量 *GROWTH* 的回归系数在 1% 水平上显著为正，因此成长较快的公司的会计信息越透明，信息可比性越高，这与方等（2015）、尼尔（2017）等文献的结论一致。双重上市变量 *BHSHARE* 的系数显著为负，当 A 股公司同时在 B 股或 H 股上市时，会计信息可比性较低，这可能是由于双重上市公司需要根据两套不同会计准则编制不同的会计报表，这在一定程度上影响了其对国内会计准则的使用及判断，导致与国内同行业其他公司的信息可比性下降。这与方等（2015）的结论类似，该文发现本地公司同时在美国跨境上市时，信息可比性较低。收益率波动性变量 *STDROA* 的回归系数显著为负，企业经营业绩的波动程度越大，反映经营业绩的会计信息与其他企业的会计信息的可比性就越弱（Francis et al.，2014）。

3.4.4 进一步分析及稳健性检验

（1）新会计准则实施初期可比性没有显著提升的结论是否在不同治理环境下仍然存在

表 3 - 6 发现在新会计准则实施初期会计信息可比性没有显著提

升，然而这仅仅是整体检验结果，它没有考虑到治理环境差异，因为治理环境不同，会计准则执行力度可能有一定差异（袁知柱和吴珊珊，2017）。这里按照法治水平、产权性质、股权制衡度及审计质量对整体样本进行分组检验。

关于法治水平的度量，采用目前国内文献的常用方法，用樊纲等（2011）中的市场化综合指数来度量，指数越大表明治理环境越好，相关法律体系越完善，投资者保护水平越高。中国上市公司的终极控制人可以分为地方政府、中央政府、自然人或家族、特殊法人（特殊法人包括外资企业、外国企业、集体所有制企业、职工持股会及股权分散的工会控股，或者无控制股东及实际控制人）。其中前两类公司也称为国有控股上市公司，而后两类公司称为非国有控股上市公司。股权制衡度等于第二到第四股东持股比例之和与第一大股东持股比例的比值。参考肖作平（2006）等文献，采用审计费用变量来度量审计质量，审计费用越高表明审计师付出更多精力与努力，审计质量越高，为了减少公司规模对审计收费的影响，这里的审计费用变量值等于审计费用自然对数与公司规模自然对数的比值。除了产权性质按照实际情况分组外，法治水平、股权制衡度及审计质量均按照变量值将样本均分为两组。分组检验结果见表 3 - 7。

从表 3 - 7 可以看到，在四种不同的分组方法下，各列中新会计准则实施变量 $NEW1$ 的回归系数均不显著，这与表 3 - 6 的检验结果是一致的，说明了在新会计准则实施初期，在不同的治理环境下会计信息可比性仍然没有显著提升，会计制度改革存在暂时性成本（朱凯等，2009）。

表 3-7　新会计准则实施初期在不同治理环境下会计信息可比性提升效果的检验结果

自变量	法治水平分组		产权性质分组		股权制衡度分组		审计质量分组	
	弱法治水平	强法治水平	国有控股公司	非国有控股公司	低股权制衡度	高股权制衡度	低审计质量	高审计质量
	(1)	(2)	(3)	(4)	(5)	(6)	(7)	(8)
常数项	-0.089*** (-4.236)	-0.080*** (-3.948)	-0.092*** (-5.379)	-0.074** (-2.569)	-0.097*** (-4.968)	-0.078*** (-3.506)	-0.085*** (-3.634)	-0.106*** (-4.206)
NEW1	-0.0002 (-0.100)	-0.001 (-0.757)	-0.001 (-0.927)	-0.001 (-0.276)	-0.002 (-1.039)	0.001 (0.463)	-0.001 (-0.642)	0.001 (0.567)
控制变量	控制	控制	控制	控制	控制	控制	控制	控制
行业效应	控制	控制	控制	控制	控制	控制	控制	控制
调整后 R^2	0.204	0.151	0.205	0.156	0.214	0.162	0.184	0.189
F 值	54.946***	27.966***	65.538***	21.783***	52.484***	34.458***	32.719***	33.976***
观测值	4435	3184	5261	2358	3975	3644	2962	2967

注：***、**分别表示双尾检验在1%、5%水平上显著，表中（）内为 t 统计量。

（2）新会计准则实施成熟期下内外部治理环境是否影响会计信息可比性的提升效果

表 3 - 6 发现了在新会计准则实施成熟期会计信息可比性有显著提升，这里需要考虑的问题是，这种提升效果在不同的治理环境下是否仍然存在。与表 3 - 7 一致，仍然按照法治水平、产权性质、股权制衡度及审计质量进行分组检验。此外，还在式（3 - 9）中建立了新准则实施变量与治理环境变量的交乘项来考察不同治理环境下实施新准则进入成熟期后可比性的提升效果是否存在显著差异。投资者保护程度变量用符号 *PROT* 表示，终极控制人性质用变量 *CONTROL* 表示，国有控股公司时 *CONTROL* 取值为 1，非国有控股公司时取值为 0，股权制衡度变量用 *BALANCE* 来表示，审计质量变量用 *AUDIT* 表示。检验结果见表 3 - 8。

表 3 - 8　　新会计准则实施进入成熟期后内外部治理环境影响

会计信息可比性提升效果的检验结果

	Panel A：根据法治水平分组					
自变量	弱法治水平		强法治水平		弱法治 VS 强法治	
	（1）		（2）		（3）	
	回归系数	*t* 检验值	回归系数	*t* 检验值	回归系数	*t* 检验值
常数项	- 0. 044 **	- 2. 282	- 0. 073 ***	- 4. 554	- 0. 068 ***	- 5. 513
NEW2	0. 004 **	2. 062	0. 007 ***	3. 771	- 0. 002	- 0. 506
PROT	—	—	—	—	0. 001 **	1. 975
NEW2 × PROT	—	—	—	—	0. 001 *	1. 807
控制变量	控制		控制		控制	
行业效应	控制		控制		控制	
调整后 R^2	0. 201		0. 122		0. 170	
F 值	57. 867 ***		29. 324 ***		81. 327 ***	
观测值	4754		4275		9029	

续表

Panel B：根据产权性质分组

自变量	国有控股公司 (1)		非国有控股公司 (2)		国有 VS 非国有 (3)	
	回归系数	t 检验值	回归系数	t 检验值	回归系数	t 检验值
常数项	− 0.061 ***	− 3.827	− 0.081 ***	− 3.961	− 0.077 ***	− 6.223
NEW2	0.005 ***	2.800	0.008 ***	4.202	0.011 ***	6.047
CONTROL	—	—	—	—	0.001	0.396
NEW2 × CONTROL	—	—	—	—	− 0.008 ***	− 4.008
控制变量	控制		控制		控制	
行业效应	控制		控制		控制	
调整后 R^2	0.194		0.143		0.170	
F 值	63.249 ***		29.453 ***		81.519 ***	
观测值	5441		3588		9029	

Panel C：根据股权制衡度分组

自变量	低股权制衡度 (1)		高股权制衡度 (2)		低制衡度 VS 高制衡度 (3)	
	回归系数	t 检验值	回归系数	t 检验值	回归系数	t 检验值
常数项	− 0.066 ***	− 3.841	− 0.074 ***	− 4.067	− 0.066 ***	− 5.281
NEW2	0.005 ***	2.936	0.008 ***	4.249	0.004 ***	2.738
BALANCE	—	—	—	—	− 0.001	− 1.257
NEW2 × BALANCE	—	—	—	—	0.005 ***	3.108
控制变量	控制		控制		控制	
行业效应	控制		控制		控制	
调整后 R^2	0.175		0.166		0.169	
F 值	46.122 ***		44.364 ***		80.571 ***	
观测值	4458		4571		9029	

	Panel D：根据审计质量分组					
自变量	低审计质量		高审计质量		低审计质量 VS 高审计质量	
	（1）		（2）		（3）	
	回归系数	t 检验值	回归系数	t 检验值	回归系数	t 检验值
常数项	− 0.066 ***	− 3.422	− 0.044 **	− 2.181	0.016	0.588
NEW2	0.005 **	2.494	0.008 ***	4.434	− 0.037	− 1.406
AUDIT	—	—	—	—	− 0.106 ***	− 3.169
NEW2 × AUDIT	—	—	—	—	0.071 *	1.678
控制变量	控制		控制		控制	
行业效应	控制		控制		控制	
调整后 R^2	0.130		0.188		0.162	
F 值	28.030 ***		43.973 ***		65.533 ***	
观测值	3791		3910		9029	

注：*** 、** 、* 分别表示双尾检验在 1%、5% 和 10% 水平上显著。

从表 3 − 8 可以看到，在上述四种不同的分组方法下，新会计准则实施变量 NEW2 均显著为正，因此表 3 − 6 的检验结果是稳健的，当新会计准则实施进入成熟期后，在不同的内外部治理环境下会计信息可比性均有显著提升。从交乘项检验结果来看，Panel A 中交乘项 NEW2 × PROT 的回归系数在 10% 水平上显著为正，因此在投资者保护程度比较高的地区，新会计准则实施进入成熟期后会计信息可比性的提升幅度更高。在投资者保护程度较高的地区，经理人员及审计师违规行为的诉讼风险较高，为避免法律诉讼或受到处罚，此时管理层会严格执行会计准则，可比性得到更快提升（袁知柱和吴珊珊，2017）。Panel B 中交乘项 NEW2 × CONTROL 的回归系数均在1%的水平上显著为负,因此在国有控股上市公司中新会计准则实施进入成熟期后可比性的提升幅度要弱于非国有控股上市公司,这主要是由于国有控制公司治理环境较差导致的。李增福等(2013)也发现,由于国有企业的所有者缺位导致的内部人控制问题,使国有企业股东对管理层盈余操纵活动的内部监督更为薄弱,该文发现国有控股公司的真实盈余操纵水平显著高于非国有控股上市公司。Panel C 中交乘项 $NEW2 \times BALANCE$ 的回归系数在 1% 水平上显著为正,因此当上市公司股权制衡程度较高时,新准则下会计信息可比性的提升效果更显著。上市公司控股股东侵占行为的典型特征是隐秘性,为了保护侵占行为的隐秘性,避免外部股东的干预,控股股东往往会控制会计政策及经济业务,隐瞒控制权收益和公司的真实业绩,降低企业信息披露的透明度。当股权制衡度较高时,控股股东侵占中小股东利益的行为受到抑制,此时大股东隐蔽真实业绩的动力减弱,对企业会计政策及会计方法的干预减少,会计信息可比性提升较快。Panel D 中交乘项 $NEW2 \times AUDIT$ 的回归系数在 10% 水平上显著为正,因此当上市公司审计质量较高时,经理人员会更严格执行新会计准则,从而导致会计信息可比性提升幅度更高。

(3) 其他稳健性检验

本书在样本分组检验时按照法治水平、产权性质、股权制衡度及审计质量等治理特征进行分组,这里按照第一大股东持股比例、管理层持股比例、机构投资者持股比例等治理特征重新分组,发现研究结果也没有显著改变。

3.5　本章小结

　　本章测度了 2002～2012 年中国上市公司的会计信息可比性值，并对测度结果进行了有效性检验，然后考察了 2007 年新会计准则实施对会计信息可比性的影响效果。实证结果表明：新会计准则实施初期（实施前 3 年）会计信息可比性没有显著变化，而进入成熟期后（实施 3 年之后）可比性会有显著提升。按照投资者保护程度、终极控制人性质、股权制衡度及审计质量等治理特征的分组检验结果发现在不同的治理环境下新会计准则实施初期可比性均没有显著变化，而成熟期后可比性均显著提升，且当投资者保护程度较强、终极控制人为非国有控股、股权制衡度较高或审计质量较高时，新会计准则实施进入成熟期后可比性提升效果更显著。

　　需要指出的是，尽管目前有不少文献从可靠性（步丹璐和叶建明，2009；周冬华，2013；王雷和李冰心，2018）、相关性（罗婷等，2008；薛爽等，2008；谢德仁等，2020）、稳健性（陈骏，2013）等角度考察新会计准则实施后会计信息质量是否有显著改善，本章也从可比性的角度做了新的尝试，但这方面文献还不够全面，得到的研究结论也不尽一致，未来需要更多文献从事这方面的研究，这样才能更准确全面地评价 2007 年实施的新会计准则是否真正提高了企业会计信息质量。

第4章

地区法治水平与会计信息可比性

4.1 引　言

  法治水平作为主要的外部公司治理机制，影响了投资者保护程度，进而对企业管理层的会计行为有重要影响，因此也是会计信息质量高低的重要影响因素（La Porta et al.，1997；Leuz et al.，2003；袁知柱等，2014a）。然而现有关于两者关系的研究成果一直没有达成一致结论，且相互矛盾。一种观点认为法治水平能起到公司治理作用，提高会计信息质量，如勒伊兹等（Leuz et al.，2003），布什曼等（Bushman et al.，2004），吴永明和袁春生（2007），李延喜和陈克兢（2014），陈小林和袁德利（2016），李增福和曾慜（2017），崔艳娟等（2018）等文献发现法治水平与会计信息质量显著正相关；但另一种观点却认为法治水平与会计信息是一种替代关系，当投资者保护程度较差时，高质量会计信息能起到替代的治理作用，弥补弱法治水平的不利影响。如陈胜蓝和魏明海（2006）、杨忠海和周晓苏（2010）、张鼎祖和刘爱东（2015）等文献发现两者显著负相关。研究结论的不一致导致较难判断法治水平的真实治理效应。

上述文献主要从会计舞弊、会计信息可靠性、稳健性、相关性等角度做研究，目前尚无文献从会计信息可比性角度考察法治水平与会计信息质量的关系。本章尝试弥补这一不足，实证考察法治水平对会计信息可比性的影响。进一步地，由于企业产权性质可能对投资者保护的治理作用产生影响，因此也考察了不同产权性质下法治水平与可比性的关系是否存在差异。本章研究结论可以丰富法治水平与会计信息质量的关系、会计信息可比性影响因素等领域的研究成果。

4.2　理论分析及研究假设提出

4.2.1　法治水平对会计信息可比性的影响

投资者保护治理作用的实现与经济金融体系环境、股权结构、法律制度、法规、部门规章、行业自律等因素密切相关（袁知柱等，2014b），它通过如下两种路径来影响会计信息质量。一方面，在法治水平较高的国家（地区），金融体系较发达，融资机会较多，此时企业股权结构较分散，信息不对称程度较严重，股东与管理层之间存在较严重委托代理问题（La Porta et al.，1997；Francis et al.，2003）。而高质量会计信息能够解决分散股权结构下的委托代理问题（Ball et al.，2000）。因此在法治水平较高的国家（地区），投资者更加重视会计信息系统在减少代理冲突并降低代理成本中所发挥的信息作用，这样会计信息系统就成为公司治理系统中的一部分，以满足投资者对高质量会计信息的需求（陈胜蓝和魏明海，2006；杨忠海和周晓苏，2010）。另一方面，法治水平较强的国家（地区）的法律规定与条款更多，法律体系更完善，会通过各种法律法规限制企业管理层操纵盈余的行为，而且各项法律制度往往也能得到较好的执行，投资者的监督途径与手段也更加多样化，高执法效率及监督效率使得企业管理层将面临较高的会计信息诉讼成本，他们提供错误或虚假会计信息将受到较严重惩罚，此时管理层提供高质量会计信息的强制性动机较强（修宗峰，2010）。勒伊兹等（2003）以全球主要国家（地区）为样本，发现在投资者保护较强的国家（地区）中，企业应计盈余操纵行为较少，会计信息可靠性显著增强。蒋义宏等（2010）则发现投资者保护越强的国家（地区）的财务报告质量越高。

我国上海证券交易所及深圳证券交易所从成立到现在，已经有30余年的发展时间。尽管与英美等发达证券市场相比，我国证券市场还属于弱投资者保护市场，但经过30余年的发展，我国证券市场相关的法律制度建设取得了很大的进步，各项相关信息披露及治理条款也逐渐建立、改进及完善。虽然我国已经拥有了一系列较完整且较合理的成文法，但由于我国国土面积很大，各省、自治区、直辖市的经济发展差异较大，法律执行强度及有效性、政府行为及监管效率不同，这导致各地区的法治水平有显著差别（樊纲等，2011）。根据樊纲等（2011）的统计结果，2009年我国各地区的市场化指数总得分均值为 9.24，标准差达到 2.09，其中得分最高的浙江省为 11.80 分，而得分最低的西藏仅 0.38 分。东部沿海地区的市场化进程较快，金融体系较发达，投资者权益能得到有效保护，政府更多的是发挥着监督、导向职能；而中西部内陆地区市场化改革的深度和结构都与东部地区存在明显的差异，投资者保护相对较弱（牟涛等，2012）。我国各地区的投资者保护程度不同，导致企业治理结构、资源配置绩效及会计信息的宏观预测价值存在显著差异（王鹏，2008；李明和赵梅，2014；罗宏等，2016）。

现有国内文献也实证研究了我国各地区法治水平与会计信息质量的关系。吴永明和袁春生（2007）研究发现地区法治水平与上市公司财务舞弊显著负相关，即地区投资者保护程度的改善能有效降低财务舞弊概率。陶莹和董大勇（2013）基于合法性理论与外部压力理论研究发现，投资者保护环境对提高企业社会责任信息披露水平产生了积极影响。李延喜和陈克兢（2014）以2004～2011 年沪深两市 700 家上市公司持续 8 年的动态面板数据为研究对象，运用系统广义矩估计检验了外部治理环境对上市公司盈余操纵行为的影响，发现投资者保护程度与应计盈余操纵程度负相关，即上市公司所处地区的政府干预水平越低、法治水平越高，该地区的上市公司盈余操纵程度越低，这一结论也得到了袁知柱等（2014a）的支持。李明和万洁超（2015）则发现，在投资者保护程度越高的地区，注册会计师对真实盈余操纵行为的风险感知就越敏感，企业盈余操纵行为被发现的可能性就越大。

就会计信息可比性来说，在我国投资者保护程度较高的地区，金融业市场化程度较高，投资者对高会计信息可比性有强烈的需求。而且由于此时市场中介组织的发育及法律执行效率和监管效率的改善（王鹏，2008），控股股东和管理层盈余操纵的诉讼风险及成本较高，通过会计信息"粉饰"业绩的动机减小，他们会积极遵守会计准则规定，当经济业务相同时，不同企业会采用相同的会计程序与方法，做出同等的计量、记录和报告，企业间的会计信息可比性显著提高；而当经济业务不同时，企业采用的会计程序与方法也不同，会计信息能体现其差别（袁知柱和侯乃堃，2017）。从审计师的审计行为来看，一方面，在我国法治水平较高的地区，审计师履行审计职能有良好的外部制度保障，其审计供给效率较高；另一方面，强投资者保护环境下审计师审计舞弊或失败后被投资者起诉进而受到法律惩罚的可能性也加大，此时审计师的"被动"审计质量较高，管理层盈余操纵难度加大，可比性会显著提升。

综合前文分析，给出如下研究假设：

假设 4 - 1：我国各地区法治水平与会计信息可比性显著正相关。

4.2.2 产权性质对法治水平与会计信息可比性关系的影响

根据终极控制人的不同，我国上市公司分别由地方政府、中央政府、自然人或家族、特殊法人这四类群体控制，其中前两类称为国有控股公司，而后两类称为非国有控股公司。产权性质不同，法治水平对会计信息可比性的影响可能存在显著差异。国有控股公司有其独特的所有权特征、政企关系和治理安排（陈波，2014），法治水平对会计信息可比性的治理效用相对较弱。国有控股公司除了创造利润外，往往还承担和满足政府部门的其他要求，如就业、税收、物资供应、稳定等，从而产生一些政策性负担，因此政府部门通常也都会对其经营行为特殊照顾，这会进一步弱化外部投资者保护的市场化治理作用。

在非国有控股公司中，不存在所有者缺位问题，股东拥有企业资产的所有权，同时也享有资产经营的收益，这使得他们拥有更强的积极性去约束管理层，减少信息不对称程度（甄丽明和杨群华，2014）。非国有控股公司按市场化方式经营，外部投资者保护制度能产生较强的治理作用。为了避免法律诉讼，非国有控股公司的管理层会严格遵守会计准则规定，对相同的经济状况做出同等的计量、记录和报告，便于报表使用者进行企业间的比较，会计信息可比性显著提高。

综合前文分析，提出如下假设：

假设4-2：相对于国有控股公司，我国各地区法治水平与会计信息可比性的正相关关系在非国有控股公司中更加显著。

4.3　研究设计

4.3.1　会计信息可比性测度方法

会计信息可比性测度方法与第3章第3.3.1节相同，用式（3-6）、式（3-7）及式（3-8）所示的截面可比性测度方法来计算，在此

不再赘述。公司年度层面的会计信息可比性测度值用变量 *COMP*
表示。

4.3.2 回归模型设计

构建如下的多元线性回归方程来检验法治水平对会计信息可比
性的影响。

$$
\begin{aligned}
COMP = {} & \alpha_0 + \alpha_1 MARKET + \alpha_2 CR + \alpha_3 BALANCE + \alpha_4 INST \\
& + \alpha_5 MANAGE + \alpha_6 BOARD + \alpha_7 DUAL + \alpha_8 INDR \\
& + \alpha_9 BIG4 + \alpha_{10} SIZE + \alpha_{11} LDR + \alpha_{12} GROWTH \\
& + \alpha_{13} TURNOVER + \alpha_{14} STDRET + \alpha_{15} NUMBER \\
& + \alpha_i \sum_{i=16}^{24} YEAR + \alpha_j \sum_{j=25}^{35} INDUSTRY + \varepsilon
\end{aligned} \quad (4-1)
$$

其中，α_0 为常数项，$\alpha_i (i=1, 2, \cdots, 31)$ 表示方程的回归系
数，因变量 *COMP* 表示会计信息可比性，根据第 3 章第 3.3.1 节式
（3-6）、式（3-7）及式（3-8）所示的截面可比性测度方法来
计算。自变量 *MARKET* 表示法治水平，参考国内相关文献，分别采
用樊纲等（2011）编制的各地区市场化整体得分指数 *PROTECT*、
金融业市场化程度指数 *FINANCE* 及中介组织的发育和法律制度环境
指数 *LAW* 这三个指标来表示，指数越大表明地区投资者保护水平越
高（吴永明、袁春生，2007；李延喜、陈克兢，2014；袁知柱等，
2014a；罗宏等，2016）。

控制变量选择参考了已有文献的成果。参考尼尔（2011）、布
罗谢等（2013）、贾亚拉曼和威尔第（2014）、弗朗西斯等（2014）
等文献，加入企业规模 *SIZE*、长期负债率 *LEV*、公司成长性

GROWTH、资产周转率 TURNOVER 作为控制变量；参考弗朗西斯等
（2014）、方等（2015）等文献，加入股票收益率标准差 STDRET、
会计师事务所性质 BIG4 作为控制变量。为了控制公司治理因素对
可比性的影响，加入终极控制人控制权 CR、股权制衡度 BALANCE、
机构投资者持股比例 INST、管理层持股比例 MANAGE、董事会人数
BOARD、董事长总经理两职合一 DUAL 及独立董事比例 INDR 等常
用的公司治理变量作为控制变量。此外，由于可比性是度量同行业
内所有公司间会计信息可比性，也加入同行业内公司数量 NUMBER
作为控制变量。前述变量的详细说明如下（见表 4 - 1）。

表 4 - 1　　　　　　　　　　　**研究变量定义**

变量类型	变量符号	变量名称	变量说明
因变量	COMP	会计信息可比性	根据第 3 章第 3.3.1 节式（3 - 6）、式（3 - 7）及式（3 - 8）所示的截面可比性测度方法来计算
自变量	PROTECT	市场化整体指数	采用樊纲等（2011）编制的整体指数来度量，通过五个维度二十多个分项指标综合计算出来
	FINANCE	金融业市场化程度	采用樊纲等（2011）编制的相应指数来度量
	LAW	市场中介组织的发育和法律制度环境	采用樊纲等（2011）编制的相应指数来度量
控制变量	CR	终极控制人控制权	股权控制链条的最终控制人通过直接和（或）间接持有公司股份而对公司拥有的实际控制权，等于控制链上最小投票权之和
	BALANCE	股权制衡度	第 2 到第 5 大股东持股比例合计数/第 1 大股东持股比例

变量类型	变量符号	变量名称	变量说明
控制变量	*INST*	机构投资者持股比例	用机构持股数量和股本总数的比值表示，其中机构投资者由投资基金、证券公司、QFII、保险公司、社保基金、企业年金、信托公司、财务公司和银行 9 个类别组成
	MANAGE	管理层持股比例	管理层持股数量与股份总额的比值，其中管理层包括董事会、监事会及高级管理人员
	BOARD	董事会人数	董事会总人数
	DUAL	董事长总经理两职合一	虚拟变量，两职合一取值为1，否则为0
	INDR	独立董事比例	独立董事人数与董事会总人数的比值
	BIG4	会计师事务所性质	当审计公司年报的会计师事务所为国际"四大"时取值为1，否则取值为0
	SIZE	企业规模	总资产的自然对数
	LDR	长期负债率	长期负债与总资产的比值
	GROWTH	公司成长性	主营业务收入的年度增长率
	TURNOVER	总资产周转率	主营业务收入与平均资产总额的比值
	STDRET	股票收益率标准差	公司当年各月股票收益率的标准差
	NUMBER	同行业内公司数量	同一行业内上市公司数量的自然对数值
	YEAR	年度虚拟变量	当企业隶属某年度时赋值为1，反之赋值0
	INDUSTRY	行业虚拟变量	当企业隶属某行业时赋值为1，反之赋值0

4.3.3 样本选择

选择沪深两市 A 股上市公司为样本，样本期间为 2003～2012 年。同时对样本做了如下调整：由于金融、保险业上市公司适用的会计准则与其他公司不同，因此删除了这两个行业的公司；删除被特别处理（ST）的上市公司；根据前述计算指标及数据要求，删除信息不全或有异常值数据的公司；删除当年首发上市的公司，即从首发后第二年开始选取样本，最后共选择 10780 个观测值。数据来源于 Wind 数据库。

4.4　实证过程及结果

4.4.1　研究变量的描述性统计及相关性检验

本章主要研究变量的描述性统计结果如表 4-2 所示。

表 4-2　　　　　　　　主要研究变量的描述性统计

变量名	观测值	均值	标准差	最小值	中位数	最大值
COMP	10780	-0.044	0.047	-0.366	-0.030	-0.000001
PROTECT	10780	8.655	2.140	0.380	8.930	11.800
FINANCE	10780	9.843	2.074	0.730	10.280	12.840
LAW	10780	10.000	5.367	0.180	8.180	19.890
CR	10780	0.391	0.158	0.015	0.383	1.000
BALANCE	10780	0.565	0.555	0.003	0.389	3.796
INST	10780	0.100	0.148	0.000	0.030	0.974
MANAGE	10780	0.058	0.153	0.000	0.00007	0.897
BOARD	10780	9.272	1.920	3.000	9.000	19.000
DUAL	10780	0.166	0.372	0.000	0.000	1.000

续表

变量名	观测值	均值	标准差	最小值	中位数	最大值
INDR	10780	0.359	0.053	0.000	0.333	0.800
BIG4	10780	0.064	0.245	0.000	0.000	1.000
SIZE	10780	21.653	1.161	18.543	21.496	28.282
LDR	10780	0.080	0.102	0.000	0.037	0.705
GROWTH	10780	0.186	0.336	-0.984	0.148	3.369
TURNOVER	10780	0.707	0.433	0.009	0.617	2.991
STDRET	10780	0.131	0.054	0.011	0.119	0.833
NUMBER	10780	4.432	0.728	2.398	4.489	5.981

从表 4-2 可以看到，3 个法治水平变量值在我国各地区之间差异较大，尤其是市场中介组织的发育和法律制度环境变量 *LAW*，其最大值为 19.890，而最小值仅为 0.180，标准差达到了 5.331。股权制衡度变量 *BALANCE* 的均值为 0.562，说明第 2 到第 5 大股东能对第 1 大股东进行有效制衡，减少其侵占公司利益的行为。独立董事比例变量 *INDR* 的均值为 0.352，超过了 33%，符合相关法规对独立董事比例的要求。两职合一变量 *DUAL* 的均值为 0.166，说明董事长与总经理两职合一的公司比例并不高。公司成长性变量 *GROWTH* 的均值为 0.188，说明中国上市公司主营业务收入增长较快，总体上处于收入规模不断上升的发展阶段。

表 4-3 给出了方程（4-1）所列示的主要研究变量间的相关系数检验结果。

从表 4-3 可以看到，可比性变量 *COMP* 与法治水平变量 *PRO-TECT*、*FINANCE* 及 *LAW* 的 Pearson 和 Spearman 相关系数均在 1% 水平上显著为正，因此我国强投资者保护地区的上市公司的会计信息

表 4 - 3

主要研究变量的相关系数

变量名	COMP	PROTECT	FINANCE	LAW	CR	BALANCE	INST	MANAGE	BOARD	DUAL	INDR	BIG4	SIZE	LDR	GROWTH	TURNOVER	STDRET	NUMBER
COMP	1	0.071***	0.070***	0.076***	0.046***	0.018*	0.034***	0.097***	0.009	0.022**	0.027***	0.005	0.043***	-0.046***	0.004	0.002	-0.116***	-0.010
PROTECT	0.060***	1	0.762***	0.898***	0.001	0.057***	0.027***	0.214***	-0.103***	0.132***	0.093***	0.082***	0.068***	-0.116***	-0.057***	0.089***	0.021**	0.101***
FINANCE	0.059***	0.774***	1	0.725***	-0.033***	0.049***	0.016	0.240***	-0.120***	0.120***	0.160***	0.036***	0.131***	-0.045***	-0.078***	0.089***	0.033***	0.202***
LAW	0.065***	0.953***	0.805***	1	0.021**	0.038***	0.002	0.227***	-0.110***	0.132***	0.107***	0.083***	0.100***	-0.091***	-0.068***	0.056***	-0.019*	0.129***
CR	0.039***	0.004	-0.021**	0.021**	1	-0.435***	0.085***	0.028***	-0.001	-0.027***	0.023**	0.111***	0.198***	0.029***	0.064***	0.049***	-0.085***	-0.004
BALANCE	0.013	0.082***	0.085***	0.060***	-0.505***	1	0.066***	0.312***	0.042***	0.068***	-0.007	0.004	-0.161***	-0.061***	0.020**	-0.047***	-0.003	0.058***
INST	0.027***	0.042***	0.074***	0.061***	0.112***	0.086***	1	0.066***	0.086***	0.024**	0.022**	0.122***	0.245***	0.015	0.170***	0.139***	0.019*	0.004
MANAGE	0.082***	0.231***	0.236***	0.213***	-0.139***	0.260***	0.100***	1	-0.156***	0.229***	0.106***	-0.078***	-0.197***	-0.178***	0.030***	-0.051***	-0.032***	0.178***
BOARD	0.013	-0.098***	-0.117***	-0.110***	-0.015	0.056***	0.110***	-0.095***	1	-0.144***	-0.299***	0.125***	0.237***	0.114***	0.029***	0.050***	-0.049***	-0.121***
DUAL	0.020**	0.133***	0.138***	0.131***	-0.025**	0.100***	0.027	0.172***	-0.157***	1	0.093***	-0.049***	-0.122***	-0.107***	-0.001	-0.039***	-0.013	0.093***
INDR	0.004	0.075***	0.130***	0.098***	0.010	0.012	0.053***	0.025	-0.276***	0.089***	1	0.050***	0.093***	0.025**	-0.002	-0.006	0.035***	0.053***
BIG4	0.003	0.077***	0.027***	0.091***	0.113***	0.002	0.142***	-0.080***	0.116***	-0.049***	0.038***	1	0.374***	0.114***	0.010	0.060***	-0.053***	-0.034***
SIZE	0.012	0.061***	0.104***	0.100***	0.152***	-0.194***	0.395***	-0.100***	0.219***	-0.124***	0.066***	0.282***	1	0.436***	0.059***	0.088***	-0.073***	-0.017*
LDR	-0.036***	-0.106***	-0.046***	-0.086***	0.001	-0.078***	0.088***	-0.139***	0.120***	-0.118***	0.025**	0.120***	0.452***	1	0.047***	-0.229***	0.007	-0.126***
GROWTH	0.005	-0.071***	-0.093***	-0.084***	0.073***	0.032***	0.223***	0.030***	0.046***	0.005	-0.010	0.022**	0.078***	0.041***	1	0.133***	-0.015	-0.033***
TURNOVER	-0.021**	0.087***	0.076***	0.064***	0.055***	-0.044***	0.141***	-0.017	0.068***	-0.038***	-0.008	0.056***	0.073***	-0.194***	0.189***	1	-0.007	0.096***
STDRET	-0.128***	0.037***	0.053***	0.007	-0.081***	0.014	-0.004	-0.042***	-0.056***	-0.0003	0.046***	-0.057***	-0.062***	0.015	-0.041***	0.006	1	-0.009
NUMBER	0.005	0.092***	0.193***	0.115***	0.003	0.063***	0.057***	0.118***	-0.110***	0.087***	0.043***	-0.040***	-0.018*	-0.099***	-0.026***	0.125***	0.023*	1

　　注：（1）表格右上部分和左下部分分别为 Pearson 相关系数和 Spearman 相关系数。（2）***、**、* 分别表示 1%、5% 和 10% 的显著性水平（双尾检验）。

可比性要显著高于弱投资者保护地区，这支持了假设 4 - 1。然而这仅是简单相关系数统计结果，为了更准确揭示法治水平与会计信息可比性的关系，需要加入控制变量后进行多元回归检验。

4.4.2 法治水平对会计信息可比性影响的回归检验结果

为考察法治水平对会计信息可比性的影响，方程（4 - 1）检验结果见表 4 - 4。

表 4 - 4　　法治水平对会计信息可比性影响的回归分析结果

变量名	（1）		（2）		（3）	
	回归系数	t 检验值	回归系数	t 检验值	回归系数	t 检验值
常数项	- 0. 088 ***	- 6. 923	- 0. 092 ***	- 7. 106	- 0. 085 ***	- 6. 711
PROTECT	0. 001 ***	3. 320	—	—	—	—
FINANCE	—	—	0. 001 ***	3. 298	—	—
LAW	—	—	—	—	0. 0003 ***	3. 069
CR	0. 011 ***	3. 263	0. 011 ***	3. 385	0. 011 ***	3. 243
BALANCE	0. 001	0. 889	0. 001	0. 941	0. 001	0. 930
INST	0. 004	1. 169	0. 004	1. 190	0. 004	1. 209
MANAGE	0. 022 ***	6. 121	0. 022 ***	6. 247	0. 022 ***	6. 224
BOARD	0. 0004	1. 396	0. 0003	1. 303	0. 0004	1. 362
DUAL	- 0. 0004	- 0. 353	- 0. 0003	- 0. 208	- 0. 0004	- 0. 291
INDR	0. 010	1. 091	0. 009	1. 015	0. 010	1. 106
BIG4	- 0. 004 *	- 1. 900	- 0. 004 *	- 1. 828	- 0. 004 *	- 1. 908
SIZE	0. 002 ***	4. 608	0. 003 ***	4. 704	0. 002 ***	4. 638

续表

变量名	(1)		(2)		(3)	
	回归系数	t 检验值	回归系数	t 检验值	回归系数	t 检验值
LDR	− 0.029 ***	− 5.333	− 0.030 ***	− 5.468	− 0.029 ***	− 5.383
GROWTH	− 0.00006	− 0.044	− 0.00009	− 0.068	− 0.0001	− 0.075
TURNOVER	− 0.003 **	− 2.485	− 0.003 **	− 2.535	− 0.003 **	− 2.365
STDRET	− 0.101 ***	− 9.158	− 0.101 ***	− 9.156	− 0.101 ***	− 9.210
NUMBER	− 0.0003	− 0.334	− 0.0003	− 0.343	− 0.0003	− 0.361
年度效应	控制		控制		控制	
行业效应	控制		控制		控制	
调整后 R^2	0.040		0.040		0.040	
F 值	13.738 ***		13.734 ***		13.690 ***	
观测值	10780		10780		10780	

注：***、**、*分别表示双尾检验在1%、5%和10%水平上显著。

从表 4 - 4 可以看到，列（1）中法治水平变量 PROTECT 的回归系数在 1% 的水平上显著为正，即法治水平与会计信息可比性显著正相关，因此在我国投资者保护程度较高的地区，上市公司的会计信息可比性更高。列（2）及列（3）中法治水平变量 FINANCE 及 LAW 的回归系数也都显著为正，这与列（1）的结果一致，假设 4 - 1 得到验证，这样就从会计信息可比性视角证实了投资者保护的治理效应。

从控制变量的回归结果来看［以列（1）中的结果为例进行说明］，终极控制权比例变量 CR 的回归系数显著为正，因此终极控制人控制权比例的增加提高了控股股东对公司的控制能力，此时管理层通过盈余操纵来侵占股东利益的可能性下降（"内部人控制"局面出现的可能性下降），他们会严格遵循会计准则，提供高可比性的会计信息。企业规模变量 *SIZE* 的回归系数在 1% 水平上显著为正，因此企业规模越大，越能严格遵循会计准则，与其他企业的信息可比性就越强。负债率变量 *LDR* 的回归系数显著为负，负债率越高的企业出现财务困难的可能性越高，越有可能隐藏真实经营业绩，信息可比性就越低。变量 *GROWTH* 的系数为正，因此业务增长快、未来发展前景好的公司的会计信息越透明，可比性越高（Francis et al.，2014；Fang et al.，2015）。股票收益率标准差变量 *STDRET* 的系数显著为负，因此外部环境及市场业绩变动较大时，反映经营业绩的会计信息可比性较弱（Francis et al.，2014）。

4.4.3 不同产权性质下法治水平对可比性影响的回归检验结果

按照产权性质将整体样本分为国有控股公司与非国有控股公司两组子样本（如前所述，终极控制人为中央政府或地方政府时为国有控股公司，终极控制人为自然人或家族、特殊法人时为非国有控股公司），然后基于这两组子样本对方程（4-1）重新检验，结果见表4-5。

表 4-5　　　不同产权性质下法治水平对会计信息可比性

影响的分组检验结果

自变量	国有控股公司			非国有控股公司		
	PROTECT	*FINANCE*	*LAW*	*PROTECT*	*FINANCE*	*LAW*
	（1）	（2）	（3）	（4）	（5）	（6）
常数项	-0.092 *** （-5.337）	-0.098 *** （-5.622）	-0.090 *** （-5.301）	-0.079 *** （-3.817）	-0.082 *** （-3.901）	-0.076 *** （-3.645）

自变量	国有控股公司			非国有控股公司		
	PROTECT	FINANCE	LAW	PROTECT	FINANCE	LAW
	（1）	（2）	（3）	（4）	（5）	（6）
PROTECT	0.001 （1.491）	—	—	0.001 *** （3.055）	—	—
FINANCE	—	0.001 ** （2.353）	—	—	0.001 ** （2.220）	—
LAW	—	—	0.0002 * （1.861）	—	—	0.0003 ** （2.503）
控制变量	控制	控制	控制	控制	控制	控制
行业效应	控制	控制	控制	控制	控制	控制
年度效应	控制	控制	控制	控制	控制	控制
调整后 R^2	0.028	0.029	0.028	0.058	0.057	0.057
F 值	6.193 ***	6.290 ***	6.199 ***	8.883 ***	8.749 ***	8.790 ***
观测值	6279	6279	6279	4501	4501	4501

注：***、**、*分别表示双尾检验在1%、5%和10%水平上显著，表中（）内为 t 统计量。

从表4-5可以看到，在国有控股公司样本中，虽然列（1）中法治水平变量 PROTECT 的回归系数并不显著，但列（2）及列（3）中变量 FINANCE、LAW 的回归系数分别在5%及10%的水平上显著为正。非国有控股公司检验结果与表4-2的整体样本检验结果基本一致，列（4）~列（6）中变量 PROTECT、FINANCE 及 LAW 的回归系数均在1%的水平上显著为正。总的来说，法治水平与会计信息可比性的正相关关系在国有控股公司与非国有控股公司中均存在（袁知柱和侯乃堃，2017）。

　　表4-5的分组检验结果仅能考察法治水平与会计信息可比性的关系是否在不同的产权性质下仍然存在，但无法得知何种治理环境下两者的关系更显著（即检验假设4-2）。为了检验假设4-2，在方程（4-1）基础上建立了包含法治水平与产权性质交乘项的回归模型，产权性质用变量 CONTROL 表示，国有控股公司时其取值为1，非国有控股公司时取值为0。采用10780个整体样本观测值对该交乘项回归模型进行检验，结果见表4-6。

表4-6　　　　产权性质对法治水平与会计信息可比性
关系影响的交乘项回归分析结果

变量名	PROTECT (1)		FINANCE (2)		LAW (3)	
	回归系数	t 检验值	回归系数	t 检验值	回归系数	t 检验值
常数项	-0.089***	-6.852	-0.092***	-6.831	-0.085***	-6.662
CONTROL	0.002	0.436	-0.0005	-0.101	0.0004	0.217
PROTECT	0.001***	2.615	—	—	—	—
PROTECT × CONTROL	-0.001*	-1.808	—	—	—	—
FINANCE	—	—	0.001**	2.294	—	—
FINANCE × CONTROL	—	—	-0.001**	-2.125	—	—
LAW	—	—	—	—	0.0004***	2.808
LAW × CONTROL	—	—	—	—	-0.0003**	-2.206
控制变量	控制		控制		控制	
年度效应	控制		控制		控制	
行业效应	控制		控制		控制	

变量名	*PROTECT*		*FINANCE*		*LAW*	
	（1）		（2）		（3）	
	回归系数	t 检验值	回归系数	t 检验值	回归系数	t 检验值
调整后 R^2	0.040		0.040		0.039	
F 值	12.999 ***		12.990 ***		12.949 ***	
观测值	10780		10780		10780	

注：***、**、* 分别表示双尾检验在 1%、5% 和 10% 水平上显著。

从表 4-6 可以看到，列（1）中法治水平变量 *PROTECT* 的回归系数仍然在 1% 水平上显著为正，而交乘项 *PROTECT* × *CONTROL* 的回归系数在 10% 水平上显著为负，因此相对于非国有控股公司，国有控股公司中投资者保护程度与会计信息可比性的正相关关系较弱。列（2）及列（3）的结果与列（1）基本一致，假设 4-2 得到了验证。

4.4.4　进一步分析及稳健性检验

限于篇幅，本部分仅给出了以变量 *PROTECT* 度量法治水平时的检验结果，当以变量 *FINANCE* 及 *LAW* 来度量法治水平时，研究结果没有显著变化。

（1）中央控股与地方控股上市公司是否存在区别

表 4-5 及表 4-6 考察了法治水平与会计信息可比性的关系在国有及非国有公司间的区别，而国有控股公司的终极控制人包括中央政府与地方政府两种类别，那么需要考虑的一个问题是：中央政

府控股公司或地方政府控股公司与非国有控股公司之间存在区别吗？中央政府控股公司与地方政府控股公司之间存在区别吗？

建立三个不同的交乘项回归方程来考察中央控股 VS 非国有、地方控股 VS 非国有及中央控股 VS 地方控股下法治水平与会计信息可比性的相关关系的区别。中央政府控股变量用 *CENTRAL* 表示，中央政府控股时其取值为 1，非国有控股时取值为 0；地方政府控股变量用 *LOCAL* 表示，地方政府控股时其取值为 1，非国有控股时取值为 0；当某公司属于中央政府控股时，*CEN - LOC* 取值为 1，属于地方政府控股时，*CEN - LOC* 取值为 0。检验结果见表 4 - 7。

表 4 - 7　　基于中央控股及地方控股企业分类的回归分析结果

变量名	中央控股 VS 非国有 (1)		地方控股 VS 非国有 (2)		中央控股 VS 地方控股 (3)	
	回归系数	t 检验值	回归系数	t 检验值	回归系数	t 检验值
常数项	-0.062***	-3.940	-0.115***	-7.612	-0.095***	-5.519
PROTECT	0.001***	3.065	0.001**	2.447	0.001**	2.048
CENTRAL	0.007	1.296	—	—	—	—
PROTECT × CENTRAL	-0.001*	-1.824	—	—	—	—
LOCAL	—	—	-0.002	-0.372	—	—
PROTECT × LOCAL	—	—	-0.001**	-2.265	—	—
CEN - LOC	—	—	—	—	0.008	1.359
PROTECT × CEN - LOC	—	—	—	—	-0.001	-1.520
CR	0.011**	2.551	0.012***	3.124	0.009*	1.852

续表

| 变量名 | 中央控股 VS 非国有 | | 地方控股 VS 非国有 | | 中央控股 VS 地方控股 | |
| | （1） | | （2） | | （3） | |
	回归系数	t 检验值	回归系数	t 检验值	回归系数	t 检验值
BALANCE	0.002 *	1.809	0.0004	0.374	0.0004	0.281
INST	0.006	1.531	0.002	0.447	0.004	0.810
MANAGE	0.018 ***	4.959	0.023 ***	6.213	0.018	0.516
BOARD	0.0003	0.731	0.0004	1.278	0.0004	1.141
DUAL	− 0.001	− 0.489	− 0.0003	− 0.240	− 0.0004	− 0.198
INDR	0.001	0.125	0.015	1.511	0.013	1.056
BIG4	− 0.003	− 1.314	− 0.005 *	− 1.948	− 0.002	− 0.990
SIZE	0.001 **	2.178	0.004 ***	5.825	0.002 ***	3.445
LDR	− 0.036 ***	− 4.828	− 0.025 ***	− 4.114	− 0.026 ***	− 3.900
GROWTH	− 0.001	0.464	− 0.001	− 0.424	0.002	0.853
TURNOVER	− 0.004 ***	− 2.881	− 0.003 **	− 2.147	− 0.002	− 1.093
STDRET	− 0.100 ***	− 7.413	− 0.100 ***	− 8.301	− 0.105 ***	− 6.793
NUMBER	− 0.0005	− 0.445	− 0.001	− 1.241	0.001	0.900
年度效应	控制		控制		控制	
行业效应	控制		控制		控制	
调整后 R^2	0.047		0.044		0.028	
F 值	9.523 ***		12.200 ***		5.928 ***	
观测值	6376		8905		6279	

注：***、**、* 分别表示双尾检验在 1%、5% 和 10% 水平上显著。

从表 4 – 7 可以看到，列（1）的交乘项 $PROTECT \times CENTRAL$ 及列（2）的交乘项 $PROTECT \times LOCAL$ 的回归系数均显著为负，因此无论是中央控股公司还是地方控股公司，法治水平与会计信息可比性的关系均弱于非国有控股公司，表 4 – 6 的结果是稳健的。列（3）中变量 $PROTECT$ 的回归系数仍然显著为正，但其交乘项 $PROTECT \times CEN – LOC$ 的回归系数并不显著，说明投资者保护对可比性的提升作用在中央控股公司与地方控股公司间并没有显著差异。

（2）减少或更换控制变量的检验结果

目前国内外缺少会计信息可比性影响因素研究的文献，虽然在为方程（4 – 1）选择控制变量时充分参考了已有文献的研究成果，但仍然缺少足够的理论支撑。这里采用两种方法进行稳健性检验，第一，去掉除行业或年度虚拟变量外的其他所有控制变量；第二，参考郎等（2011）的观点，只在方程（4 – 1）中加入最常见的 3 个公司特征变量企业规模 $SIZE$、负债率 LDR 及成长性 $GROWTH$。采用这两种方法重新对假设 4 – 1 及假设 4 – 2 进行检验，结果见表 4 – 8。

从表 4 – 8 可以看到，列（1）和列（3）中法治水平变量 $PROTECT$ 的回归系数均显著为正，而列（2）和列（4）中交乘项 $PROTECT \times CONTROL$ 的回归系数均显著为负，这与前文的研究结果基本是一致的，假设 4 – 1 及假设 4 – 2 仍然得到了验证，因此控制变量选择并不影响前述研究结果。

表 4 - 8　减少控制变量的回归检验结果

变量名	(1)		(2)		(3)		(4)	
	回归系数	t 检验值	回归系数	t 检验值	回归系数	t 检验值	回归系数	t 检验值
常数项	-0.043***	-11.928	-0.045***	-10.551	-0.089***	-8.816	-0.097***	-9.076
PROTECT	0.001***	5.883	0.002***	4.683	0.001***	4.764	0.001***	4.122
CONTROL	—	—	0.003	0.788	—	—	0.004	0.938
PROTECT × CONTROL	—	—	-0.001*	-1.912	—	—	-0.001**	-2.346
SIZE	—	—	—	—	0.002***	5.245	0.003***	5.621
LDR	—	—	—	—	-0.031***	-5.829	-0.031***	-5.835
GROWTH	—	—	—	—	0.001	0.459	0.0004	0.299
年度效应	控制		控制		控制		控制	
行业效应	控制		控制		控制		控制	
调整后 R^2	0.022		0.022		0.026		0.026	
F 值	12.769***		11.742***		13.077***		12.281***	
观测值	10780		10780		10780		10780	

注：***、**、* 分别表示双尾检验在 1%、5% 和 10% 水平上显著。

（3）法治水平与会计信息可比性的关系在不同会计准则体制下是否有显著变化

前文论述结果没有考虑到新会计准则实施对会计信息可比性的影响，我国 2007 年实施的新会计准则实现了与国际会计准则的全面趋同，按照国际会计惯例重新设计了会计确认、计量与财务报告标准，增加了会计准则的科学性和规范性。如为了规范和控制企业对利润的人为操纵，夯实经营业绩，新准则大幅压缩了会计估计和会计政策的选择项目，限定了企业利润调节的空间范围（罗婷等，2008），从而增强了信息可比性。为了考察法治水平与会计信息可比性的正相关关系在不同准则下是否具有稳健性，按照新会计准则实施时间将样本分为 2003~2006 年及 2007~2012 年两个样本组，然后对方程（4-1）进行回归检验，结果如表 4-9 所示。

表 4-9   不同会计准则下法治水平对会计信息可比性影响的回归分析

变量名	旧会计准则 (1)		新会计准则 (2)	
	回归系数	t 检验值	回归系数	t 检验值
常数项	-0.130***	-4.763	-0.071***	-4.992
PROTECT	0.001*	1.869	0.001***	2.605
CR	0.001	0.083	0.013***	3.587
BALANCE	-0.001	-0.390	0.002	1.524
INST	0.016***	2.615	-0.001	-0.284
MANAGE	0.004	0.267	0.021***	5.839
BOARD	0.0005	1.027	0.0003	0.872
DUAL	-0.005*	-1.873	0.001	0.739

续表

变量名	旧会计准则 (1)		新会计准则 (2)	
	回归系数	t 检验值	回归系数	t 检验值
INDR	0.026	1.434	0.003	0.276
BIG4	− 0.003	− 0.944	− 0.004	− 1.469
SIZE	0.004 ***	3.646	0.002 ***	2.969
LDR	− 0.040 ***	− 3.728	− 0.027 ***	− 4.304
GROWTH	0.004	1.645	− 0.003	− 1.575
TURNOVER	− 0.001	− 0.388	− 0.004 ***	− 2.720
STDRET	− 0.169 ***	− 7.106	− 0.084 ***	− 6.805
NUMBER	0.001	0.356	− 0.0004	− 0.450
行业效应	控制		控制	
年度效应	控制		控制	
调整后 R^2	0.055		0.042	
F 值	7.422 ***		11.755 ***	
观测值	3186		7594	

注: *** 、* 分别表示双尾检验在 1% 、10% 水平上显著。

从表 4 – 9 可以看出, 在不同的会计准则体制下, 变量 PRO-TECT 的回归系数均显著为负, 这与表 4 – 9 的检验结果是一致的, 因此新会计准则对法治水平与会计信息可比性的正相关关系没有显著影响, 前述研究结果是稳健的。

(4) 变量因果关系导致的内生性问题的稳健性检验

前述研究结果可能存在一种反向因果关系解释, 即是会计信息可比性较高的公司所在地区有较高的法治水平, 而不是法治水平对会计信息可比性产生了提升作用。对于这种反向因果关系导致的内生性问题，可以通过建立联立方程模型的方法来解决（伍德里奇，2003）。这里以市场化整体指数 *PROTECT* 与会计信息可比性 *COMP* 为例建立联立方程模型来考察因果关系是否对前述结果产生影响（当以变量 *FINANCE* 及 *LAW* 来度量投资者保护程度时，研究结果没有显著变化），联立方程如下：

$$\begin{cases} COMP = \alpha_0 + \alpha_1 PROTECT + \alpha_2 CR + \alpha_3 BALANCE + \alpha_4 INST \\ \qquad + \alpha_5 MANAGE + \alpha_6 BOARD + \alpha_7 DUAL + \alpha_8 INDR \\ \qquad + \alpha_9 BIG4 + \alpha_{10} SIZE + \alpha_{11} LDR + \alpha_{12} GROWTH \\ \qquad + \alpha_{13} TURNOVER + \alpha_{14} STDRET + \alpha_{15} NUMBER \\ \qquad + \alpha_i \sum_{i=16}^{24} YEAR + \alpha_j \sum_{j=25}^{35} INDUSTRY + \varepsilon \\ PROTECT = \alpha_0 + \alpha_1 COMP + \alpha_2 JSZFGY + \alpha_3 FGYJJFZ \\ \qquad + \alpha_4 YSSCFY + \alpha_5 DISTRICT + \alpha_6 GDP + \alpha_7 SIZE \\ \qquad + \alpha_8 LDR + \alpha_9 MB + \alpha_{10} CONTROL \\ \qquad + \alpha_i \sum_{i=11}^{21} INDUSTRY + \varepsilon \end{cases}$$

$$(4-2)$$

上述联立方程中，加入减少政府对企业的干预 *JSZFGY*、地区非国有经济的发展 *FGYJJFZ*、地区要素市场的发育程度 *YSSCFY*、地理区域 *DISTRICT*、GDP 增长率、企业规模 *SIZE*、长期负债率 *LDR*、权益市场账面价值比 *MB*、产权性质 *CONTROL* 等变量作为法治水平的控制变量。其中减少政府对企业的干预 *JSZFGY*、非国有经济的发展 *FGYJJFZ*、要素市场的发育程度 *YSSCFY* 等变量的数据来源于樊纲等（2011）；对于地理区域变量 *DISTRICT*，当公司注册地所在省份为东部地区时取值为 1，为中部地区或西部地区时取值为 0^①；
MB 为股东权益的市场账面价值比，股东权益市价 = 流通股股数 ×
每股股价 + 非流通股股数 × 每股净资产，其他变量计算与前面
一致。

联立方程的回归结果见表 4 - 10。

表 4 - 10　　　　法治水平与会计信息可比性的因果关系检验

变量名	*COMP* 为因变量		*PROTECT* 为因变量	
	回归系数	*t* 检验值	回归系数	*t* 检验值
常数项	- 0. 089 ***	- 6. 95	3. 613 ***	14. 42
PROTECT	0. 001 ***	3. 42	—	—
CR	0. 011 ***	3. 25	—	—
BALANCE	0. 001	0. 88	—	—
INST	0. 004	1. 18	—	—
MANAGE	0. 021 ***	6. 08	—	—
BOARD	0. 0004	1. 41	—	—
DUAL	- 0. 0005	- 0. 37	—	—
INDR	0. 010	1. 10	—	—
BIG4	- 0. 004 *	- 1. 92	—	—
SIZE	0. 002 ***	4. 59	0. 035 ***	3. 52
LDR	- 0. 029 ***	- 5. 30	0. 159	1. 38
GROWTH	- 0. 00005	- 0. 03	—	—

---

① 根据中国卫生统计年鉴所用东中西部划分标准，东部地区包括北京、天津、河北、辽宁、上海、江苏、浙江、福建、山东、广东、海南 11 个省（直辖市），中部地区包括黑龙江、吉林、山西、安徽、江西、河南、湖北、湖南 8 个省，西部地区包括内蒙古、广西、重庆、四川、贵州、云南、西藏、陕西、甘肃、青海、宁夏、新疆 12 个省（自治区、直辖市）。

续表

变量名	COMP 为因变量		PROTECT 为因变量	
	回归系数	t 检验值	回归系数	t 检验值
TURNOVER	-0.003 **	-2.51	—	—
STDRET	-0.101 ***	-9.14	—	—
NUMBER	-0.0003	-0.33	—	—
COMP	—	—	17.008 ***	14.29
MB	—	—	0.109 ***	17.17
CONTROL	—	—	-0.058 ***	-2.71
JSZFGY	—	—	0.255 ***	51.96
FGYJJFZ	—	—	0.244 ***	42.08
YSSCFY	—	—	0.264 ***	30.66
DISTRICT	—	—	0.535 ***	16.07
GDP	—	—	-13.841 ***	-17.23
年度效应	控制		—	
行业效应	控制		控制	
R^2	0.043		0.799	
F 值	13.76 ***		2372.52 ***	
观测值	10780		10780	

注：*** 、** 、* 分别表示双尾检验在 1%、5% 和 10% 水平上显著，检验采用两阶段最小二乘法。

从表 4 - 10 的回归结果可以看到，当以可比性 COMP 为因变量时，法治水平变量 PROTECT 的回归系数仍然显著为正，这与表 4 - 4 的回归结果是一致的，即假设 4 - 1 仍然成立。当以 PROTECT 为因变量时，减少政府对企业的干预 JSZFGY、地区非国有经济的发展 FGYJJFZ、地区要素市场的发育程度 YSSCFY 及地理区域 DISTRICT 的回归系数均显著为正，因此当政府对企业的干预程度较少，地区非国有经济发展较快，地区要素市场发育较完善（如金融业发育较发达），或者企业所在省份为东部地区时，市场化程度较完善，投资者保护程度较强，与预期基本一致。因此总的来说，反向因果关系导致的内生性问题并不影响前述研究结果，在我国投资者保护程度较高的地区，上市公司的会计信息可比性较高。

4.5　本 章 小 结

本章采用了改进的截面会计信息可比性测度方法，测度了中国上市公司的可比性值，然后考察了地区法治水平对可比性的影响。实证结果表明：我国各地区法治水平与会计信息可比性显著正相关，因此在我国投资者保护较强的地区，控股股东和管理层盈余操纵的诉讼风险及成本较高，通过会计信息"粉饰"业绩的动机减小，他们会积极遵守会计准则规定，对相同的经济状况做出同等的计量、记录和报告，企业间会计信息可比性显著提高。进一步检验结果发现：法治水平与可比性的正相关关系在国有控股公司与非国有控股公司中均存在，但相对于国有控股公司，在非国有控股公司中这种正相关性更加显著。本章还发现这种正相关关系在中央政府控股公司与地方政府控股公司间不存在显著差别，且前述研究结果通过了新会计准则实施、控制变量选择的稳健性检验。

需要指出的是，尽管目前有不少文献从可靠性（Leuz et al.，2003；袁知柱等，2014a；李明和万洁超，2015；李增福和曾慜，2017；崔艳娟等，2018）、稳健性（陈胜蓝和魏明海，2006）、相关性（修宗峰，

2010）、会计舞弊（吴永明和袁春生，2007）等角度研究投资者保护对会计信息质量的影响，本章也从可比性的角度做了新的尝试，但这方面文献还不够全面，投资者保护制度到底能否起到提升会计信息质量的作用，并没有达成一致结论。未来需要更多文献从事这方面的研究，这样才能更准确全面地认识投资者保护与会计信息质量的关系。

第 5 章

市场竞争、治理环境
与会计信息可比性

5.1 引　　言

　　会计信息质量特征的优劣直接影响信息使用者的相关决策，因此提高信息质量一直是实证会计领域的重要研究主题。国内外大量文献发现公司治理机制是会计信息质量的重要影响因素。市场竞争（本书的市场竞争主要指产品市场竞争）作为重要的公司治理机制，基于其盈余压力效应、专有性成本效应及公司治理效应，也会对会计信息质量高低产生重要影响（Verrecchia，2001；Cheng et al.，2013；袁靖波等，2021）。然而现有关于两者关系的研究成果一直没有达成一致结论，且相互矛盾，如王雄元和刘焱（2008）、达利瓦尔等（Dhaliwal et al.，2014）、廖和林（Liao and Lin，2016）等文献发现市场竞争与会计信息质量显著正相关，但达塔等（Datta et al.，2013）、张欢（2014）、周夏飞和周强龙（2014）、贺宝成和阮孝青（2020）等文献却发现两者显著负相关。研究结论的不一致导致较难判断市场竞争的真实治理效应。

上述文献主要从自愿性信息披露、会计信息可靠性、稳健性、相关性等角度做研究，目前尚无文献从会计信息可比性角度考察市场竞争与会计信息质量的关系。可比性是一种有助于识别出两种经济现象异同点的能力，它要求不同企业提供的会计信息应当相互可比，有利于信息使用者对不同公司的财务状况、经营成果及现金流量进行比较和鉴别（SEC，2000）。本章采用并改进弗朗哥等（2011）的会计信息可比性测度方法，实证考察了市场竞争对会计信息可比性的影响。进一步地，由于公司内外部治理环境可能对市场竞争的治理作用产生影响，与市场竞争存在互补效应或替代效应，因此也考察了不同的治理环境下市场竞争对可比性的影响是否存在显著差异。最后本章还通过了会计准则变更状态下的稳健性检验。

5.2 理论分析及研究假设提出

5.2.1 专有性成本效应及盈余压力效应

（1）专有性成本效应

专有性成本指的是竞争对手通过利用信息而给披露信息的公司带来的成本，因而也被称为竞争劣势成本（梁飞媛，2008）。对专有性成本的研究最早是从自愿性信息披露开始，除了相关法规规定的强制信息披露外，市场通常会鼓励企业自愿披露部分信息，如战略信息、市场地位信息、社会责任信息、研发信息或其他私有信息，披露这些信息能减少信息不对称程度，提高公司声誉，使其获得较高市场收益和股票流动性，或较低的资本成本。但更重要的另一方面是，由于市场中各企业是相互依存相互竞争的关系，披露这些信息可能给公司带来竞争劣势成本，因为这些公开披露的私有信息可能被竞争对手获得并采取不利行动，从而影响公司竞争地位（Verrecchia，2001）。

国内外相关文献对专有性成本效应进行了研究，杨华荣等（2008）研究发现产品市场竞争程度与信息披露水平显著负相关，因为竞争环境下披露信息会给企业带来劣势成本。梁飞媛（2008）构建理论模型，发现由于专有性成本的存在，公司在进行信息披露时，需要权衡其在资本市场上获得的收益和其在产品市场上保持的竞争优势这两者之间孰轻孰重。王雄元和喻长秋（2014）研究发现专有化成本与客户信息自愿披露水平整体上显著负相关，即专有化成本越高，公司披露客户明细金额和具体名称的意愿越弱，尤其是不愿披露客户名称。霍等（Haw et al.，2015）研究发现，由于专有性成本效应的存在，市场竞争程度较高时企业披露财务信息的意愿降低，此时分析师搜集企业信息较困难，其盈余预测精度较低，预测偏度较高。

可比性是一种有助于识别出两种经济现象异同点的能力，当产品市场竞争激烈时，企业对外披露可比性较高的财务信息可能会向竞争对手透露相关信息而损害公司的竞争优势。如果会计信息可比性较强，竞争对手可以通过其自身财务报表来推断其他企业的研发投入、盈利状况、产品的边际利润率或者其他与商业机密相关的重要财务信息（如下个生产期间的生产、销售计划），而这些信息被竞争对手利用后，他们会相应地调整本企业的生产经营或财务决策，甚至可能会制定出攻击其他企业的经营或财务决策（Verrecchia，2001）[①]；竞争对手也可能依据这些可比信息采用各种策略来威胁到现有企业的利润和现金流，降低企业的可保证收入，导致企业的融资成本上升。市场竞争越激烈，竞争劣势成本越大，企业披露可比会计信息的意愿越低，不严格遵循会计程序及会计方法的可能性越大，会计信息可比性越低；反之，当市场竞争不激烈时，竞争劣势成本较小，企业较愿意对外披露真实可比的会计信息（从而降低信息不对称，获取一定的信息披露收益，如较高的股票流动性或较低的资本成本），会计信息可比性较高（袁知柱等，2017）。

（2）盈余压力效应

企业利润与市场竞争息息相关，竞争激烈的行业中各企业的超额利润水平会比较低，这会促使企业采取更加激进的盈余操纵策略（周夏飞和周强龙，2014）。侯和罗宾逊（Hou and Robinson，2006）发现强市场竞争中的企业会面临较严重的资金风险约束，流动性风险较高，此时盈余压力较大，通过盈余操纵来提高利润的动机较强。根据这一观点，在竞争激烈的产品市场中，管理层出于自身利益和职业发展的考虑，他们会实施提高利润的盈余操纵行为（陈骏和徐玉德，2011）。因为低的会计利润通常表明企业经营不善（即

---

① 虽然披露可比性较高的会计信息给竞争对手并非总是对本企业不利，某些情况下同行业内的公司能通过共享信息来协调行动，发挥他们的共同优势，从而给披露企业带来益处，但这种情况毕竟只是极少数，多数情况下都会对披露企业造成不利，减少其利润或现金流量，甚至影响其在产品市场中的竞争地位。

使该企业处于竞争激烈的行业，行业平均利润率偏低），这通常会使企业在资本市场受到较大的处罚，管理层也可能因此失去短期的奖金、工资以及其他在职消费等相关利益，减少其人才价值，失去未来在人才市场上谈判的筹码。

此外，产品市场竞争激烈时，企业可能面临缺乏定价能力、市场进入壁垒低等不利情况，为了维持其竞争能力及市场地位，企业也需要更多的创新活动投入，加大了创新风险（Hou and Robinson，2006），高创新风险导致企业因创新失败或战略转型等原因退出市场的情况比较常见。在这种情况下，管理层面临较大的盈余压力，为其自身利益及职业发展考虑，通过盈余操纵来提高会计收益的可能性进一步增加，盈余压力效应凸现。

部分文献也证实了盈余压力效应确实存在。陈骏和徐玉德（2011）以 2000～2009 年沪深 A 股上市公司为样本，最早做了这方面的研究，发现产品市场竞争越激烈，公司盈余操纵程度越高，在区分盈余操纵的方向后发现主要是进行正向盈余操纵，盈余操纵行为成为管理层保护自身利益的有效工具。达塔等（2013）研究发现，企业产品市场势力越弱或整体行业竞争越激烈，盈余操纵行为越多。张欢（2014）研究发现 2007 年金融危机爆发后，产品市场萧条，行业整体盈余水平下降，此时企业盈余操纵动机增强，竞争性行业的企业较垄断性行业的企业从事了更多的盈余操纵，且应计和真实盈余操纵呈联动关系而非替代关系。周夏飞和周强龙（2014）研究结果也发现，竞争强度越大的行业，企业盈余压力越大，总体盈余操纵水平也越高。

就会计信息可比性来说，当市场竞争激烈导致存在盈余压力时，针对相同的经济业务，不同企业采用的会计程序及会计方法可能存在差异，进行盈余操纵的企业为了调高会计利润，可能会违规变更会计方法，如随意减少坏账准备及资产减值准备的计提、变更存货计价方法、变更资产折旧方法、变更长期股权投资的核算方法、变更合并报表的编制范围等等，而不进行盈余操纵的企业会严格遵守会计准则，采用正确的会计方法，这导致不同企业的会计信息缺少可比性。因此盈余压力效应会导致企业间的会计信息可比性下降。

基于上述专有性成本效应及盈余压力效应，可以提出如下假设：

假设 5-1：市场竞争程度与会计信息可比性显著负相关。

5.2.2　公司治理效应

根据经济变迁进化论的观点，市场竞争是获取经济效率的重要力量，企业迫于外部环境的压力将自觉完善生产经营，从而解决可能存在的信息与激励问题（姜付秀等，2009）。竞争企业间的业绩相互依存，企业间业绩比较将管理层的努力程度展示得更加充分，从而减少了监督成本（张军华，2014）。施密特（Schmidt，1997）建立了一个多阶段博弈模型，发现产品市场竞争会增加企业的破产及清算风险，此时管理层有强烈动机来经营好公司，以减少破产及清算风险。李健（2016）发现企业管理效率会随着市场竞争程度的提高而上升，低市场竞争组的企业管理成本是高市场竞争组管理成本的 1.4 倍，管理效率相比高竞争组企业则下降了约 3/10。

现有大量文献也支持了公司治理效应的存在。姜付秀等（2009）发现市场竞争能够降低企业代理成本、提升代理效率。

莱万提斯等（Leventis et al.，2011）采用希腊会计师事务所的专有数据，用审计费用作为代理成本的度量指标发现，市场竞争程度与审计费用及审计时间显著负相关，因此市场竞争越激烈，代理成本越小，审计师需要付出的审计工作量也越少。陈红和王磊（2014）研究发现市场竞争能有效地降低代理成本，促使管理层更加努力工作，提高公司绩效。廖和林（2016）研究发现，在市场竞争强度较大的行业中，股票回购公司的应计及真实盈余操纵活动较少。

就会计信息可比性来说，当市场竞争激烈产生公司治理效应时，企业业绩能充分传递管理层努力与能力的信息，代理成本减少，此时管理层盈余操纵成本较高，通过会计信息"粉饰"业绩的动机减小，他们会积极遵守会计准则规定，当经济业务相同时，不同企业会采用相同的会计程序与会计方法，企业间的会计信息可比性显著提高。现有文献从其他会计信息质量特征的视角验证了竞争的治理效应，从而间接支持了竞争能提高会计信息可比性的理论推断。王雄元和刘焱（2008）研究发现适度竞争能有效提高会计信息质量。程等（Cheng et al.，2013）以 1996～2005 年的美国制造业上市公司为样本，研究发现市场竞争程度与盈余质量（如可预测性、持续性及相关性等）显著正相关，且竞争越激烈，投资者或分析师所拥有的公共和私有信息的准确度越高。达利瓦尔等（2014）研究发现市场竞争程度与盈余稳健性显著正相关，且当产业放松管制或出现较多反垄断事件时，盈余稳健性均有较大幅度的增加。

基于上述公司治理效应的分析，提出如下假设：

假设 5 - 2：市场竞争程度与会计信息可比性显著正相关。

上述假设 5 - 1 及假设 5 - 2 是一组相互对立的研究假说，当假设 5 - 1 成立时，说明专有性成本效应及盈余压力效应起到了决定性作用；而当假设 5 - 2 成立时，说明是公司治理效应起到了决定性作用。市场竞争的三种不同效应对会计信息可比性的作用关系见图 5 - 1。

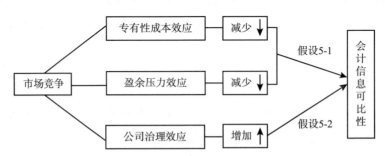

图 5 - 1　市场竞争的三种不同效应作用于会计信息可比性的关系

5.3　研究设计

5.3.1　会计信息可比性测度方法

会计信息可比性测度方法与第 3 章第 3.3.1 节相同，用式（3 - 6）、式（3 - 7）及式（3 - 8）所示的截面可比性测度方法来计算，在此不再赘述。公司年度层面的会计信息可比性测度值用变量 $COMP$ 表示。

5.3.2　回归模型设计

构建如下的多元线性回归方程来检验产品市场竞争对会计信息可比性的影响。

$$COMP = \alpha_0 + \alpha_1 MCL + \alpha_2 TOP3 + \alpha_3 IDR + \alpha_4 SIZE + \alpha_5 LEV$$

$$+ \alpha_6 GROWTH + \alpha_7 TURNOVER + \alpha_8 STDRET$$

$$+ \alpha_9 STDROA + \alpha_i \sum_{i=10}^{20} INDUSTRY + \alpha_i \sum_{i=21}^{30} YEAR + \varepsilon$$

$$(5-1)$$

其中，α_0 为常数项，α_i（$i=1,2,\cdots,30$）表示方程的回归系数，因变量 $COMP$ 为改进后的截面会计信息可比性，根据第 3 章第 3.3.1 节的式（3-6）、式（3-7）及式（3-8）来计算。自变量 MCL 是市场竞争程度，参考姜付秀等（2009）、达利瓦尔等（2014），用某行业各公司收入与所有公司总收入比值平方和的相反数表示（赫芬达尔指数 HHI 的相反数），其值越大表示产品市场竞争程度越强，行业内垄断现象较少。

控制变量选择参考了已有文献的研究成果。参考贾亚拉曼和威尔第（2014）、弗朗西斯等（2014）等文献，加入企业规模 $SIZE$、资产负债率 LEV、公司成长性 $GROWTH$、资产周转率 $TURNOVER$、股票收益率标准差 $STDRET$、资产净利率波动性 $STDROA$ 等变量作为控制变量。为了控制公司治理因素对可比性的影响，加入了常用的公司治理变量股权集中度 $TOP3$ 及独立董事比例 IDR 作为控制变量。各变量的定义及计算方法见表 5 - 1。

表 5 - 1   研究变量定义

变量类型	变量符号	变量名称	变量说明
因变量	*COMP*	会计信息可比性	根据第 3 章第 3.3.1 节式（3 - 6）、式（3 - 7）及式（3 - 8）所示的截面可比性测度方法来计算
自变量	*MCL*	市场竞争程度	某行业各公司收入与所有公司总收入比值平方和的相反数
控制变量	*TOP3*	股权集中度	前三大股东持股比例总和
	IDR	独立董事比例	独董人数与董事会总人数的比值
	SIZE	企业规模	总资产的自然对数
	LEV	资产负债率	总负债与总资产的比值
	GROWTH	公司成长性	（当年主营业务收入 - 上年主营业务收入）/上年主营业务收入
	TURNOVER	资产周转率	主营业务收入与平均资产总额的比值
	STDRET	股票收益率标准差	年度内各月股票收益的标准差
	STDROA	资产净利率波动性	等于近 3 年资产净利率的标准差，而资产净利率等于净利润与总资产的比值
	INDUSTRY	行业虚拟变量	用来控制行业差异对回归结果的影响，当公司属于某行业时取值为 1，否则取值为 0
	YEAR	年度虚拟变量	用来控制宏观经济变动对回归结果的影响，属于某年度时取值为 1，否则取值为 0

5.3.3　样本选择及数据来源

选择 2002～2012 年的 A 股上市公司作为研究样本，剔除金融、保险类上市公司；剔除被 ST、退市预警股票（*ST）的上市公司；剔除极端或异常值数据；从首次公开募股（IPO）后第二年开始选取样本，最后共选择 12285 个样本观测值。数据来源于 Wind 数据库。

5.4　实证过程及结果

5.4.1　研究变量的描述性统计及相关性检验

主要研究变量的描述性统计结果见表 5－2。

表 5－2　　　　　　　　　主要研究变量的描述性统计

变量名	观测值	均值	标准差	最小值	中位数	最大值
COMP	12285	－ 0. 045	0. 047	－ 0. 366	－ 0. 030	－ 0. 000001
MCL	12285	－ 0. 083	0. 105	－ 0. 903	－ 0. 052	－ 0. 015
TOP3	12285	0. 503	0. 156	0. 027	0. 510	0. 979
IDR	12285	0. 352	0. 062	0. 000	0. 333	0. 800
SIZE	12285	21. 615	1. 148	18. 543	21. 458	28. 282
LEV	12285	0. 466	0. 190	0. 015	0. 481	0. 957
GROWTH	12285	0. 188	0. 340	－ 0. 984	0. 148	3. 369

续表

变量名	观测值	均值	标准差	最小值	中位数	最大值
TURNOVER	12285	0.697	0.430	0.006	0.605	2.991
STDRET	12285	0.127	0.054	0.011	0.115	0.833
STDROA	12285	0.027	0.031	0.00008	0.017	0.862

资料来源：作者整理。

从表 5 - 2 可以看到，市场竞争程度变量 *MCL* 的均值为 -0.083，与陈骏和徐玉德（2011）、陈红和王磊（2014）、廖和林（2016）等文献的统计结果相似。独立董事比例 *IDR* 的均值为 0.352，超过了 33%，符合我国相关法规对独立董事比例的要求。资产负债率 *LEV* 的均值为 0.466，没有达到 50%，但明显高于达利瓦尔等（2014）统计的美国证券市场上市公司均值 0.215，说明中国上市公司负债率偏高。

表 5 - 3 给出了方程（5 - 1）所列示的主要研究变量间的相关系数检验结果。

从表 5 - 3 可以看到，Pearson 相关系数与秩相关下 Spearman 相关系数表明，可比性变量 *COMP* 与市场竞争程度变量 *MCL* 的相关关系均在 1% 水平上显著为负，说明产品市场竞争越激烈，会计信息可比性越低，这支持了假设 5 - 1，而假设 5 - 2 没有得到验证。然而这仅是简单相关系数统计结果，为了更准确揭示市场竞争与会计信息可比性的关系，需要加入控制变量后进行多元回归检验。

表 5－3

主要研究变量的相关系数

变量名	COMP	MCL	TOP3	IDR	SIZE	LEV	GROWTH	TURNOVER	STDRET	STDROA
COMP	1	-0.025***	0.033***	0.031***	0.054***	-0.184***	0.014	0.008	-0.108***	-0.327***
MCL	-0.070***	1	-0.092***	-0.001	-0.078***	0.017*	-0.040***	0.045***	-0.014	-0.020**
TOP3	0.023***	-0.059***	1	-0.044***	0.138***	-0.067***	0.074***	0.042***	-0.118***	0.038***
IDR	0.010	-0.040***	-0.045**	1	0.128***	0.011	0.001	0.043***	0.115***	0.012
SIZE	0.024***	-0.086***	0.064***	0.100***	1	0.381***	0.060***	0.104***	-0.042***	-0.148***
LEV	-0.147***	0.054***	-0.071***	0.016*	0.388***	1	0.074***	0.141***	0.090***	-0.130***
GROWTH	0.014	-0.032***	0.082***	-0.007	0.083***	0.063***	1	0.135***	-0.025***	-0.028***
TURNOVER	-0.011	-0.159***	0.039***	0.036***	0.091***	0.118***	0.195***	1	0.010	-0.083***
STDRET	-0.118***	0.0005	-0.131***	0.125***	-0.027***	0.093***	-0.049***	0.022**	1	0.098***
STDROA	-0.230***	0.015*	0.053***	0.025***	-0.156***	-0.158***	-0.087***	-0.065***	0.125***	1

注：（1）表格右上部分和左下部分分别为 Pearson 相关系数和 Spearman 相关系数。（2）***、**、* 分别表示 1%、5% 和 10% 的显著性水平（双尾检验）。

5.4.2 市场竞争对会计信息可比性影响的回归检验结果

为考察市场竞争对可比性的影响，方程（5-1）的检验结果见表5-4。

表5-4　　市场竞争程度对会计信息可比性影响的回归分析

变量名	回归系数	标准误差	t检验值	显著性
常数项	-0.066***	0.009	-7.037	0.000
MCL	-0.016**	0.008	-2.167	0.030
TOP3	0.008***	0.003	2.931	0.003
IDR	0.009	0.007	1.203	0.229
SIZE	0.003***	0.0004	8.169	0.000
LEV	-0.064***	0.002	-26.313	0.000
GROWTH	0.002*	0.001	1.848	0.065
TURNOVER	-0.0002	0.001	-0.228	0.820
STDRET	-0.040***	0.010	-4.012	0.000
STDROA	-0.512***	0.013	-40.296	0.000
行业效应	控制			
年度效应	控制			
调整后 R^2	0.180			
F 值	90.599***			
观测值	12285			

注：***、**、*分别表示双尾检验在1%、5%和10%水平上显著。

从表5-4可以看到，市场竞争程度变量 MCL 的回归系数在5%

水平上显著为负，即市场竞争程度越激烈，会计信息可比性越低，假设 5 - 1 得到了验证，因此相对于公司治理效应，专有性成本效应及盈余压力效应对会计信息可比性起到了决定性作用，这样本章就从会计信息可比性的视角证明了市场竞争起到了降低会计信息质量的作用。

从控制变量结果来看，股权集中度变量 *TOP*3 的回归系数在 1% 的水平上显著为正，因此股权集中度越高，大股东对代理人的监督与控制能力越强，代理成本越低，管理层会如实反映会计信息，增加了会计信息可比性。独立董事比例变量 *IDR* 的回归系数不显著，因此中国上市公司的独立董事没有起到提高信息可比性的作用，这可能与目前多数独立董事是"花瓶董事"，在董事会"用脚投票"有关。股票收益率标准差变量 *STDRET* 及资产净利率波动性变量 *STDROA* 的回归系数均显著为负，因此外部环境及经营业绩的波动程度越大，反映经营业绩的会计信息与其他企业的会计信息的可比性就越弱（Francis et al. , 2014）。

5.4.3　进一步分析：治理环境对市场竞争程度与会计信息可比性关系的影响（兼论市场竞争的三种不同效应的识别）

表 5 - 4 发现了市场竞争能显著降低会计信息可比性，因此专有性成本效应及盈余压力效应超过了公司治理效应，起到了决定性作用。然而这里存在如下两个问题需要考虑：第一，表 5 - 4 没有考虑到其他治理环境的影响，如果外部环境的变化导致某种效应的作用

发生了改变，市场竞争程度与会计信息可比性的关系是否会发生变化？第二，这一影响机制是建立在市场竞争的三种不同效应均存在的情况下推理出来的。实际情况是，如果这三种效应不同时存在，则表5-4的结果还可能存在其他解释，例如，如果公司治理效应不存在，仅仅存在专有性成本效应或盈余压力效应，市场竞争程度也会与会计信息可比性显著负相关；或者说虽然公司治理效应存在，但专有性成本效应或盈余压力效应只存在一种（两种效应不同时存在），且其效力超过了公司治理效应，市场竞争程度也会与可比性显著负相关。因此如果本书不能有效识别出这三种效应，则前文影响机制分析的张力不够，说服力不足。

为了解决上述这两个问题，提升前文影响机制分析的逻辑性，首先找到能影响某种效应（假设为 A 效应）产生作用，但对另外两种效应（B 效应与 C 效应）没有影响的外部环境变量（或者说找到该效应的代理变量），进而考察当该外部环境变量发生变化时（A 效应的作用发生变化），市场竞争程度与会计信息可比性的关系是否发生显著变化，从而解决了前述第一个问题。由于选择的外部环境变量（或代理变量）只与 A 效应相关，与 B、C 两种效应不相关，因此基于该外部环境变量（或代理变量）的分组样本的市场竞争程度与会计信息可比性的相关关系只受 A 效应的影响，而不会受到 B、C 两种效应的影响。在这种情况下如果分组样本的市场竞争程度与可比性的关系存在显著差异，则一定程度上证明了该种效应是存在的，从而识别出了该种效应（因为这种差异只会是 A 效应导致的），解决了第二个问题（袁知柱等，2017）。

（1）研发费用支出对市场竞争程度与会计信息可比性关系的影响（兼论专有性成本效应的识别）

参考王雄元和喻长秋（2014），采用研发费用支出作为专有性成本效应的代理变量。如果研发费用支出越多，表明该企业研发投入较多，创新能力强（刘放等，2016），其拥有的专有性信息较多，专有性成本较高。采用研发费用自然对数及研发费用相对数两种方法对研发费用进行度量，其中研发费用相对数等于研发费用与公司期末总资产的比值。分别按照这两个研发费用度量值的大小将研究样本均分为两组，即低研发费用支出样本和高研发费用支出样本，然后基于分组样本对方程（5-1）进行回归检验，结果见表5-5。需要指出的是，由于研发费用支出与盈余压力效应及公司治理效应没有必然的联系①，因此它是一个较好的专有性成本效应识别变量，基于研发费用支出的分组样本检验结果不会受到盈余压力效应及公司治理效应的影响。

从表5-5可看到，在低研发费用样本的回归结果中［列（1）及列（3）］，市场竞争程度变量 *MCL* 的回归系数不显著，而在高研发费用样本的回归结果中［列（2）及列（4）］，*MCL* 的回归系数均在1%的水平上显著为负，由于专有性成本效应会导致会计信息可比性降低，因此在低研发费用样本组中，专有性成本效应较低，其与盈余压力效应的合计总体效应难以对公司治理效应起到决定性作用，市场竞争程度与会计信息可比性的负相关减弱，不再显著。

---

① 一个可能的担心是，研发费用支出会减少企业当期利润，从而产生盈余压力效应。以企业资产净利率为因变量，研发费用支出为自变量，并控制企业规模、资产负债率及公司成长性等控制变量，建立多元线性回归方程进行检验，检验结果发现研发费用支出越多，资产净利率越高，即研发费用支出会增强企业创新能力，取得行业竞争优势，获取较多的利润。因此研发费用支出不会给企业带来盈余压力效应。

表 5-5　不同研发费用支出下市场竞争对会计信息可比性影响的检验结果

变量名	按照研发费用自然对数分组				按照研发费用相对数分组			
	(1) 低研发费用样本		(2) 高研发费用样本		(3) 低研发费用样本		(4) 高研发费用样本	
	回归系数	t检验值	回归系数	t检验值	回归系数	t检验值	回归系数	t检验值
常数项	-0.021	-1.017	-0.042	-1.562	-0.018	-0.775	-0.048**	-2.128
MCL	-0.008	-0.398	-0.070***	-2.875	-0.016	-0.841	-0.076***	-3.085
TOP3	0.001	0.249	0.026***	4.012	0.005	0.897	0.019***	2.916
IDR	-0.010	-0.671	-0.005	-0.297	0.007	0.453	-0.023	-1.359
SIZE	0.001	1.527	0.002*	1.731	0.0004	0.487	0.003***	2.769
LEV	-0.055***	-9.965	-0.071***	-11.951	-0.050***	-9.407	-0.068***	-11.157
GROWTH	-0.011***	-3.510	-0.002	-0.654	-0.005*	-1.850	-0.008**	-2.105
TURNOVER	-0.004	-1.593	-0.004	-1.518	-0.009***	-3.687	-0.001	-0.255
STDRET	-0.029	-1.289	-0.055**	-2.317	-0.023	-1.116	-0.063**	-2.482
STDROA	-0.375***	-13.033	-0.327***	-12.315	-0.318***	-12.360	-0.372***	-13.008
年度效应	控制		控制		控制		控制	
行业效应	控制		控制		控制		控制	
调整后 R^2	0.120		0.148		0.125		0.133	
F 值	12.829***		16.049***		13.333***		14.259***	
观测值	2162		2161		2162		2161	

注：***、**、* 分别表示双尾检验在1%、5%和10%水平上显著。

而在高研发费用样本组中，专有性成本效应较高，其与盈余压力效应的合计效应超过了公司治理效应，市场竞争程度与会计信息可比性显著负相关。由于表 5 - 5 基于研发费用的分组结果不会受到盈余压力效应及公司治理效应的影响（两组样本中的盈余压力效应及公司治理效应是没有显著差别的），正是专有性成本效应的存在导致了不同子样本中市场竞争程度与可比性的关系存在显著差异，这就实现了对专有性成本效应的识别。

（2）盈利状况及审计质量对市场竞争程度与会计信息可比性关系的影响（兼论盈余压力效应的识别）

采用两种方法来考察盈余压力效应在市场竞争程度与会计信息可比性关系中的作用。第一种方法是按照资产净利率 ROA 值的大小来界定企业的盈利状况，参考罗伊乔杜里（Roychowdhury，2006），当企业的 ROA 值 $\in$（0，0.01］时，这类企业面临较强的盈余压力，可能通过盈余操纵行为来提高当期盈余，此时管理层可能不会严格遵循会计准则，会计信息可比性较低。根据罗伊乔杜里（2006）的观点，这类企业属于微盈利公司，可能是管理层在财务年度结束之前提前进行盈余操纵使公司由不盈利转为微盈利，因此这类企业在财务年度结束前最可能受到盈余压力效应的影响。此外，微盈利与专有性成本效应及公司治理效应不存在必然联系，因此采用该指标来考察盈余压力效应是有效的。当某企业的 ROA 值在 0～0.01 区间范围时，微盈利虚拟变量 $SUSPECT$ 取值为 1，否则取值为 0。在方程（5-1）中加入市场竞争程度变量与微盈利虚拟变量的交乘项来检验两组样本中市场竞争程度与会计信息可比性关系的差异，检验结果如表 5-6 所示。

表 5 - 6   盈利状况对市场竞争对会计信息可比性关系影响的检验结果

变量名	微盈利 VS 非微盈利	
	回归系数	t 检验值
常数项	- 0. 068 ***	- 7. 230
MCL	- 0. 009	- 1. 133
MCL × SUSPECT	- 0. 049 ***	- 5. 151
TOP3	0. 008 ***	3. 092
IDR	0. 009	1. 211
SIZE	0. 003 ***	8. 407
LEV	- 0. 065 ***	- 26. 739
GROWTH	0. 003 **	2. 167
TURNOVER	0. 0001	0. 118
STDRET	- 0. 040 ***	- 4. 075
STDROA	- 0. 512 ***	- 40. 343
年度效应	控制	
行业效应	控制	
调整后 R^2	0. 181	
F 值	88. 716 ***	
观测值	12285	

注：*** 、** 分别表示双尾检验在 1%、5% 水平上显著。

从表 5 - 6 可以看到，交乘项 MCL × SUSPECT 的回归系数显著为负，因此微盈利公司中市场竞争程度与会计信息可比性的负相关性更加显著。由于专有性成本效应及公司治理效应在微盈利公司与非微盈利公司之间没有显著差别，这样微盈利公司中市场竞争程度与可比性的关系更加显著的原因只可能是由于微盈利公司的盈余压力效应较大导致的，因此市场竞争的盈余压力效应是存在的，从而识别出了盈余压力效应。

由于外部盈余压力效应会导致管理层通过盈余操纵行为来调高利润，而高质量审计是抑制盈余操纵行为的重要手段，因此第二种考察盈余压力效应在市场竞争程度与会计信息可比性关系中的作用的方法是基于审计质量进行分组检验。大量文献的研究结果表明，审计质量越高，审计师的监督力度越大，其识别及辨别错误列报的能力越强，会计信息透明度越高，管理层不披露信息或披露错误信息的可能性越低（Gul et al.，2010），此时管理层在外部盈余压力下通过盈余操纵来调高利润的可能性降低，监督力度的增加也将迫使管理层严格遵守会计程序与会计方法来处理会计业务，正常披露相关会计信息（袁知柱等，2017）。在这一背景下，盈余压力效应的作用将减弱，导致市场竞争与会计信息可比性的负相关性减弱。

关于审计质量度量，参考居尔等（2010），李晓慧和庄飞鹏（2014）等相关文献，采用国际"四大"审计变量 *BIG*4，非标意见变量 *FBYJ* 及审计费用变量 *FEE* 来度量。当企业聘请的会计师事务所为国际"四大"时，*BIG*4 取值为 1，否则取值为 0，当企业年度财务报表的审计意见为非标准无保留意见时，*FBYJ* 取值为 1，否则取值为 0，*FEE* 等于企业审计收费额的自然对数。由于规模较大的会计师事务所有更强地提供高质量审计以维护其品牌声誉的内在经济动因，因此国际"四大"的审计质量通常优于"非四大"（Gul et al.，2010）。根据独立审计准则，注册会计师可以出具标准无保留意见、带强调事项段的无保留意见、保留意见、否定意见和拒绝表示意见四种意见类型的审计报告，其中后4种意见称为非标意见。若注册会计师出具了非标意见，则表明其保持了应有独立性，履行了审计职责，审计质量较高（李晓慧和庄飞鹏，2014）。审计费用越高表明注册会计师付出精力越多，审计质量越高。

按照上述三个审计质量度量指标对样本进行分组检验，其中审计费用分组按照其均值将样本均分为两组，同样在方程（5-1）中加入市场竞争程度变量与审计质量变量的交乘项来检验两组样本中市场竞争程度与可比性关系的差异。检验结果见表5-7。

从表5-7可以看到，三种不同的分组方法下，在 BIG4、非标意见、高审计费用样本组中［列（1）、列（4）及列（7）］，MCL 的回归系数均不显著，而在非 BIG4、标准无保留意见、低审计费用样本组中［列（2）、列（5）及列（8）］，MCL 的回归系数均在5%的水平上显著为负。因此审计质量较高时，盈余压力效应受到抑制，市场竞争对会计信息可比性的降低作用难以体现，而当审计质量较低时，盈余压力效应较大，市场竞争会显著降低会计信息可比性。从交乘项检验结果来看，列（3）及列（6）中的 MCL 的回归系数均显著为负，而其交乘项 MCL×BIG4 及 MCL×FBYJ 的回归系数显著为正，因此审计质量越高，市场竞争降低可比性的作用越弱［列（9）中交乘项 MCL×FEE 的回归系数虽然不显著，但 t 值也达到了1.429］。由于审计质量与专有性成本效应及公司治理效应没有必然联系，低审计质量与高审计质量样本的专有性成本效应及公司

表 5 – 7　不同审计质量下市场竞争对会计信息可比性影响的检验结果

自变量	按 *BIG4* 分组			按非标意见分组（*FBYJ*）			按审计费用分组（*FEE*）		
	BIG4	非 *BIG4*	*BIG4* VS 非 *BIG4*	非标意见	标准无保留意见	非标意见 VS 标准无保留意见	高审计费用	低审计费用	高费用 VS 低费用
	（1）	（2）	（3）	（4）	（5）	（6）	（7）	（8）	（9）
常数项	-0.063** (-1.996)	-0.085*** (-7.915)	-0.072*** (-7.365)	-0.124 (-1.191)	-0.060*** (-6.483)	-0.064*** (-6.776)	-0.081*** (-5.588)	-0.089*** (-4.588)	-0.075*** (-6.589)
MCL	0.008 (0.321)	-0.019** (-2.381)	-0.017** (-2.260)	-0.058 (-0.589)	-0.017** (-2.308)	-0.023*** (-2.985)	-0.012 (-0.890)	-0.027** (-2.154)	-0.094* (-1.686)
MCL × *BIG4*	—	—	0.024** (2.177)	—	—	—	—	—	—
MCL × *FBYJ*	—	—	—	—	—	0.078*** (5.643)	—	—	—
MCL × *FEE*	—	—	—	—	—	—	—	—	0.006 (1.429)

续表

自变量	按BIG4分组			按非标意见分组（FBYJ）			按审计费用分组（FEE）		
	BIG4	非BIG4	BIG4 VS 非BIG4	非标意见	标准无保留意见	非标意见 VS 标准无保留意见	高审计费用	低审计费用	高费用 VS 低费用
	(1)	(2)	(3)	(4)	(5)	(6)	(7)	(8)	(9)
TOP3	-0.005 (-0.460)	0.011*** (3.807)	0.008*** (3.084)	0.016 (0.576)	0.008*** (2.838)	0.008*** (2.902)	0.003 (0.758)	0.013*** (2.792)	0.008*** (2.735)
IDR	-0.004 (-0.137)	0.011 (1.515)	0.009 (1.317)	0.084 (1.506)	0.005 (0.707)	0.008 (1.184)	-0.014 (-1.323)	0.026** (2.363)	0.008 (0.975)
SIZE	0.003* (2.043)	0.004*** (8.918)	0.004*** (8.454)	0.006 (1.325)	0.003*** (7.419)	0.003*** (7.809)	0.004*** (6.978)	0.004*** (4.913)	0.004*** (7.697)
LEV	-0.05*** (-5.156)	-0.065*** (-25.864)	-0.064*** (-26.402)	-0.088*** (-3.672)	-0.060*** (-24.883)	-0.063*** (-25.776)	-0.067*** (-17.014)	-0.065*** (-17.695)	-0.066*** (-24.533)
GROWTH	-0.0004 (-0.073)	0.002* (1.735)	0.002* (1.779)	-0.007 (-0.764)	0.002 (1.348)	0.002* (1.691)	-0.001 (-0.526)	0.003 (1.524)	0.002 (1.341)

续表

自变量	按 BIG4 分组			按非标意见分组（FBYJ）			按审计费用分组（FEE）		
	BIG4	非 BIG4	BIG4 VS 非 BIG4	非标意见	标准无保留意见	非标意见 VS 标准无保留意见	高审计费用	低审计费用	高费用 VS 低费用
	(1)	(2)	(3)	(4)	(5)	(6)	(7)	(8)	(9)
TURNOVER	0.013*** (3.143)	-0.001 (-0.752)	-0.0002 (-0.206)	0.018 (1.590)	-0.001 (-1.244)	-0.0004 (-0.429)	-0.001 (-0.428)	0.002 (1.103)	-0.0002 (-0.211)
STDRET	-0.001 (-0.015)	-0.043*** (-4.166)	-0.040*** (-4.059)	-0.122 (-1.068)	-0.038*** (-3.859)	-0.040*** (-4.035)	-0.012 (-0.783)	-0.067*** (-4.303)	-0.041*** (-3.695)
STDROA	-0.588*** (-9.008)	-0.507*** (-38.983)	-0.512*** (-40.301)	-0.835*** (-8.472)	-0.477*** (-37.396)	-0.507*** (-39.898)	-0.617*** (-27.329)	-0.442*** (-24.387)	-0.509*** (-36.195)
行业效应	控制	控制	控制	控制	控制	控制	控制	控制	控制
年度效应	控制	控制	控制	控制	控制	控制	控制	控制	控制
调整后 R^2	0.128	0.184	0.180	0.269	0.162	0.182	0.183	0.183	0.177
F 值	5.142***	87.323***	87.857***	5.259***	77.664***	88.925***	37.418***	40.185***	71.325***
观测值	816	11469	12285	349	11936	12285	4885	5240	10125

注：***、**、* 分别表示双尾检验在 1%、5% 和 10% 水平上显著，表中（）内为 t 统计量。

治理效应没有显著差别，这样低审计质量样本中市场竞争程度与可比性的负相关关系显著的原因只可能是由于这类公司的盈余压力效应较大导致的，因此市场竞争的盈余压力效应是存在的，本书基于审计质量分组同样实现了识别。

（3）法治水平及产权性质对市场竞争程度与会计信息可比性关系的影响（兼论公司治理效应的识别）

本部分将从法治水平与产权性质两个角度考察公司治理效应在市场竞争程度与会计信息可比性关系中的作用。较多文献的研究结果发现，市场竞争与这两类公司治理机制之间存在着替代的治理作用。周等（Chou et al.，2011）研究发现竞争性行业有较弱的公司治理效果，且只有当产品市场竞争较弱时，公司治理对企业业绩才存在显著的正向影响，因此市场竞争与公司治理之间是一种替代关系。在法治水平较强的地区或非国有控股公司中，产权清晰，诉讼风险高，治理结构较好，企业代理成本低，市场竞争难发挥治理作用。反之，在法治水平较弱或国有控股公司中，诉讼风险低，内部治理效率不高，市场竞争发挥了替代治理作用，促进了可比性的提高。

关于法治水平的度量，与现有文献一致（袁知柱等，2014a；陈克兢等，2016），用樊纲等（2011）的市场化综合指数变量 $PROT$ 来度量。而产权性质用变量 $CONTROL$ 表示，国有控股公司时取值为1，非国有控股公司时取值为0。

样本分组检验（法治水平按照均值分组）结果见表 5-8。

表5-8 不同内外部治理环境下市场竞争对会计信息可比性影响的检验结果

变量名	按法治水平分组（PROT）				按产权性质分组（CONTROL）			
	弱法治水平 (1)		强法治水平 (2)		国有控股公司 (3)		非国有控股公司 (4)	
	回归系数	t检验值	回归系数	t检验值	回归系数	t检验值	回归系数	t检验值
常数项	-0.081***	-5.325	-0.055***	-4.585	-0.075***	-6.418	-0.072***	-4.190
MCL	-0.008	-0.813	-0.030**	-2.407	-0.004	-0.409	-0.048***	-3.313
TOP3	0.0002	0.052	0.013***	3.780	-0.001	-0.227	0.017***	4.005
IDR	0.015	1.503	0.001	0.146	0.008	0.875	0.004	0.357
SIZE	0.004***	6.369	0.003***	4.960	0.004***	7.387	0.003***	4.443
LEV	-0.072***	-19.373	-0.054***	-16.688	-0.061***	-19.073	-0.058***	-15.029
GROWTH	0.003	1.461	0.002	1.263	0.003**	2.098	-0.0005	-0.290
TURNOVER	0.00007	0.043	-0.001	-0.792	0.002	1.575	-0.003*	-1.943
STDRET	-0.040***	-2.585	-0.039***	-3.046	-0.034**	-2.538	-0.049***	-3.339
STDROA	-0.556***	-30.734	-0.451***	-25.089	-0.636***	-35.705	-0.394***	-21.681
年度效应	控制		控制		控制		控制	
行业效应	控制		控制		控制		控制	
调整后 R^2	0.202		0.146		0.206		0.158	
F值	52.889***		37.242***		65.510***		31.021***	
观测值	6148		6137		7471		4814	

注：***、**、*分别表示双尾检验在1%、5%和10%水平上显著。

从表 5 - 8 可以看到，在弱法治水平及国有控股公司样本中［列（1）及列（3）］，市场竞争程度 *MCL* 的回归系数不显著，而在强法治水平及非国有控股公司样本中［列（2）及列（4）］，*MCL* 的回归系数均显著为负，由于两组样本的专有性成本效应及盈余压力效应没有显著差别①，因此是公司治理效应导致了 *MCL* 回归系数出现显著差异（从而识别了公司治理效应）。弱法治水平及国有控股公司样本的治理效率较差，市场竞争的公司治理效应显著（发挥替代治理作用），提高了会计信息可比性，这种公司治理效应一定程度上抵消了专有性成本效应及盈余压力效应，导致市场竞争程度与可比性的关系不显著。而在强法治水平及非国有控股公司样本中，市场竞争的公司治理效应较难发挥作用，不能抵消专有性成本效应及盈余压力效应，市场竞争程度与会计信息可比性呈现显著负相关关系。

5.4.4 市场竞争与可比性的关系在不同会计准则下是否有变化

前文结果没有考虑到新会计准则实施对会计信息可比性的影响，我国 2007 年实施的新会计准则实现了与国际会计准则的全面趋同，

————————

① 一个可能的担心是，法治水平与产权性质可能会对盈余压力效应产生影响，从而影响本书对公司治理效应的识别。需要指出的是，如果真存在这种影响，那只会更加证实了公司治理效应的存在。因为弱法治水平及国有控股公司的治理效率较差，管理层的盈余操纵行为较难受到抑制，此时盈余压力效应的作用较大，导致市场竞争程度与会计信息可比性的负相关性会更加显著。在这种情况下，要使列（1）及列（3）中市场竞争程度变量 *MCL* 的回归系数不显著，需要效用更大的公司治理效应来抵消这种效用较大的盈余压力效应的影响（专有性成本效应没有变化），因此这就证实了公司治理效应的存在，且说服力更强。

增加了会计准则的科学性和规范性,新准则大幅压缩了会计估计和会计政策的选择项目,限定了企业利润调节的空间范围(罗婷等,2008),从而增强了信息可比性。为了考察市场竞争与可比性的负相关关系在不同准则下是否具有稳健性,按照新会计准则实施时间将样本分为 2002~2006 年及 2007~2012 年两个样本组,然后对方程(5-1)进行检验,结果见表 5-9。

表 5-9　　不同会计准则下市场竞争对会计信息可比性影响的回归分析

变量名	旧会计准则 (1)		新会计准则 (2)	
	回归系数	t 检验值	回归系数	t 检验值
常数项	-0.073***	-4.073	-0.053***	-4.868
MCL	-0.063***	-3.046	-0.036***	-3.199
TOP3	-0.003	-0.608	0.013***	4.099
IDR	0.025**	2.143	-0.002	-0.218
SIZE	0.003***	4.153	0.003***	5.555
LEV	-0.064***	-14.941	-0.058***	-19.606
GROWTH	0.008***	4.336	-0.003*	-1.751
TURNOVER	0.002	1.287	-0.001	-1.001
STDRET	-0.051***	-2.634	-0.037***	-3.204
STDROA	-0.662***	-28.533	-0.435***	-28.583
行业效应	控制		控制	
年度效应	控制		控制	
调整后 R^2	0.250		0.148	
F 值	61.425***		56.145***	
观测值	4363		7922	

注:***、**、*分别表示双尾检验在 1%、5% 和 10% 水平上显著。

从表 5 - 9 可以看出，在不同会计准则体制下，产品市场竞争程度 *MCL* 的回归系数均在 1% 的水平上显著为负，这与表 5 - 4 的检验结果是一致的，因此会计准则对市场竞争与会计信息可比性的负相关关系没有显著影响，前述研究结果是稳健的。

5.4.5 市场竞争环境下降低会计信息可比性的经济后果分析

前文研究发现市场竞争会降低会计信息可比性，那么可比性的降低会产生什么样的经济后果，会影响股东价值吗？对于股东价值的提升是否有积极作用？这里以净资产收益率 *ROE*、资产净利率 *ROA* 为因变量，市场竞争程度 *MCL* 为自变量，同时加入市场竞争程度与会计信息可比性的交乘项 *MCL* × *COMP*，并控制相应控制变量，建立如下的方程（5 - 2）来进行检验。

$$ROE(ROA) = \alpha_0 + \alpha_1 MCL + \alpha_2 MCL \times COMP + \alpha_3 SIZE + \alpha_4 LEV$$

$$+ \alpha_5 MB + \alpha_6 AGE + \alpha_7 TURNOVER + \alpha_i \sum_{i=8}^{18} INDUSTRY$$

$$+ \alpha_j \sum_{j=19}^{28} YEAR + \varepsilon \qquad (5-2)$$

其中，α_0 为常数项，$\alpha_i (i = 1, 2, \cdots, 28)$ 表示方程的回归系数，公司规模 *SIZE*、资产负债率 *LEV*、公司权益市场账面价值比 *MB*、上市年限 *AGE*、总资产周转率 *TURNOVER* 等 5 个变量为常见的公司绩效控制变量。

方程（5 - 2）的检验结果如表 5 - 10 所示。

表 5 – 10　　　激烈市场竞争环境下降低会计信息可比性的经济后果分析

变量名	ROE 为因变量		ROA 为因变量	
	(1)		(2)	
	回归系数	t 检验值	回归系数	t 检验值
常数项	− 0.578 ***	− 29.697	− 0.265 ***	− 27.792
MCL	− 0.028 *	− 1.649	− 0.006	− 0.781
MCL × COMP	− 1.155 ***	− 8.914	− 0.467 ***	− 7.342
SIZE	0.030 ***	34.030	0.016 ***	36.127
LEV	− 0.122 ***	− 23.925	− 0.132 ***	− 53.124
MB	0.019 ***	30.281	0.011 ***	35.861
AGE	− 0.002 ***	− 10.805	− 0.001 ***	− 14.933
TURNOVER	0.054 ***	25.436	0.026 ***	25.439
行业效应	控制		控制	
年度效应	控制		控制	
调整后 R^2	0.224		0.324	
F 值	127.886 ***		211.357 ***	
观测值	12285		12285	

注：*** 、* 分别表示双尾检验在 1%、10% 水平上显著。

从表 5 – 10 可以看出，当以 ROE 为因变量时，列（1）中市场竞争程度变量 MCL 的回归系数显著为负，竞争激烈的行业中各企业的超额利润水平会比较低，因此产品市场竞争越激烈，公司经营绩效越差，这与预期是一致的。交乘项 MCL × COMP 的回归系数也显著为负，因此会计信息可比性越低，公司面临激烈的产品市场竞争时经营绩效下降幅度越小，因为低可比性使公司能够拥有专有性信息优势，此时公司不会因为向竞争对手透露相关信息而损害其竞争优势，从而使得公司能够保持竞争能力，最终提升股东价值，这就是可比性降低的经济后果。当以 *ROA* 为因变量时，列（2）中交乘项 *MCL* × *COMP* 的回归系数仍然显著为负，同样证明了可比性降低的经济后果。

综合来说，当外部市场竞争激烈时，适度降低会计信息可比性，保持专有性信息优势，对于股东价值提升是有一定积极作用的。然而需要指出的是，只能适度降低可比性值，因为高可比性也能给企业带来益处，如降低企业的外部融资成本（Fang et al.，2016）、提高分析师盈利预测效率（De Franco et al.，2011）、提高企业并购效率（Chen et al.，2018）等，如何综合这些因素来权衡确定一个最佳的会计信息可比性值，是一个值得深入思考的问题。

5.5　本　章　小　结

本章考察了市场竞争对会计信息可比性的影响效果。实证结果表明：市场竞争程度与会计信息可比性显著负相关，因此市场竞争会降低会计信息可比性，即相对于产品市场竞争的公司治理效应来说，专有性成本效应及盈余压力效应起到了决定性作用。

进一步检验结果发现，研发费用支出较多时，专有性成本效应增强，市场竞争对会计信息可比性的负向影响更加显著；公司微盈利或审计质量较低时，盈余压力效应增强，市场竞争对可比性的负向影响也更加显著；而法治水平越高，管理层违规的诉讼风险越高，代理效率较高，此时投资者保护制度本身已经能起到治理作用，在替代的治理关系下产品市场竞争的公司治理效应较弱，不能抵消专有性成本效应及盈余压力效应，市场竞争与会计信息可比性的负相关性更加显著。上市公司非国有控股时，企业内部治理效率较高，代理成本低，在替代的治理关系下产品市场竞争的治理效应有限，其与会计信息可比性的负相关性也更加显著。反之，法治水平较弱或国有控股时，代理成本高，产品市场竞争能起到替代的治理作用，其公司治理效应一定程度上能抵消部分专有性成本效应及盈余压力效应，导致市场竞争与可比性的负相关性不显著。检验过程中还同时实现了对专有性成本效应、盈余压力效应及公司治理效应的识别。研究结果最后还通过了会计准则变更的稳健性检验。

本章的应用价值体现在如下三点：

首先，激烈的市场竞争会产生专有性成本效应，给公司带来竞争劣势成本，这会导致信息披露水平下降，会计信息可比性降低。从提升会计信息质量的角度来说，政府要防止行业过度竞争的现象出现，积极管制，做好引导人的角色，努力将一些行业的过度竞争引导到有效竞争。此外，政府也应完善信息披露制度，对于影响市场竞争地位的敏感信息（如产品研发），不宜强制性要求披露，应鼓励其自愿披露，从而降低竞争劣势成本（杨华荣等，2008）。

其次，本章研究发现激烈的市场竞争会产生盈余压力效应，导致管理层会通过盈余操纵手段来提高业绩，因此竞争可能激化经理人与股东之间的代理问题。监管机构及审计师应该对此给予特别关注，采取有效手段来抑制竞争激烈行业的公司的盈余操纵行为，投资者也可以此作为参考依据，更好更有效地评价中国上市公司的会计信息质量。

最后，当公司内部治理有效性较弱时（如国有上市公司），市场竞争的外部公司治理效应能发挥较大作用，这揭示了市场竞争对我国上市公司治理效率的促进作用。从实践层面来看，市场竞争的公司治理效应有助于改进国有上市公司的会计信息可比性（非国有上市公司的改进效果相对较弱），因此我国在进行公司内部治理改革的同时，需要建立有效的外部市场竞争机制，这对于我国上市公司（特别是国有上市公司）的信息披露，有着非常重要的现实意义。

尽管目前有不少文献从可靠性（Datta et al.，2013；张欢，2014；Liao and Lin，2016；贺宝成和阮孝青，2020；袁靖波等，2021）、稳健性（Dhaliwal et al.，2013）、自愿信息披露（杨华荣等，2008）、可预测性、持续性及相关性（Cheng et al.，2013）等角度研究市场竞争对会计信息质量的影响，本章也从可比性角度做了新尝试，但这方面文献还不够全面，到底是专有性成本效应及盈余压力效应重要，还是公司治理效应更重要，目前并没有达成一致结论。未来需要更多文献从事这方面的研究，这样才能更准确全面地认识市场竞争程度与会计信息质量特征的关系。

第 6 章

事务所规模、特定审计方式
与会计信息可比性

6.1 引　　言

经过长时间的业务发展，国际四大会计师事务所①（以下简称"国际四大"）一般有特定的审计方法与测试技术，且制定了内部工作规则和指引，审计师在这一特定内部工作规则下开展审计业务，审计客户也可能在这一规则的指引下从事会计实务（Francis et al.，2014）。这种程序化审计方法及内部工作规则与指引会导致事务所形成特定审计方式，从而对其审计客户的会计行为及会计数据产生较大影响（Francis et al.，2014）。根据这一推论，被同一"国际四大"审计的客户之间的会计行为和会计实务较类似，其会计信息可比性值要高于被不同的"国际四大"审计的客户间的可比性值，因此会

---

① 国际四大会计师事务所是指：普华永道（PWC）、毕马威（KPMG）、德勤（DTT）和安永（EY）这四家事务所。

计师事务所特定审计方式（一般也称为审计风格）可能是会计信息可比性的重要影响因素。

弗朗西斯等（2014）考察的是美国审计市场的事务所审计风格特征，本章则以中国上市公司为样本，考察中国市场上的会计师事务所是否存在特定的审计方式，且这种审计方式是否影响了会计信息可比性。与弗朗西斯等（2014）相比，本章有如下两个方面的贡献和创新点：一方面，弗朗西斯等（2014）采用的是公司间应计项目差额及盈余相关性这两个指标来度量会计信息可比性，这两个指标在可比性研究文献中使用很少，都只注重会计数据结果，却忽略了产生这些数据的经济业务间的差异，而会计数据相同或相似与会计信息可比的内涵存在较大差别，本章则采用了目前得到国内外文献普遍认可的弗朗哥等（2011）设计的会计信息可比性测度方法，该方法基于经济业务转换成会计数据的过程，构建会计转换函数来测度可比性，显著增强了可比性测度结果的准确度，从而使得本书审计风格研究结果的科学性大大增加。另一方面更为重要的是，首先，考察"国际四大"特定审计方式是否在中国市场存在，这一问题有重要的探讨价值，因为现有国内文献对于"国际四大"是否在中国水土不服、其提供的审计质量是否显著高于国内事务所并没有达成一致意见（刘峰和周福源，2007；郭照蕊，2011；林永坚和王志强，2013；袁知柱等，2014c；王生年等，2015；路军伟等，2017；郭照蕊，2020），那么其特定审计方式存在吗？会对会计信息可比性产生影响吗？其次，除了"国际四大"外，近几年快速发展的国内规模较大的会计师事务所是否形成了特定审计方式呢？这些大所的内部工作规则和指引影响会计信息可比性吗？再次，如果

"国际四大"与国内大所的特定审计方式都存在，那么其对会计信息可比性的影响是否存在显著差异？最后，国内数量众多的中小事务所也形成特定审计方式了吗？本章试图对这些问题进行解释，从而丰富事务所审计质量及会计信息可比性影响因素的研究成果。

6.2 理论分析及研究假设提出

（1）会计师事务所特定审计方式对会计信息可比性的影响分析

风格（style）一词的意思是指具有独特于其他人的表现、行事作风等行为和观念。该词语在经济管理类学术研究中已经得到了采用，如投资风格（Barberis and Shleifer，2003；孟庆斌等，2015）、管理风格（葛永波等，2016；Nguyen，2017）、治理风格（汪卫华，2014）等。近些年来，会计领域也出现了一些讨论风格的文献，如班博（Bamber et al.，2010）发现公司管理层在进行自愿信息披露时形成了特定的披露风格，杨（Yang，2012）则延续这一分析框架，考察了自愿信息披露风格的资本市场经济后果，发现当管理层在过去一段时间经常做出较准确的盈余预测时（意味着形成了特定的自愿信息披露风格），股票价格对管理层盈余预测公告的反应越显著。葛（Ge，2011）对359个企业首席财务官（CFO）进行跟踪调研，基于大范围的会计政策选择样本，发现CFO风格对企业会计政策异质性变量有较高的解释比例。杰林斯基等（Dzielinski et al.，2016）发现证券分析师能识别CEO与CFO们在盈余信息电话会议上的讲话风格，当他们讲话的意思含糊不清时，分析师对公司盈余公告信息的反应速度较慢，且较冷淡。

就审计风格来说，它是在两方面因素的共同作用下形成的：一方面，会计师事务所在执行审计准则时有特定的审计方法与测试技术；另一方面，事务所在理解和执行会计准则时有特定的内部指引与应用指南，对审计准则和会计准则的不同运用导致事务所形成了特定的审计方式（Francis et al.，2014）。

已有文献发现，"国际四大"有特定的审计方法与测试技术。金尼（Kinney，1986）根据会计师事务所使用非结构化、半结构化和结构化审计技术，对当时的八大事务所进行分类，发现各事务所的审计技术有显著差别。尽管会计师事务所的审计方法与测试技术必须遵循审计准则规定，但由于审计准则一般都是原则导向而非具体的规则导向（即对审计人员如何实施审计程序提供较大的自主与判断空间），此时为了提高审计工作效率，降低审计成本，减少审计人员在执行审计业务时的分歧，使审计程序保持一致，为客户提供低成本高效率的审计解决方案，事务所必须制定自己独特的审计规则，将审计方法与测试技术程序化，从而形成审计风格（Cushing and Loebbecke，1986）。就中国独立审计准则体系来说，自1995年发布第一批独立审计准则以来，陆续制定了一系列的审计准则，并于2006年公布了由48项独立审计准则构成，并与国际审计准则全面趋同的新审计准则体系。在这一与国际审计准则趋同的新审计准则体系下，"国际四大"执行审计业务时同样有自主判断空间，为了提高审计效率，在中国同样会将审计工作规则化，实施其特定的审计方法与测试技术（袁知柱和刘思琪，2019）。而会计与审计电算化技术的快速发展，使得审计工作规则化更容易实现，电子表格及模块化操作更加便利，"国际四大"也适时推出了其审计软件，如毕马威的 KworldTM、安永的 KnowledgeWebTM 等，而德勤的尖端技术——审计工具 Audit System/2TM，更是支持审计流程的规划、实施与报告等各个阶段。

此外，"国际四大"为了凸显其执业特色，增强其行业影响力，也会努力进行技术创新，设计一些不同于其他事务所的审计技术（Francis et al.，2014），而原则导向的审计准则体系为事务所进行技术创新提供了广阔的空间。如毕马威事务所在 20 世纪 90 年代提出了"业务风险"审计，设计了经营计量程序（business measurement process，BMP），并将其作为一项技术创新（Bell et al.，1997）。与此同时，还有普华永道的"普华永道审计方法（Pricewaterhouse Cooper's methodology）"、安永的审计创新（audit innovation）及德勤的"AS/2 审计方法"等。这些有创新特色的审计方法与测试技术将各"国际四大"区分开来，形成了特定的审计方式（Francis et al.，2014）。

在上述规则化、程序化及特色化的审计方法与测试技术下，同一"国际四大"执行审计业务时关注的风险点基本相同，符合性测试与实质性测试程序基本一致，风险应对措施及审计沟通方法也大致相同，独特的审计方式导致每个"国际四大"的审计方式会系统地检测出或忽略掉相同的客户错误。王兵等（2011）也发现，"国际四大"在中国的审计质量存在差异，相对于其他三家事务所，普华永道提供的审计质量可能更低，这在一定程度上说明了特定审计方式可能对审计质量造成影响。所以我们预测，特定审计方式对客户披露的财务报表有一个系统性的影响，也就是说，其他条件相同的两家企业，在同行业同年度的条件下，由相同的"国际四大"进行审计的公司财务报表更为一致，会计信息可比性较强，反之，如果两家企业由不同的"国际四大"进行审计，不同的审计方式会导致公司间会计信息可比性较弱。

就会计准则来说，无论是中国会计准则，还是国际准则，都属于原则导向的会计准则体系。在原则导向的准则体系下，准则的具体使用规则界定较少，会计人员或审计人员在使用会计准则时，涉及较多的理解与分析判断。为了提高审计效率，顺利推行其程序化的审计方法与测试技术，"国际四大"一般会通过员工培训或发布内部产品的方式来统一审计人员对会计准则的理解，这些内部产品包括会计指南（普华永道）、德勤技术库（德勤）、全球会计和审计信息工具（安永）以及会计研究网（毕马威）等（Francis et al.，2014）。对员工而言，这些内部产品是一个理解及运用会计准则的指南，其内容丰富，举例翔实，能够有效指导准则的实际应用。在这些应用指南的作用下，同一"国际四大"审计人员对会计准则的理解趋于一致，并体现于审计程序的执行过程中，此时如果两个客户由相同的"国际四大"进行审计，审计师们往往能发现相同或相类似的客户账务处理错误，并要求其进行审计调整，最终使客户在相同的业务背景下做出相同或相似的会计业务处理，客户间的信息可比性显著提升。

更为重要的是，这些内部产品除了"国际四大"员工可以使用外，也可以对外出售给其审计客户，因此企业在支付一定购买费用后，可以使用这些产品（Francis et al.，2014）。另外，"国际四大"也会定期发表公共刊物，主要包括对会计准则的解释。在这种情况下，企业在进行会计业务处理及编制报表时经常会参考"国际四大"的会计准则应用指南（Francis et al. , 2014），也就是说，在"国际四大"审计前，其财务报表就已经表现出"国际四大"特定审计方式的影响。尤其是对于其中国审计客户来说，中国会计准则近些年来一直不断地持续更新，着力与国际准则全面趋同，如2006年公布了由1项基本准则、38项具体准则构成的新准则体系，2014年又正式修订了5项、新增了3项准则，发布了1项准则解释。企业财务人员需要不停地学习新会计准则，而"国际四大"的准则应用指南为其学习并理解新准则提供了一个较好的途径，企业学习并采纳负责其年报审计工作的会计师事务所的准则应用指南进一步提升了"国际四大"特定审计方式对会计信息可比性的影响。

"国际四大"特定审计方式对会计信息可比性的影响机理见图6－1。

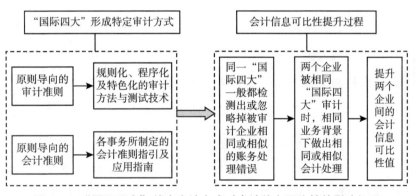

图6－1　"国际四大"特定审计方式对会计信息可比性的影响机理

综合上述分析，提出如下假设：

假设6－1：在同年度同行业条件下，由同一"国际四大"审计的两家公司间会计信息可比性值要显著高于由不同"国际四大"审计的两家公司间的会计信息可比性值。

我国的会计师事务所主要由两部分构成——"国际四大"和国内本土会计师事务所。"国际四大"以其悠久的历史、良好的企业形象以及高品质的服务，稳居行业领先地位。虽然"国际四大"数量较少，但其审计客户基本上都是国内规模较大的公司，因此长期以来在我国审计市场中居于重要的优势地位。而我国本土事务所则发展坎坷，新中国早期实行的是计划经济体制，缺少对独立审计人才的需求，注册会计师行业曾长时间中断。改革开放之后，在国家政策大力支持下，注册会计师行业快速发展，经历了恢复重建（1980～1991年）、规范发展（1991～1998年）、体制创新（1998～2004年）及国际发展（2005年以来）等多个阶段（陈毓圭，2008），但总体上由于采取"粗放型"发展模式，导致总量巨大，截至2017年底，全国会计师事务所数量共计8605家。

为了发展规模化、多元化、国际化及品牌化的会计师事务所，财政部提出做大做强的口号，推动大型、中型会计师事务所采取特殊普通合伙制形式，鼓励事务所间强强联合。在不断地发展与壮大过程中，瑞华、立信等会计师事务所脱颖而出，成为国内事务所的巨擘，根据中国注册会计师协会（以下简称"中注协"）历年公布的《会计师事务所综合评价前百家信息》显示，2013年瑞华、立信这两家会计师事务所的综合排名首次超越毕马威事务所，与普华永道、德勤、安永等"国际四大"一起进入全国五强，而天健、信永中和等事务所与毕马威的差距也在逐年减少。为了考察国内大型会计师事务所是否存在审计风格，根据中注协近10年来发布的《会计师事务所综合评价前百家信息》中的事务所平均排名，我们选择出前六大会计师事务所（以下简称"国内六大"），分别为瑞华、立信、天健、信永中和、大华和大信，作为国内大型事务所的代表。

与"国际四大"类似，"国内六大"也有其特定的审计方法与测试技术。立信事务所为了保证在各地提供一致水准的服务，要求各分支机构统一使用立信专用审计软件，整个审计过程及档案记录均已实现电子化。瑞华事务所成立了技术与标准部，全面负责制定与审计标准（包含审计程序、底稿模板和审计指引等）、技术支持（包含前沿业务技术课题研究、专业技术研讨及成果推广等）和技术咨询相关的规定。天健则制定了《天健会计师事务所标准体系表》及近130个具体标准，并通过其自行研发的AE审计软件，严格将《年度财务报表审计规程》《验资规程》等标准审计程序的几乎所有内容都转变成信息化形式，要求审计师执业时必须通过AE审计软件进行标准化程序审计；从业务承接活动开始，项目分工到具体科目处理，合并报表再到编制项目总结、出具报告、审计底稿归档，信息化将标准化要求贯穿于服务的全方位和全过程，实现了标准执行的统一化、规范化、高效化（傅钧彪、周鑫泽，2016）。大信在审计流程信息化方面也投入了很多资源，早在2010年就开始举办专题培训会议，将专用审计软件统一普及运用到全所各审计项目，以保证全所统一审计标准。

"国内六大"也会制定专门的会计准则指引及应用指南等内部资料，并通过员工培训传达，或者通过发布内部期刊的方式供内部员工及其客户使用，如瑞华的《啄木鸟》及《瑞华研究》、立信的《立信视野》（包括政策解读和专家声音）、天健的《天健风采》、信永中和的《光之冀》和《财经法规》、大信的《大信实务》《大信通讯》及《大信视角》、大华的《大华研究院》及《大华内刊》等。这些内部资料或期刊的内容包括会计准则解读，会计案例分析、项目审计程序指南等，其观点体现了各事务所对会计准则和审计准则的独到理解，能够有效指导审计人员或客户对准则的理解和应用，并促使其理解趋于一致（袁知柱和刘思琪，2019）。此外，瑞华甚至成立了 E 学院这一专业培训平台，通过提供专业培训课程、专业技术书刊等，传播事务所专业精髓。

基于上述分析，"国内六大"都有其专用的审计软件，及独特的标准化审计方法与测试技术，其工作指引及内部专业期刊也使得审计人员和客户对准则的理解趋于一致，在这种情况下，被同一"国内六大"审计的两家公司财务报表被发现的错误点及概率基本相同，因此他们对于相同的经济业务，将做出相同或相似的会计处理，会计信息可比性显著增强。给出如下假设：

假设 6-2：在同年度同行业条件下，由同一"国内六大"审计的两家公司间会计信息可比性值要显著高于由不同"国内六大"审计的两家公司间的会计信息可比性值。

（2）不同规模会计师事务所特定审计方式对会计信息可比性影响的差异分析

已有文献的研究结果显示，统一的会计准则并不一定导致公司间会计信息可比，因为会计信息的生成除了受到会计准则影响外，决定准则能否得到有效执行的因素，如投资者保护、治理机制、审计监督、经理人员报告动机等也会对会计信息质量产生重要影响（刘峰等，2004；Ball，2006；Soderstrom and Sun，2007）。同理，会计师事务所制定的内部规则（包含审计方法与测试技术、会计准则内部指引与应用指南等）也必须在严格执行的前提下，才能有效地影响公司间会计信息的可比性。此外，由于内部规则是由各会计师事务所自行制定的，还需要考虑规则的科学性问题，内部规则的科学性越强，执行有效性越容易达到。前文分析后认为两个公司被同一"国际四大"或"国内六大"审计时，公司间会计信息的可比性都会显著提升。本部分要关注的问题是，"国际四大"或"国内六大"制定的内部规则的科学性是否有差异？不同会计师事务所对内部规则的执行有效性是一样的吗？如果这两方面不同，其对会计信息可比性的提升效果是否存在差异？

基于如下几个方面的原因，相对于"国内六大"，当两个公司被同一"国际四大"审计时，公司间的会计信息可比性更强。首先，虽然瑞华、立信这两家事务所已经跻身全国五强，但与其相比较的事务所只是"国际四大"的中国的成员所，除了中国外，"国际四大"在全球其他国家还有大量的分支机构，如普华永道2016年在中国收入为41亿元人民币（中国注册会计师协会，2017），但其当年度的全球总收入达到了359亿美元（马常艳，2016），因此"国内六大"与"国际四大"的收入有较大差距。相对于小所，规模大的事务所有更强的维护品牌声誉的内在动机来提供高质量审计服务，因为如果大所出现审计失败，"深口袋"效应将使其受到的损害更大，将损失更多客户（DeAngelo，1981；Dye，1993）。池等（Chi et al.，2011）发现，相对于"非四大"，"国际四大"审计的公司的应计盈余操纵程度更低。其次，"国内六大"多数是近十年来通过合并重组方式产生的，时间比较短，国内各地分所比较多，有些还处于磨合期，协同效应并没有完全体现，而"国际四大"都有着几十年甚至上百年的发展历程，治理结构良好，其专用审计软件功能完善（如毕马威的 KworldTM、安永的 KnowledgeWebTM 等），程序化的审计方法与测试技术经过长时间的使用和修正，也更为完备（如普华永道的 Pricewaterhouse Cooper's Methodology、德勤的 AS/2 审计方法等）。再次，事务所规模越大，历史越悠久，薪酬体系就越完备，越能吸引优秀毕业生和精英人才加盟，因此"国际四大"集结了更多的优秀审计师，这些审计精英能够制定出更为完善的内部工作指引。更为重要的是，品牌效应使得"国际四大"更容易招聘到具有行业专长的审计人员，这有助于改善其行业专业化程度（王生年等，2015），从而进一步提升其内部工作指引、审计方法与测试技术的行业适用性及专业性。最后，庞大的市场规模能支撑"国际四大"在员工培训上投入更多的资源（这使得其精英审计师的专业素质更强），建立有效的工作控制机制、严格的内部复核制度和内部质量控制制度，被享有盛誉的机构论证并接受更为严格的同业检查（漆江娜等，2004）。且由于"国际四大"强大的客户基础，其对客户的依赖性更低，这使得其能保持更高的审计独立性（Watts and Zimmerman，1978）。"安达信"的破产也给予了"国际四大"很大的警示，使其更加注重内部审计及成员所间的互检。因此相对于"国内六大"，"国际四大"审计师们会受到更严格的内部监督及管理控制，因而对内部规则的执行力更强。

基于上述分析，提出如下假设：

假设6-3：在同年度同行业条件下，由同一"国际四大"审计的两家公司间会计信息可比性值要显著高于由同一"国内六大"审计的两家公司间的会计信息可比性值。

　　除了"国内六大"外，我国还存在大量的中小型本土会计师事务所（这里统一称为"国内非六大"），这些事务所数量众多，无论是收入规模、注册会计师人数、独立性，还是执业经验，都明显弱于"国内六大"。为了对"国内六大"及"国内非六大"进行详细比较，依据中注协发布的《2016 年会计师事务所综合评价前百家信息》的统计结果，去掉普华永道中天、德勤华永、安永华明和毕马威华振等"国际四大"后，共剩下 96 家本土会计师事务所，其中"国内六大"6 家，"国内非六大"90 家，两者的营业收入及注册会计师（CPA）人数的比较结果见表 6-1。

表 6-1　　　　　"国内六大"及"国内非六大"的 2016 年
营业收入及注册会计师人数比较表

事务所类别	事务所数量	事务所营业收入		事务所注册会计师人数	
		收入总额	平均收入	总人数	平均人数
"国内六大"	6	141 亿元	23.50 亿元	9425 人	1571 人
"国内非六大"	90	194 亿元	2.16 亿元	17829 人	198 人
"六大"与"非六大"比值	0.07	0.73	10.88	0.53	7.93

　　资料来源：作者依据中注协发布的《2016 年会计师事务所综合评价前百家信息》整理。

　　从表 6-1 的营业收入比较来看，2016 年"国内六大"的每所平均营收收入为 23.50 亿元，而"国内非六大"仅为 2.16 亿元，两者比值达到了 10.88 倍，从注册会计师人数比较来看，"国内六大"的每所平均 CPA 人数为 1571 人，而"国内非六大"仅为 198 人，两者比值也达到了 7.93 倍。因此无论是营业收入，还是 CPA

人数，两者都存在很大的差距。同时需要指出的是，这里的"国内非六大"仅包括进入中注协公布的《2016年会计师事务所综合评价前百家信息》的事务所，除了这些百强事务所外，还存在大量的中小型会计师事务所，考虑百强事务所之外的其他中小型事务所后，"国内六大"与"国内非六大"的规模差距还会进一步扩大。

由于"国内六大"与"国内非六大"在经营规模及业务收入上的巨大差距，"国内六大"有较多优秀的审计师，也更有能力去承担开发技术、实施监督的固定成本，同前述假设6-3的分析机理一致，无论是内部规则的科学性，还是对这些规则的执行有效性，"国内六大"的优势都是显而易见的（部分中小型事务所甚至没有专用的审计软件和标准化审计程序，内部会计工作指引不够清晰，内部复核及质量控制制度也较弱），因此提出如下假设：

假设6-4：在同年度同行业条件下，由同一"国内六大"审计的两家公司间会计信息可比性值要显著高于由同一"国内非六大"审计的两家公司间的信息可比性值。

6.3 研 究 设 计

6.3.1 会计信息可比性测度方法

本章采用弗朗哥等（2011）的方法来测度会计信息可比性，具体方法描述见第3章第3.3.1节的式（3-1）~式（3-5），依据式

（3－5），公司 i 和 j 间的会计信息可比性（$CompAcct_{ijt}$）为两公司预期盈余差异绝对值平均数的相反数。$CompAcct_{ijt}$ 值越大表示公司 i 与公司 j 之间的会计信息可比性越强。对该方法的详细描述在此不再赘述。

6.3.2　回归模型设计

构建如下的多元回归方程来检验特定审计方式对会计信息可比性的影响：

$$
\begin{aligned}
CompAcct_{ijt} = {} & \alpha_0 + \alpha_1 Independent\ Variable_{it} + \alpha_2 SIZE\_Diff + \alpha_3 SIZE\_Min \\
& + \alpha_4 LEV\_Diff + \alpha_5 LEV\_Min + \alpha_6 MB\_Diff + \alpha_7 MB\_Min \\
& + \alpha_8 STDCFO\_Diff + \alpha_9 STDCFO\_Min + \alpha_{10} TOP3\_Diff \\
& + \alpha_{11} TOP3\_Min + \alpha_{12} INST\_Diff + \alpha_{13} INST\_Min \\
& + \alpha_{14} IDR\_Diff + \alpha_{15} IDR\_Min + \varepsilon \quad\quad\quad (6-1)
\end{aligned}
$$

其中，α_0 为常数项，$\alpha_k(k=1,2,\cdots,15)$ 为方程的回归系数，因变量 $CompAcct_{ijt}$ 表示公司 i 与公司 j 之间的会计信息可比性值，$Independent\ Variable_{i,t}$ 表示方程的自变量，根据假设 6－1～假设 6－4 的不同，分别用 $SAME\_Big4$、$SAME\_Dome6$、$Big4\ VS\ Dome6$、$Dome6\ VS\ NonDome6$ 这 4 个变量来表示（由于 4 个假设适用不同子样本，因此这些自变量的计算方法根据各子样本来定义），$SAME\_Big4$ 是"国际四大"特定审计方式变量（用于检验假设 6－1），如果 i 公司和 j 公司被同一"国际四大"审计，其取值为 1，如果被不同的"国际四大"审计，取值为 0；$SAME\_Dome6$ 是"国内六大"特定审计方式变量（用于检验假设 6－2），如果 i 公司和 j 公司被同一"国内六大"审计，其取值为 1，如果被不同的"国内六大"审计，取值为 0；变量 *Big*4 *VS Dome*6 用于检验假设 6 - 3，如果 *i* 公司和 *j* 公司被同一"国际四大"审计，其取值为 1，如果被同一"国内六大"审计，取值为 0；变量 *Dome*6 *VS NonDome*6 用于检验假设 6 - 4，如果 *i* 公司和 *j* 公司被同一"国内六大"审计，其取值为 1，如果被同一"国内非六大"审计，取值为 0。

控制变量选择参考了王（2014）、弗朗西斯等（2014）及道尔等（Dhole et al.，2015）等文献的研究成果，加入了公司规模 *SIZE*、资产负债率 *LEV*、权益市场账面价值比 *MB*、经营活动现金流量标准差 *STDCFO* 等变量，此外，为了控制公司治理因素对会计信息可比性的影响，方程中还加入股权集中度 *TOP*3、机构投资者持股比例 *INST* 及独立董事比例 *IDR* 等控制变量。由于因变量是公司 *i* 与公司 *j* 之间的会计信息可比性值，这是一个相对值，为了提升控制变量的有效性，同时加入了各控制变量在公司 *i* 与公司 *j* 的差异值 *Diff* 及较小值 *Min*，其中 *Diff* 控制配对公司组 *i* 与 *j* 的差异水平，而 *Min* 控制配对公司组的绝对水平。由于会计信息可比性影响因素的相关理论不够充分，我们并不对各控制变量系数的符号做出预测。所有变量的定义及计算方法见表 6 - 2。

表 6 - 2　　　　　　　　　　研究变量定义

变量类型	变量符号	变量名称	变量计算
被解释变量	*CompAcct*	会计信息可比性	如第 3 章第 3.3.1 节所述，采用弗朗哥等（2011）方法，即式（3 - 5）计算
解释变量	*SAME_Big*4	"国际四大"特定审计方式	如果 *i* 公司和 *j* 公司被同一"国际四大"审计，取值为 1，如果被不同的"国际四大"审计，则取值为 0

变量类型	变量符号	变量名称	变量计算
解释变量	*SAME_Dome*6	"国内六大"特定审计方式	如果 *i* 公司和 *j* 公司被同一"国内六大"审计,取值为 1,如果被不同的"国内六大"审计,则取值为 0
	*Big*4 *VS Dome*6	"国际四大" VS "国内六大"	如果 *i* 公司和 *j* 公司被同一"国际四大"审计,取值为 1,如果被同一"国内六大"审计,则取值为 0
	*Dome*6 *VS NonDome*6	"国内六大" VS "国内非六大"	如果 *i* 公司和 *j* 公司被同一"国内六大"审计,取值为 1,如果被同一"国内非六大"审计,则取值为 0
控制变量	*SIZE_Diff*	企业规模差异	*i* 公司和 *j* 公司企业规模差额的绝对值,其中企业规模等于企业期末资产总额的自然对数
	SIZE_Min	企业规模较小值	*i* 公司和 *j* 公司企业规模的较小值
	LEV_Diff	资产负债率差异	*i* 公司和 *j* 公司资产负债率差额的绝对值,其中资产负债率等于期末负债总额与资产总额的比值
	LEV_Min	资产负债率较小值	*i* 公司和 *j* 公司资产负债率的较小值
	MB_Diff	权益市场账面价值比差异	*i* 公司和 *j* 公司权益市场账面价值比的差额的绝对值,其中权益市值账面价值比等于股东权益总市值与账面价值的比值
	MB_Min	权益市场账面价值比较小值	*i* 公司和 *j* 公司权益市场账面价值比的较小值
	STDCFO_Diff	经营活动现金流量变化率差异	*i* 公司和 *j* 公司经营活动现金流量变化率差额的绝对值,其中经营活动现金流量变化率为企业连续 16 个季度的经营活动现金流量标准差的自然对数

变量类型	变量符号	变量名称	变量计算
解释变量	STDCFO_Min	经营活动现金流量变化率较小值	i 公司和 j 公司经营现金流量变化率的较小值
	TOP3_Diff	股权集中度差异	i 公司和 j 公司股权集中度差额的绝对值，其中股权集中度等于前三大股东持股合计数与企业总股本数量的比值
	TOP3_Min	股权集中度较小值	i 公司和 j 公司股权集中度的较小值
	INST_Diff	机构投资者持股比例差异	i 公司和 j 公司机构投资者持股比例差额的绝对值，其中机构持股比例等于机构投资者持股合计数与企业总股本数量的比值
	INST_Min	机构投资者持股比例较小值	i 公司和 j 公司机构投资者持股比例的较小值
	IDR_Diff	独立董事比例差异	i 公司和 j 公司独立董事比例差额的绝对值，其中独立董事比例为独立董事人数与董事会成员总人数的比值
	IDR_Min	独立董事比例较小值	i 公司和 j 公司独立董事比例的较小值

6.3.3 样本选择及数据来源

鉴于 2007 年我国实行了与国际会计准则全面趋同的新会计准则体系，对企业财务报表造成较大影响，同时 2007 年为新旧准则的交替年度（报表数据可能受到旧准则影响），本章选择 2008～2015 年全部 A 股上市公司作为研究样本（连续 8 年样本能计算两个区间的会计信息可比性值，即 2008～2011 年和 2012～2015 年，按照 4 年分区间是因为计算会计信息可比性时需要连续 16 个季度的净资产收益率和股票收益率数据），同时对样本做了如下筛选：剔除被 ST 和 *ST 的上市公司，剔除数据信息缺失的公司，剔除 4 年间更换会计师事务所的公司，剔除极端或异常数据。

　　为计算公司间的会计信息可比性值，需要对样本公司进行配对处理，并形成新的会计信息可比性样本。该样本由同一年度、同一行业内所有公司的完全配对组成。例如，在某年度某行业的条件下，有三家样本公司：甲、乙、丙（按顺序排列），那么按顺序配对后就形成了三组会计信息可比性样本：甲—乙、甲—丙、乙—丙，即配对后的会计信息可比性样本的样本容量为 C_m^2（m 为原始样本容量，$m \geq 2$）。由于假设 6 - 1、假设 6 - 2、假设 6 - 3 及假设 6 - 4 的原始样本容量不一样，因此配对后的样本数量也不同，验证这 4 个假设的子样本观测值数量分别为 745 个、100455 个、21025 个及 22907 个。

　　本章数据来自 Wind 数据库，部分缺失数据由中国经济金融研究（CSMAR）数据库提供。

6.4　实证过程及结果

6.4.1　研究变量的描述性统计及相关性检验

研究变量的描述性统计结果见表 6 - 3。

表 6 - 3　　　　　　　　　各变量的描述性统计结果

	变量名称	观测值	平均值	标准差	最小值	25%	50%	75%	最大值
被解释变量	CompAcct	103252	-0.027	0.036	-0.607	-0.033	-0.018	-0.009	0.000
解释变量	SAME_Big4	745	0.342	0.475	0.000	0.000	0.000	0.000	1.000
	SAME_Dome6	100455	0.208	0.406	0.000	0.000	0.000	0.000	1.000
	Big4 VS Dome6	21025	0.008	0.090	0.000	0.000	0.000	0.000	1.000
	Dome6 VS NonDome6	22907	0.910	0.286	0.000	1.000	1.000	1.000	1.000
控制变量	SIZE_Diff	103252	1.075	0.884	0.000	0.405	0.860	1.509	6.941
	SIZE_Min	103252	21.281	0.705	18.535	20.778	21.216	21.698	29.099
	LEV_Diff	103252	0.209	0.154	0.000	0.084	0.181	0.303	0.912
	LEV_Min	103252	0.286	0.141	0.021	0.173	0.270	0.379	0.947
	MB_Diff	103252	2.609	4.475	0.000	0.733	1.609	2.980	55.427
	MB_Min	103252	2.851	1.212	0.706	2.002	2.639	3.479	24.494
	STDCFO_Diff	103252	1.273	0.993	0.000	0.496	1.055	1.819	7.898
	STDCFO_Min	103252	17.707	0.874	14.374	17.144	17.633	18.238	25.571
	TOP3_Diff	103252	0.166	0.123	0.000	0.068	0.143	0.241	0.827
	TOP3_Min	103252	0.396	0.117	0.032	0.309	0.394	0.471	0.946
	INST_Diff	103252	0.093	0.094	0.000	0.024	0.060	0.134	0.868
	INST_Min	103252	0.042	0.046	0.000	0.012	0.029	0.056	0.611
	IDR_Diff	103252	0.046	0.043	0.000	0.010	0.032	0.071	0.296
	IDR_Min	103252	0.346	0.024	0.262	0.333	0.333	0.351	0.608

资料来源：作者整理。

从表6-3可以看到，会计信息可比性变量 CompAcct 的均值为-0.027，标准差为0.036，这与弗朗哥等（2011）等文献的统计结果相似，说明本书的会计信息可比性计算结果是可靠的。权益市场

账面价值比变量 *MB_Min* 的均值为 2.851，说明我国多数上市公司的股东权益市场价值是其账面价值的 2～3 倍，股东权益普遍处于溢价状态；股权集中度变量 *TOP3_Min* 的均值为 0.396，大股东持股比例较高，他们有足够激励去收集信息并有效监督管理层，从而减少委托代理成本，并避免"内部人控制"局面出现。机构投资者持股比例变量 *INST_Min* 的均值为 0.042，说明我国证券市场的机构持股比例较低，未来仍需大力发展机构投资者制度。独立董事比例均值为 0.346，符合我国相关法规对独董比例的要求。

表 6 - 4 给出了方程（6 - 1）所列示的主要研究变量间的相关系数检验结果。

从表 6 - 4 可以看到，无论是 Pearson 相关系数，还是秩相关下 Spearman 相关系数，可比性变量 *CompAcct* 与自变量 *SAME_Dome*6 及 *Dome*6 *VS NonDome*6 的相关系数均显著为正，而与自变量 *SAME_Big*4 及 *Big*4 *VS Dome*6 的相关系数均不显著，这就验证了假设 6 - 2 和假设 6 - 4。然而这仅是两个变量间的简单相关系数，没有考虑控制变量的影响，可比性变量与这些自变量间的真实关系还需要多元线性回归检验来证明。

6.4.2　会计师事务所特定审计方式对会计信息可比性影响的回归检验结果

为考察"国际四大"及"国内六大"特定审计方式对会计信息可比性的影响，以 *SAME_Big*4 及 *SAME_Dome*6 等变量作为自变量，对方程（6 - 1）进行回归检验，检验结果见表 6 - 5。

表6-4

主要研究变量的相关系数

变量名	Comphct	SAME_Big4	SAME_Dome6	Big4 VS Dome6	Dome6 VS NonDome6	SIZE_Diff	SIZE_Min	LEV_Diff	LEV_Min	MB_Diff	MB_Min	STDCFO_Diff	STDCFO_Min	TOP3_Diff	TOP3_Min	INST_Diff	INST_Min	IDR_Diff	IDR_Min
Comphct	1	0.041	0.023***	-0.0003	0.012*	-0.025***	-0.011***	-0.243***	-0.114***	-0.635***	-0.155***	-0.021***	-0.061***	-0.082***	-0.020***	-0.104***	0.089***	0.002	-0.035***
SAME_Big4	0.050***	1	—	—	—	-0.051	-0.037	0.012	-0.018	0.032	0.075***	0.015	-0.063*	-0.011	-0.005	0.059	-0.025	0.030	-0.082***
SAME_Dome6	0.009***	—	1	—	—	-0.024***	-0.001	-0.020***	-0.008***	-0.017***	0.009***	-0.025***	-0.004	-0.015***	0.019***	-0.0002	-0.012***	-0.006***	-0.002
Big4 VS Dome6	-0.003	—	—	1	—	0.026***	0.304***	-0.042***	0.127***	-0.035***	-0.083***	0.024***	0.216***	0.018***	0.085***	0.041***	0.061***	0.015***	0.027***
Dome6 VS NonDome6	0.014*	—	—	—	1	0.015***	-0.018***	-0.020***	0.002	0.024***	0.012*	-0.003	-0.030***	0.046***	-0.040***	0.013***	-0.038***	-0.019***	-0.050***
SIZE_Diff	-0.060***	-0.057	-0.016***	0.021***	0.013***	1	-0.224***	0.233***	0.069***	0.097***	-0.216***	0.636***	-0.043***	0.083***	0.023***	0.009***	-0.001	0.032***	0.050***
SIZE_Min	-0.081***	-0.050	0.001	0.147***	-0.021***	-0.278***	1	-0.057***	0.407***	-0.194***	-0.342***	-0.094***	0.692***	0.086***	0.001	0.069***	0.160***	-0.073***	-0.059***
LEV_Diff	-0.120***	0.007	-0.020***	-0.042***	-0.015***	0.193***	-0.032***	1	-0.379***	0.154***	-0.011***	0.193***	-0.035***	0.019***	-0.021***	-0.006***	-0.046***	0.005*	0.016***
LEV_Min	-0.107***	-0.025	-0.007***	0.107***	0.006	0.057***	0.353***	-0.363***	1	0.057***	-0.134***	0.005	0.391***	0.042***	-0.074***	-0.060***	-0.083***	-0.036***	-0.059***
MB_Diff	-0.168***	-0.046	-0.004	-0.052***	0.039***	0.142***	-0.191***	0.066***	0.0005	1	0.048***	0.019***	-0.053***	0.045***	0.032***	0.042***	-0.011***	0.024***	0.041***
MB_Min	-0.111***	0.070*	0.009***	-0.097***	0.004	-0.216***	-0.358***	-0.037***	-0.160***	-0.123***	1	-0.118***	-0.252***	-0.027***	0.034***	0.141***	0.104***	0.058***	0.053***
STDCFO_Diff	-0.068***	0.014	-0.019***	0.025***	-0.001	0.495***	-0.091***	0.151***	0.002	0.072***	-0.113***	1	-0.332***	0.070***	0.006***	0.027***	0.028***	-0.005*	0.032***
STDCFO_Min	-0.109***	-0.083***	-0.004	0.127***	-0.038***	-0.050***	0.633***	-0.021***	0.351***	-0.082***	-0.277***	-0.345***	1	0.066***	0.054***	0.058***	0.105***	-0.003	-0.017***
TOP3_Diff	-0.044***	-0.004	-0.013***	0.015***	0.038***	0.040***	0.067***	0.015***	0.030***	0.018***	-0.030***	0.037***	0.051***	1	-0.459***	0.001	-0.034***	0.011***	0.010***
TOP3_Min	0.002	-0.017	0.018***	0.068***	-0.041***	0.030***	-0.041***	-0.026***	-0.078***	-0.008***	0.055***	0.014***	0.025***	-0.441***	1	0.018***	0.048***	0.023***	0.005
INST_Diff	-0.174***	0.026	-0.004	0.013*	-0.005	0.010***	0.087***	-0.012***	-0.072***	0.083***	0.129***	0.024***	0.069***	-0.006	0.019***	1	0.031***	0.019***	0.043***
INST_Min	0.117***	-0.049	-0.023***	0.064***	-0.061***	0.021***	0.179***	-0.039***	-0.090***	0.0002	0.027***	0.043***	0.104***	-0.047***	0.090***	0.067***	1	0.016***	0.013***
IDR_Diff	-0.016***	0.006	-0.004	0.011	-0.027***	0.041***	-0.078***	0.011***	-0.053***	0.072***	0.046***	0.010***	-0.012***	0.015***	0.012***	0.035***	-0.008***	1	0.030***
IDR_Min	-0.030***	-0.064*	-0.009***	0.038***	-0.054***	0.065***	-0.051***	0.008***	-0.038***	0.050***	-0.020***	0.045***	-0.013***	0.011***	-0.013***	0.030***	-0.008***	0.030***	1

注：（1）表格右上部分和左下部分分别为 Pearson 相关系数和 Spearman 相关系数。（2）***、**、*分别表示1%、5%和10%的显著性水平（双尾检验）。

表 6 – 5　　　"国际四大"与"国内六大"特定审计方式对

会计信息可比性影响的检验结果

变量名	"国际四大"		"国内六大"	
	（1）		（2）	
	回归系数	t 检验值	回归系数	t 检验值
常数项	– 0.014	– 0.630	0.250 ***	64.471
SAME_Big4	0.003 **	1.999	—	—
SAME_Dome6	—	—	0.001 ***	4.630
SIZE_Diff	0.002	1.455	0.001 ***	4.677
SIZE_Min	0.001	0.326	– 0.010 ***	– 43.692
LEV_Diff	– 0.031 ***	– 3.441	– 0.044 ***	– 68.593
LEV_Min	– 0.022 **	– 2.359	– 0.024 ***	– 30.525
MB_Diff	– 0.006 ***	– 10.176	– 0.005 ***	– 259.886
MB_Min	– 0.003 **	– 2.437	– 0.006 ***	– 79.520
STDCFO_Diff	– 0.001	– 0.391	– 0.001 ***	– 7.335
STDCFO_Min	– 0.001	– 0.348	– 0.0002	– 1.357
TOP3_Diff	0.001	0.088	– 0.014 ***	– 18.263
TOP3_Min	0.0004	0.064	– 0.010 ***	– 12.723
INST_Diff	– 0.004	– 0.966	– 0.017 ***	– 18.789
INST_Min	0.020 *	1.720	0.096 ***	50.487
IDR_Diff	0.033 **	2.199	0.010 ***	5.125
IDR_Min	0.025	0.966	– 0.021 ***	– 6.307
调整后 R^2	0.151		0.510	
F 值	9.846 ***		6965.154 ***	
观测值	745		100455	

注：***、**、* 分别表示双尾检验在 1%、5% 和 10% 水平上显著。

从表 6 – 5 的回归结果可以看到，列（1）中"国际四大"特定

审计方式变量 $SAME\_Big4$ 的回归系数在 5% 水平上显著为正，而列（2）中"国内六大"特定审计方式变量 $SAME\_Dome6$ 的回归系数在 1% 水平上显著为正，这说明了无论是"国际四大"，还是"国内六大"，在原则导向的会计准则与审计准则体系下，各会计师事务所制定的规则化、程序化及特色化的审计方法与测试技术，内部会计准则指引及应用指南等，使其形成了特定的审计方式，在这一背景下，当两个企业被相同的"国际四大"或"国内六大"审计时，相同业务背景下会做出相同或相似的会计处理，企业间的会计信息可比性要显著高于被不同"国际四大"或"国内六大"审计的公司，因此假设 6 - 1 及假设 6 - 2 都得到了验证。列（1）的调整后 R^2 为 0.151，而列（2）更是达到了 0.510，这说明本书方程（6 - 1）构建合理，其自变量对因变量有较好的解释能力。

从控制变量的回归结果来看［由于列（2）的控制变量解释能力较强，以其为例对结果进行说明］，资产负债率差异 LEV_Diff、权益市场账面价值比差异 MB_Diff、经营活动现金流量变化率差异 $STDCFO\_Diff$、股权集中度差异 $TOP3\_Diff$、机构投资者持股比例差异 $INST\_Diff$ 等变量的回归系数均显著为负，因此两个公司间的基本面或治理结构特征差异越大，会计信息可比性越低，这与理论预期是基本一致的。控制变量绝对水平的研究结果表明，资产负债率较小值 LEV_Min 的回归系数显著为负，负债率越高的企业出现财务困难的可能性越高，越有可能隐藏真实经营业绩，会计信息可比性就越低；机构投资者持股比例较小值变量 $INST\_Min$ 的回归系数显著为正，因此机构投资者作为公司股东，能起到监督管理层财务行为的作用，机构持股比例越高，其监督作用越强，管理层能更好地遵循会计准则规定，严格按照准则进行会计处理，企业间会计信息可比性越高（袁知柱和刘思琪，2019）。

6.4.3　不同规模事务所特定审计方式对会计信息可比性影响的差异分析

为考察不同规模事务所特定审计方式对可比性的影响差异，以 *Big*4 *VS Dome*6 及 *Dome*6 *VS NonDome*6 等变量作为自变量，对方程（6 - 1）进行检验，结果见表 6 - 6。

表 6 - 6　　　不同规模会计师事务所特定审计方式对会计信息可比性提升作用的比较结果

变量名	"国际四大" VS "国内六大"		"国内六大" VS "国内非六大"	
	(1)		(2)	
	回归系数	t 检验值	回归系数	t 检验值
常数项	0. 217 ***	28. 005	0. 215 ***	28. 564
*Big*4 *VS Dome*6	0. 011 ***	5. 941	—	—
*Dome*6 *VS NonDome*6	—	—	0. 002 ***	4. 474
SIZE_Diff	0. 0002	0. 487	0. 0002	0. 536
SIZE_Min	- 0. 007 ***	- 15. 779	- 0. 008 ***	- 17. 302
LEV_Diff	- 0. 039 ***	- 30. 939	- 0. 041 ***	- 33. 743
LEV_Min	- 0. 021 ***	- 13. 325	- 0. 023 ***	- 15. 261
MB_Diff	- 0. 004 ***	- 81. 475	- 0. 004 ***	- 86. 178
MB_Min	- 0. 005 ***	- 34. 086	- 0. 005 ***	- 35. 562
STDCFO_Diff	- 0. 002 ***	- 8. 838	- 0. 002 ***	- 8. 682

续表

变量名	"国际四大" VS "国内六大"		"国内六大" VS "国内非六大"	
	(1)		(2)	
	回归系数	t 检验值	回归系数	t 检验值
STDCFO_Min	-0.002***	-6.728	-0.002***	-5.814
TOP3_Diff	-0.009***	-5.626	-0.008***	-5.412
TOP3_Min	-0.003*	-1.796	-0.003**	-2.233
INST_Diff	-0.021***	-11.862	-0.021***	-12.507
INST_Min	0.073***	19.493	0.074***	20.494
IDR_Diff	0.021***	5.475	0.018***	4.860
IDR_Min	-0.014**	-2.191	-0.012*	-1.865
调整后 R^2	0.365		0.372	
F 值	805.505***		906.725***	
观测值	21025		22907	

注：***、**、*分别表示双尾检验在1%、5%和10%水平上显著。

从表6-6的结果可以看到，列（1）中变量 *Big*4 *VS Dome*6 的回归系数在1%水平上显著为正，这说明了由同一"国际四大"审计的两家公司间的会计信息可比性值要显著高于由同一"国内六大"审计的两家公司间的会计信息可比性值，假设6-3得到了验证。因此相对于"国内六大"，"国际四大"程序化的审计方法与测试技术经过长时间的使用和修正，更为完备，审计风格效应更强。

列（2）中变量 *Dome*6 *VS NonDome*6 的回归系数也在1%水平上显著为正，假设6-4同样得到验证，因此由同一"国内六大"审计的两家公司间的会计信息可比性值要显著高于由同一"国内非六大"审计的两家公司间的会计信息可比性值。由于"国内六大"与

"国内非六大"在经营规模及业务收入上的巨大差距（见表6-1的比较），"国内六大"有较多优秀的审计师，标准化的审计程序与方法也更科学，同时也更有能力去承担开发技术、实施监督的固定成本，因此相对于"国内非六大"，"国内六大"的审计风格效应要更显著一些。这就进一步说明了会计师事务所规模越大，其审计风格效应越强，被其审计的两家公司间的会计信息可比性越强。

6.4.4 进一步分析及稳健性检验

（1）会计信息可比性值计算方法的修正

前文采用弗朗哥等（2011）设计的方法来测度会计信息可比性值，该方法是基于基本的盈余—收益回归模型来设计的［具体见第3章第3.3.1节的式（3-1）~式（3-5）］，但实际上，盈余确认的非对称性问题和价格引导盈余机制问题是普遍存在的，这就会对基本的盈余—收益回归模型造成冲击，一定程度上影响会计信息可比性测度结果的精确性。这里从如下两个方面对弗朗哥等（2011）的测度方法进行修正，重新计算会计信息可比性，以证实前述结论的稳健性。

第一，盈余确认的非对称性问题。

会计稳健性意味着企业对好消息和坏消息的确认采取不同的评价标准，具有一定的不对称性，相比于好消息，企业的会计系统对坏消息的确认更加及时（Basu，1997），此时基本的盈余—收益回归模型会发生变化（Campbell and Yeung，2012）。参考坎贝尔和杨（Campbell and Yeung，2012）对弗朗哥等（2011）测度方法的改进

思路，用股票收益率的正负区分企业的收益和损失，然后在基本的
盈余—收益回归模型中引入股票收益率虚拟变量（Negit）及其与股
票收益率的交乘项（Negit × Returnit），这样就将会计稳健性引入了
回归模型（Basu，1997；李增泉和卢文彬，2003），从而使得会计
信息可比性计算结果更准确。修正后的回归模型如下：

$$Earnings_{it} = \alpha_i + \beta_i Return_{it} + c_i Neg_{it} + d_i Neg_{it} \times Return_{it} + \varepsilon_{it}$$

$$(6-2)$$

其中，虚拟变量 Neg_{it} 的取值规则为，当股票收益率 $Return_{it}$ 为
负时，其取值为 1，否则为 0。然后按照前述第 3 章第 3.3.1 节的式
（3-2）~式（3-5）的计算过程和方法来重新计算会计信息可比性
值，表示为 $CompAcct - CONS$。

第二，价格引导盈余问题。

股票价格是极为敏感的市场指标，能够及时地反映出企业经营
状况，股票价格一段时间内的变化值即为投资者的股票收益。柯林
斯等（Collins et al.，1994）等认为股票价格会在会计信息披露之前
反映出企业经营的相关信息，即"价格引导盈余"。投资者在进行
投资决策时，多是以过去信息传递的内容来判断企业当下经济状
况，很少能够实时获取并处理信息，所以投资者对会计信息的接
收、识别和利用过程存在一定滞后性（De Franco et al.，2011），而
这种信息的滞后性对投资者投资决策的影响是不容忽视的。会计信
息滞后于股票价格的变化意味着投资者在做当前决策时使用了上一
期收益情况传递的信息，考虑到股票收益滞后的影响效果，在基本的
盈余—收益回归模型中引入上一季度的股票收益率变量 $Return_{it-1}$，修
正后的回归模型如下：

$$Earnings_{it} = \alpha_i + \beta_{1i}Return_{it} + \beta_{2i}Return_{it-1} + \varepsilon_{it} \qquad (6-3)$$

其中，$Return_{it-1}$表示上一季度的股票收益率。然后按照第3章第3.3.1节的式（3-2）~式（3-5）的计算过程和方法来重新计算可比性值，表示为 $CompAcct-PLE$。

采用通过上述两种改进方法计算得到的会计信息可比性值，重新对方程（6-1）进行回归检验，以验证研究假设的稳健性，回归结果见表6-7。

从表6-7可以看到，无论是考虑会计稳健性因素后的可比性值 $CompAcct-CONS$，还是考虑价格引导盈余因素后的可比性值 $CompAcct-PLE$，四个子样本的自变量 $SAME\_Big4$、$SAME\_Dome6$、$Big4\ VS\ Dome6$、$Dome6\ VS\ NonDome6$ 的回归系数均显著为正，这与表6-5、表6-6的结果是一致的，假设6-1~假设6-4均得到了验证，前述结果是稳健的，对弗朗哥等（2011）测度方法的修正并不影响前文研究结果。

（2）"国内非六大"是否存在特定审计方式

前文假设6-4虽然指出由同一"国内六大"审计的两家公司间的会计信息可比性值要显著高于由同一"国内非六大"审计的两家公司间的会计信息可比性值，但并没有同假设6-1及假设6-2一样，检验"国内非六大"是否存在特定审计方式，主要是因为对此缺少足够的理论及实践支撑，较难得到确定性的研究假设。这里不再给出研究假设，直接对"国内非六大"的审计风格效应进行考察，将方程（6-1）的自变量换成 $SAME\_NonDome6$（如果 i 公司和 j 公司被同一"国内非六大"审计，其取值为1，如果被不同的"国内非六大"审计，则取值为0），以26299个"国内非六大"配对样本观测值进行回归分析，检验结果见表6-8。

表6-7　会计信息可比性替代计算方法的检验结果

变量名称	用 CompAcct-CONS 度量会计信息可比性				用 CompAcct-PLE 度量会计信息可比性			
	(1) 回归系数	(2) 回归系数	(3) 回归系数	(4) 回归系数	(5) 回归系数	(6) 回归系数	(7) 回归系数	(8) 回归系数
常数项	-0.015 (-0.667)	0.223*** (55.570)	0.190*** (24.350)	0.198*** (25.406)	-0.009 (-0.383)	0.214*** (52.580)	0.182*** (23.490)	0.193*** (25.172)
SAME_Big4	0.003* (1.713)	—	—	—	0.003* (1.800)	—	—	—
SAME_Dome6	—	0.001*** (4.994)	—	—	—	0.001*** (6.517)	—	—
Big4 VS Dome6	—	—	0.012*** (7.212)	—	—	—	0.011*** (6.713)	—
Dome6 VS NonDome6	—	—	—	0.003*** (6.187)	—	—	—	0.002*** (3.434)
SIZE_Diff	0.002 (1.384)	0.001*** (6.333)	0.001** (2.512)	0.001* (1.839)	0.002 (1.211)	0.002*** (10.003)	0.001*** (3.337)	0.001*** (2.609)
SIZE_Min	0.0003 (0.165)	-0.009*** (-35.876)	-0.006*** (-12.236)	-0.007*** (-14.244)	0.0003 (0.181)	-0.008*** (-31.363)	-0.005*** (-10.416)	-0.006*** (-12.780)

续表

变量名称	用CompAcct-CONS度量会计信息可比性				用CompAcct-PLE度量会计信息可比性			
	(1) 回归系数	(2) 回归系数	(3) 回归系数	(4) 回归系数	(5) 回归系数	(6) 回归系数	(7) 回归系数	(8) 回归系数
LEV_Diff	-0.037 *** (-4.114)	-0.048 *** (-73.287)	-0.042 *** (-32.365)	-0.044 *** (-35.181)	-0.040 *** (-4.159)	-0.049 *** (-73.489)	-0.042 *** (-32.619)	-0.043 *** (-35.185)
LEV_Min	-0.029 *** (-3.041)	-0.033 *** (-40.335)	-0.028 *** (-17.323)	-0.030 *** (-19.418)	-0.030 *** (-3.016)	-0.033 *** (-40.382)	-0.027 *** (-16.977)	-0.028 *** (-18.506)
MB_Diff	-0.007 *** (-11.259)	-0.005 *** (-236.622)	-0.004 *** (-75.101)	-0.004 *** (-78.887)	-0.006 *** (-10.240)	-0.005 *** (-251.000)	-0.004 *** (-79.726)	-0.004 *** (-84.034)
MB_Min	-0.004 *** (-3.232)	-0.007 *** (-79.937)	-0.006 *** (-33.817)	-0.006 *** (-35.416)	-0.005 *** (-3.401)	-0.006 *** (-77.806)	-0.005 *** (-33.056)	-0.006 *** (-35.287)
STDCFO_Diff	-0.001 (-0.461)	-0.001 *** (-6.912)	-0.003 *** (-9.377)	-0.002 *** (-9.172)	-0.001 (-0.564)	-0.001 *** (-10.031)	-0.003 *** (-10.673)	-0.003 *** (-10.425)
STDCFO_Min	-0.00009 (-0.059)	-0.001 *** (-4.044)	-0.003 *** (-7.920)	-0.002 *** (-7.285)	-0.00003 (-0.172)	-0.001 *** (-7.605)	-0.003 *** (-9.626)	-0.003 *** (-8.872)
TOP3_Diff	0.002 (0.364)	-0.013 *** (-16.432)	-0.007 *** (-4.771)	-0.006 *** (-4.176)	0.001 (0.089)	-0.016 *** (-19.600)	-0.009 *** (-6.019)	-0.009 *** (-5.837)

续表

变量名称	用 CompAcct-CONS 度量会计信息可比性				用 CompAcct-PLE 度量会计信息可比性			
	(1)	(2)	(3)	(4)	(5)	(6)	(7)	(8)
	回归系数	回归系数	回归系数	回归系数	回归系数	回归系数	回归系数	回归系数
$TOP3\_Min$	0.003 (0.469)	-0.006*** (-7.521)	0.0004 (0.244)	0.0005 (0.298)	-0.002 (-0.269)	-0.010*** (-12.234)	-0.003 (-1.630)	-0.003** (-2.004)
$INST\_Diff$	-0.001 (-0.307)	-0.012*** (-13.039)	-0.016*** (-8.910)	-0.017*** (-9.812)	-0.003 (-0.691)	-0.013*** (-14.217)	-0.018*** (-10.261)	-0.019*** (-10.846)
$INST\_Min$	0.020* (1.709)	0.101*** (51.634)	0.072*** (19.030)	0.076*** (20.250)	0.027** (2.228)	0.105*** (52.810)	0.073*** (19.468)	0.079*** (21.483)
IDR_Diff	0.049*** (3.224)	0.012*** (6.300)	0.020*** (5.239)	0.019*** (4.912)	0.042*** (2.614)	0.014*** (6.971)	0.022*** (5.755)	0.020*** (5.340)
IDR_Min	0.025 (0.973)	-0.018*** (-5.114)	-0.015** (-2.239)	-0.013* (-1.954)	0.032 (1.165)	-0.009** (-2.576)	-0.010 (-1.471)	-0.009 (-1.477)
调整后 R^2	0.177	0.480	0.343	0.351	0.158	0.503	0.362	0.371
F值	11.905***	6178.185***	734.559***	828.628***	10.470***	6783.203***	797.997***	900.509***
观测值	745	100455	21025	22907	745	100455	21025	22907

注：***、**、* 分别表示双尾检验在 1%、5%和 10%水平上显著，表中（）内为 t 统计量。

表 6 - 8　"国内非六大"是否存在特定审计方式的检验结果

变量名	CompAcct 为因变量		CompAcct - CONS 为因变量		CompAcct - PLE 为因变量	
	（1）		（2）		（3）	
	回归系数	t 检验值	回归系数	t 检验值	回归系数	t 检验值
常数项	0.215 ***	29.607	0.162 ***	20.859	0.208 ***	28.450
SAME_NonDome6	- 0.0004	- 0.714	- 0.001 *	- 1.811	- 0.0004	- 0.795
SIZE_Diff	0.001 **	2.346	0.001 ***	4.727	0.001 *	1.830
SIZE_Min	- 0.011 ***	- 26.618	- 0.008 ***	- 16.718	- 0.010 ***	- 24.217
LEV_Diff	- 0.047 ***	- 40.375	- 0.058 ***	- 46.522	- 0.047 ***	- 39.845
LEV_Min	- 0.024 ***	- 16.160	- 0.041 ***	- 25.965	- 0.028 ***	- 18.907
MB_Diff	- 0.005 ***	- 146.761	- 0.005 ***	- 122.993	- 0.005 ***	- 136.435
MB_Min	- 0.006 ***	- 40.123	- 0.006 ***	- 33.333	- 0.006 ***	- 38.652
STDCFO_Diff	- 0.001 ***	- 4.303	- 0.002 ***	- 7.333	- 0.001 ***	- 6.046
STDCFO_Min	0.001 ***	3.953	- 0.0004	- 1.188	0.001 *	1.888
TOP3_Diff	0.009 ***	5.826	0.009 ***	5.259	0.008 ***	4.904
TOP3_Min	0.010 ***	5.772	0.011 ***	5.803	0.005 ***	3.094
INST_Diff	- 0.015 ***	- 7.998	- 0.024 ***	- 12.041	- 0.013 ***	- 7.008
INST_Min	0.107 ***	29.195	0.077 ***	19.614	0.103 ***	27.988
IDR_Diff	0.020 ***	5.349	0.027 ***	6.778	0.022 ***	5.798
IDR_Min	0.038 ***	6.772	0.055 ***	9.122	0.038 ***	6.607
调整后 R^2	0.572		0.516		0.545	
F 值	2438.551 ***		1870.324 ***		2099.080 ***	
观测值	26299		26299		26299	

注：*** 、** 、*分别表示双尾检验在 1%、5% 和 10% 水平上显著。

　　从表 6 - 8 可以看到，当以会计信息可比性变量 CompAcct 及 CompAcct - PLE 为因变量时，"国内非六大"特定审计方式变量

$SAME\_NonDome6$ 的回归系数不显著，而当以 $CompAcct - CONS$ 为因变量时，$SAME\_NonDome6$ 的回归系数甚至显著为负，这说明了由同一"国内非六大"审计的两家公司间的会计信息可比性值不高于由不同"国内非六大"审计的两家公司间的会计信息可比性值，因此"国内非六大"尚未形成特定审计方式，这可能是由于部分中小型事务所缺少标准化审计方法或测试技术导致的，或者即使有这种标准化审计程序，但由于内部会计工作指引不够清晰，内部复核及质量控制制度也较弱，导致标准化审计程序的执行效率较差。

（3）减少方程控制变量的检验结果

本书属于国内外较早进行会计信息可比性影响因素研究的文献，虽然在为方程（6-1）选择控制变量时充分参考了已有文献的研究成果，但仍然缺少足够的理论支撑。这里参考郎等（2011）的观点，只在方程（6-1）中加入最常见的 4 个公司特征变量企业规模 $SIZE$、资产负债率 LEV、权益市场账面价值比 MB 及经营活动现金流量变化率 $STDCFO$（均包含差异值 $Diff$ 及较小值 Min 项），重新对假设 6-1 ~ 假设 6-4 进行检验，回归结果见表 6-9。

表 6-9　仅保留 4 个常用公司特征控制变量的稳健性检验结果

变量名称	(1)	(2)	(3)	(4)
	回归系数	回归系数	回归系数	回归系数
常数项	-0.013 (-0.631)	0.208 *** (59.719)	0.190 *** (27.443)	0.190 *** (28.200)
$SAME\_Big4$	0.003 * (1.773)	—	—	—

续表

变量名称	（1）	（2）	（3）	（4）
	回归系数	回归系数	回归系数	回归系数
SAME_Dome6	—	0.001 *** （3.787）	—	—
Big4 VS Dome6	—	—	0.011 *** （5.635）	—
Dome6 VS NonDome6	—	—	—	0.002 *** （3.182）
SIZE_Diff	0.002 （1.219）	0.001 *** （7.879）	0.001 * （1.822）	0.001 * （1.916）
SIZE_Min	0.001 （0.566）	− 0.008 *** （− 37.533）	− 0.006 *** （− 13.806）	− 0.007 *** （− 15.310）
LEV_Diff	− 0.030 *** （− 3.396）	− 0.047 *** （− 75.046）	− 0.042 *** （− 33.826）	− 0.044 *** （− 37.020）
LEV_Min	− 0.019 ** （− 2.298）	− 0.030 *** （− 39.651）	− 0.025 *** （− 16.862）	− 0.027 *** （− 19.210）
MB_Diff	− 0.006 *** （− 10.705）	− 0.005 *** （− 259.838）	− 0.004 *** （− 80.843）	− 0.004 *** （− 85.501）
MB_Min	− 0.002 * （− 1.781）	− 0.006 *** （− 77.183）	− 0.005 *** （− 33.678）	− 0.005 *** （− 35.054）
STDCFO_Diff	− 0.0004 （− 0.329）	− 0.001 *** （− 8.195）	− 0.003 *** （− 9.250）	− 0.002 *** （− 8.958）
STDCFO_Min	− 0.001 （− 0.417）	− 0.0004 *** （− 2.631）	− 0.002 *** （− 7.184）	− 0.002 *** （− 6.222）
调整后 R^2	0.145	0.492	0.345	0.353
F 值	15.035 ***	10815.336 ***	1233.833 ***	1392.153 ***
观测值	745	100455	21025	22907

注：*** 、** 、* 分别表示双尾检验在 1%、5% 和 10% 水平上显著，表中（）内为 t 统计量。

从表 6 - 9 可以看到，只保留几个常用的控制变量后，不同的子样本回归模型中自变量 *SAME_Big*4、*SAME_Dome*6、*Big*4 *VS Dome*6、*Dome*6 *VS NonDome*6 的回归系数均显著为正，这与前述表 6 - 5 及表 6 - 6 的检验结果一致，假设 6 - 1 ~ 假设 6 - 4 仍然得到了验证，"国际四大"及"国内六大"均存在特定审计方式，且事务所规模越大，审计风格效应越强，被其审计的两家公司的会计信息可比性越高，因此控制变量选择不改变研究结果，前述结果是稳健的。

6.5　本 章 小 结

本章基于业务规模将中国市场的会计师事务所分为三类，并采用弗朗哥等（2011）设计的测度方法计算出中国上市公司的会计信息可比性值，然后实证检验了事务所特定审计方式对会计信息可比性的影响。研究结果发现："国际四大"与"国内六大"均存在特定审计方式，由同一"国际四大"或"国内六大"审计的两家公司间的会计信息可比性值要显著高于由不同"国际四大"或"国内六大"审计的两家公司间的会计信息可比性值；进一步检验结果发现，会计师事务所规模越大，审计风格效应越强，由同一"国际四大"审计的两家公司间的会计信息可比性值要显著高于由同一"国内六大"审计的两家公司间的会计信息可比性值，而后者又显著高于由同一"国内非六大"审计的两家公司间的会计信息可比性值。最后还进行了多个角度的稳健性检验，发现"国内非六大"不存在特定审计方式，且修正会计信息可比性的计算方法、回归方法仅保留最常用的公司特征控制变量，均不影响前述研究结果。

　　根据本章研究结果，在原则导向的中国会计准则与审计准则下，"国际四大"及"国内六大"均有其特定的审计方法与测试技术，并制定准则指引及应用指南，从而形成特定审计方式，最终对会计信息可比性产生影响，这样就从审计风格角度较好地解释了会计信息可比性的形成原因，目前国内外很少有阐述会计信息可比性成因（尤其是中国上市公司的可比性成因）的文献，本章结果有效地补充了这方面文献的不足。

第 7 章

会计信息可比性与企业
会计盈余操纵

7.1 引　言

　　会计盈余操纵是股票市场监管部门和投资者所关注的重大问题，它主要有两种操作方式：一是通过会计手段（会计估计或会计政策变更）来操纵会计盈余，如减少坏账准备的计提或变更资产折旧方法等，由于这一操作会体现在应计项目变动上，因此也称为应计盈余操纵，它一般只改变各期盈余的分配，不会影响企业较长会计期间内的盈余总额，也不会影响现金流量；二是通过安排真实经济交易来操纵会计盈余，如出售资产、削减研发支出、加速生产、折扣销售等，因此被称为真实盈余操纵，它不仅改变各期盈余分配，也影响整体盈余水平与现金流量。由于真实盈余操纵是通过实际经营活动进行操控，它会导致企业偏离最优的经营活动，长期下来会减弱企业的竞争能力，比起应计项目调整，更损害投资者的长远利益

（Wongsunwai，2013）。

　　近年来国内外关于会计盈余操纵研究的一个新方向是企业应计与真实盈余操纵行为选择的影响因素问题。现有文献从多个视角对这个问题进行了研究，如投资者保护（Cohen et al.，2008；Francis et al.，2016）、机构投资者持股（袁知柱等，2014d）、避税动因（李增福等，2011a）、审计质量（Chi et al.，2011）、股权价值高估（Badertscher，2011；袁知柱等，2014b）、退市监管（谢柳芳等，2013）、IFRS 强制执行（Elisabetta and Parbonetti，2017）、内部控制（张友棠和熊毅，2017；刘斌等，2021）、会计准则导向（宋菲等，2020）等。然而，很少有文献从会计信息质量特征（如可比性、相关性、及时性及稳健性等）的视角考察应计及真实盈余操纵行为的选择问题。实际上，高的会计信息质量会增强信息透明度，改变不同盈余操纵方式的相对成本及操作难度，因此也会对应计及真实盈余操纵方式选择产生重要影响。本书从重要的会计信息质量特征之一——会计信息可比性的角度来进行考察，以弥补这方面研究的不足。会计信息可比性较高时，投资者或债权人可以从其他可比公司获取目标公司经营业绩的附加信息，此时财务报表透明度增强，企业应计盈余操纵容易被发现，诉讼风险增加，这可能会导致管理层转而采用真实经济业务方式来进行盈余操纵，因此会计信息可比性是企业应计及真实盈余操纵方式选择的重要影响因素。

　　本章采用并改进了弗朗哥等（2011）的可比性测度方法，测度了中国上市公司会计信息可比性值，实证考察了可比性对企业应计及真实盈余操纵行为选择的影响。进一步地，由于内外部治理环境对盈余操纵成本及操纵难度有显著影响，因此也考察了法治水平、产权性质及会计准则变更等治理环境变化是否影响可比性与应计及真实盈余操纵行为的关系。本章结论能丰富可比性经济后果及盈余操纵方式选择等文献的研究成果。

7.2 理论分析及研究假设提出

7.2.1 会计信息可比性与应计盈余操纵的关系

就应计盈余操纵行为来说，大量文献发现经理人员会利用应计项目操纵手段来掩盖公司真实业绩，侵占投资者和中小股东利益（Dyck and Zingales，2003；王亚平等，2005）。由于经理人员与股东之间存在信息不对称，理性的经理人员为最大化其个人利益，经常会利用私有信息来侵占公司利益，而为了避免被股东或投资者发现，操纵较为便利的应计项目手段成为其掩盖这种利益侵占行为的重要手段（Leuz et al.，2003）。对中国上市公司而言，尽管随着证券市场不断发展，政府陆续实施了各项法律法规制度，使得信息披露和投资者保护制度都发生了很大变化，尤其是2006年1月实施了新的《公司法》，2007年1月实施了与国际财务报告准则趋同的新会计准则。但与国外成熟的资本市场相比较，投资者保护制度仍然不完善，很多上市公司出于各种目的，如配股和增发新股、避免被"特别处理"或"摘牌"、抬高股价、避税等，采取多种手段进行盈余操纵，向外界传递关于公司盈利情况的虚假会计信息，严重误导投资者，损害了投资者利益并严重干扰资本市场的正常运作（高雷和张杰，2008）。

有效的公司治理机制能抑制应计盈余操纵行为，提高会计信息透明度。戴克和辛格尔斯（Dyck and Zingales，2003）研究表明，法律制度（包括立法和司法）是保护投资者利益不受管理层侵占的有效治理机制，法律保护越强，内部人私有收益也就越低。德乔等（Dechow et al.，1996）证明独立董事能够抑制公司的应计盈余管理行为。张兆国等（2009）发现我国投资者法律保护水平、公司控制权争夺与应计盈余操纵程度负相关。贺小刚等（2012）发现建立内部审计委员会、CEO持股对高管离职前的应计盈余操纵行为起到显著的遏制作用。基于此，推断会计信息可比性也是抑制公司应计盈余操纵行为的重要治理机制之一。一方面，从应计盈余操纵的基本原理来看，应计盈余管理通过会计手段（会计估计或会计政策变更）来操纵盈余，如减少坏账准备的计提或变更资产折旧方法等，且这一操作的结果会体现在应计项目变动上。由于同一行业内不同企业的会计方法及会计程序基本是一致的，对相同或相似经济业务的会计处理也基本相同，这样应计项目占收入总额的比例基本也是一致的。会计信息可比性越高，股东、债权人、监管者、分析师或审计师等相关利益群体依据行业内其他企业就可以推断出目标企业的应计项目比例是否合理，如果不合理，就可能存在异常应计项目操纵行为（袁知柱和吴粒，2015）。另一方面，从一般的经营及财务决策行为来看，目标企业与行业内其他企业的信息可比性越高，相关利益群体收集、加工和辨别目标企业经营及财务信息的边际成本就越低，此时行业内其他企业的相关信息属于其信息加工过程中的附加信息和增量信息，且这些信息来自第三方，属于外部证据，通常比较可靠，因此借鉴价值及作用较大，这能使得他们付出较低的成本就能获取较准确及较多数量的公司财务及经营信息（De Franco et al.，2011；Zhang，2018）。在这种背景下，管理层进行应计项目操纵的风险大大增加，诉讼风险增加迫使其减少应计盈余管理行为（Sohn，2016）。

现有实证文献也从其他视角发现了高会计信息可比性能为股东、债权人、监管者、分析师或审计师等相关利益群体提供增量信息，提高决策有效性。拜等（2008）通过会计准则间的对比点分析，研究发现两个国家间会计准则条款差异程度越大，一国分析师对另一个国家股票的跟进就越少，且预测精度越低，因此会计准则差异（即可比性较差）会给证券分析师的预测行为带来经济成本，而强可比性可以降低信息收集成本，为分析师提供更高质量、更多数量的会计信息。科夫里格等（2007）认为导致投资者存在家乡投资偏好，不愿意到国外投资的一个重要原因在于获取和加工外国公司的信息需要耗费大量成本（尤其是存在会计准则差异时）。外国投资基金的投资人员都是由经验丰富的专业人士组成，他们习惯于基于报表分析来做决策，因此当准则差异减少，会计信息可比性提升时，外国投资基金获取与投资相关的报表信息更便利，信息加工成本降低，就会增加在该国的投资比例（DeFond et al.，2011）。张（2018）研究发现，会计信息可比性与审计质量及审计报告准确度显著正相关，与审计收费及审计结果递延公布的时间长度显著负相关，因此具有可比性的相关信息有助于审计师评估委托人的经营风险，降低信息获取、加工、取证及审核验证的成本。方等（2016）

发现可比性与企业贷款成本显著负相关，并且这种负相关性在非标准普尔评级的借款企业样本中更为显著，因此可比性能使贷款人的信息加工更为便利，从可比企业中获取更多的信贷状况信息。陈等（2018）发现并购方与被并购方的财务报表的可比性越强，并购方并购期的市场收益率及并购后经营协同效应越高，因为并购方在实施并购时，可比性有助于其比较同行业内不同公司的经营状况，增强收集、加工和处理公司层面特质信息的能力，进而做出最优并购决策。

基于上述分析，会计信息可比性较高时，相关利益群体获得的增量信息较多，管理层财务违规行为的诉讼风险较高，企业进行应计项目操纵的可能性比较低，因此提如下假设：

假设 7 - 1：会计信息可比性与应计盈余操纵程度显著负相关。

7.2.2　会计信息可比性与真实盈余操纵的关系

虽然关于真实盈余操纵行为的讨论由来已久，但直到罗伊乔杜里（2006）设计出能有效测度销售操纵、生产操纵和费用操纵这三种常见真实盈余操纵行为的模型前，其实证研究的成果并不多见。罗伊乔杜里（2006）为这方面研究提供了机会，并且该文证实了管理层会采用这三种盈余操纵方式来实现盈余目标。早期来看，由于应计盈余操纵只需通过会计手段即可实现，不需要构建真实经济交易，操作成本较低，对企业的负向影响作用要弱一些，因此成为管理层盈余操纵的主要选择。然而，近些年来，由于投资者保护制度及企业会计准则的不断完善，管理层通过会计手段进行盈余操纵的空间变小，因此也频繁地采用真实经济业务操纵的方式进行盈余管理。格雷厄姆（Graham，2005）通过对美国401位经理人员的问卷调查和访谈发现，竟然有78%的经理人员会通过构造真实经济业务来平滑盈余，尽管他们知道这一行为会对企业长远目标实现产生不利影响。甘尼（Gunny，2005）认为基于如下三个原因，公司可能采用真实盈余操纵行为：一是应计盈余操纵受到监管机构调查和集团诉讼的风险较高；二是由于应计项目具有转回特征，应计盈余操纵受到前期盈余操纵程度的制约，因此操作空间有限；三是应计盈余操纵易受审计人员的检查和制约。

从盈余操纵行为被惩罚的可能性来看，应计盈余操纵涉及应计项目操纵，容易被审计师发现，因此诉讼风险较高，而真实盈余操纵通过改变经济活动实质，并对改变后的经济活动按照会计准则进行确认、计量和列报，因此没有违反公认会计准则（谢柳芳等，2013），而且真实活动操纵行为和正常的生产经营活动通常很难区分开，相比应计项目操纵行为，真实活动操纵行为具有更强的隐蔽性。外部监管者对于真实活动操纵行为通常缺乏检查的依据和标准，很难有效发挥遏制作用，而且这些操纵不会引起审计师和外部监管者的关注，也不会有法律的风险（李增福等，2013），更进一步，由于管理层与股东存在较严重的信息不对称，即使管理层进行了真实活动业务操纵，他们也可能通过隐瞒相关重要信息使其不被发现（或者直接隐藏于其管理战略决策活动中），甚至可能利用其专有知识来说服股东其经营活动是最优的（Osma，2008）。基于此，应计盈余操纵行为的诉讼风险要远远高于真实盈余操纵行为。

基于上述分析，当会计信息可比性较高时，应计项目操纵易被发现，诉讼风险的增加使应计盈余操纵行为受到抑制，而真实盈余操纵行为的诉讼风险低，不易被股东、债权人、监管者、审计师或分析师等发现，此时管理层要实现市场的盈余预期目标，避免未达标使公司遭受重大的股票价格下降（在以业绩为导向的薪酬制度背景下，管理层业绩未达到机构投资者、分析师等外部主体的相关预期和指标会使其减少或失去奖金、工资以及其他在职消费等相关利益，甚至可能导致其被解雇），将转向采用真实盈余操纵手段进行盈余操纵，尽管这种行为会使企业偏离最优的经营活动，损害投资者的长远利益。且对中国上市公司来说，由于有效的经理人市场才处于初步建立阶段，经理人信用很难约束管理层行为，而我国相关法律制度不够健全，导致管理层盈余操纵行为被发现后处罚力度低，而相对收益巨大。此外，我国的资本市场信息披露制度尚不健全，管理层通常拥有比股东或债权人更多的内部私有信息，这也降低了其盈余操纵行为被发现的可能性（陈胜蓝和卢锐，2011）。在收益和风险如此不对等的情况下，管理层有非常强烈的动机为达到自身利益最大化而替代性地进行真实盈余操纵活动。

现有文献也较好地支持了两种盈余操纵方式的替代关系。科恩等（2008）以美国上市公司为样本，考察了 1987～2005 年应计与真实盈余操纵行为变化情况。实证发现 2002 年萨班斯（Sarbanes）法案颁布后，应计盈余操纵逐渐减少，真实盈余操纵却呈现增加趋势，因此萨班斯法案促使美国上市公司的盈余操纵方式由应计盈余操纵转向了真实盈余操纵。究其原因，这主要是由于萨班斯法案实施后，应计盈余操纵诉讼风险增加，因此管理层选择了更不易被察觉的真实业务操纵方式来增加盈余。池等（2011）发现具有行业专长的审计师或者高的审计费用都能抑制公司的应计操纵行为，但这会促使管理层寻找替代盈余操纵方式——真实活动业务操纵。臧（Zang，2012）全面考察了应计及真实盈余操纵行为的替代作用及其决定因素。研究发现两种盈余操纵方式的选择决定于其操作成本高低，萨班斯法案实施、较小会计弹性、较短营运周期会增加应计盈余操纵的成本，此时企业会替代性地转而选择真实盈余操纵方式。弗朗西斯等（Francis et al.，2016）基于宏观层面，以 49 个国家为研究样本检验发现各国家的投资者法律保护得分指数与应计盈余操纵程度显著负相关，与真实盈余操纵程度显著正相关，因此虽然法律保护制度的完善能抑制应计盈余操纵行为，但会导致管理层转而进行真实经济业务操纵。伊丽莎白和帕博内蒂（Elisabetta and Parbonetti，2017）研究发现在法律保护程度较好的国家中，国际会计准则 IFRS 的强制执行抑制了企业的应计盈余操纵行为，但同样也会导致管理层进行较多的真实盈余操纵活动来实现盈余目标。

从国内文献来看，李增福等（2011a）以 2007 年所得税改革为背景研究了中国上市公司盈余操纵方式的选择问题。结果显示：预期税率上升使公司更倾向于实施真实活动操纵的盈余管理，预期税率下降会使公司更倾向于实施应计项目操纵的盈余管理；国有控股、公司规模、债务对应计项目操纵程度有显著负效应，对真实活动的盈余操纵程度有显著正效应。谢柳芳等（2013）研究发现在创业板退市制度出台前，公司主要实施应计盈余操纵；退市制度出台后，监管措施及力度的加强使得应计盈余操纵显著减少，但公司的真实盈余操纵显著增加，且主要实施销售操纵的真实盈余操纵方式。杨七中和马蓓丽（2014）基于一般线性模型（GLM）方差分析法和传统最小二乘法的检验表明，内部控制可以显著地抑制应计项目盈余操纵，却无法显著地抑制真实活动盈余操纵；相反，内控制质量越高，企业更倾向于替代性地通过改变现金流支出和操纵性费用支出来进行真实活动盈余操纵。袁知柱（2014a）研究发现我国各地区投资者保护程度与企业应计盈余操纵程度显著负相关，与真实盈余操纵程度显著正相关，即两者存在替代关系。按照产权性质的分组检验结果表明，这种替代关系只存在于非国有控股上市公司。

综上，在可比性较高的企业，应计盈余操纵受到抑制，但此时管理层会转而选择使用真实盈余操纵手段，即在可比性较高的企业会有较多的真实盈余操纵活动，因此提出如下假设：

假设 7 - 2：会计信息可比性与真实盈余操纵程度显著正相关。

7.3　研究设计

7.3.1　会计信息可比性测度方法

会计信息可比性测度方法与第 3 章第 3.3.1 节相同，用式（3 - 6）、式（3 - 7）及式（3 - 8）所示的截面可比性测度方法来计算，在此不再赘述。公司年度层面的会计信息可比性测度值用变量 *COMP* 表示。

7.3.2 应计盈余操纵及真实盈余操纵的度量指标

(1) 应计盈余操纵的度量指标

本书采用修正的琼斯（1991）截面模型来度量应计盈余操纵。该模型是先计算出应计项目中不可操纵的部分，然后用应计项目总额减去不可操纵部分，即可得到操纵性应计项目额（该值表示应计盈余操纵程度）。计算模型如下：

$$TA_t/A_{t-1} = \alpha_0 + \alpha_1(1/A_{t-1}) + \alpha_2(\Delta SALES_t - \Delta AR_t/A_{t-1})$$
$$+ \alpha_3(PPE_t/A_{t-1}) + \varepsilon_t \qquad (7-1)$$

其中，TA_t 表示第 t 年的经营性应计项目总额，用营业利润 NI_t 与经营活动现金流量净额 CFO_t 的差值表示，A_{t-1} 为公司第 $t-1$ 年的年末总资产，$\Delta SALES_t$ 为第 t 年营业收入的变化额，ΔAR_t 为第 t 年的应收账款变化额，PPE_t 为第 t 年的固定资产原值。分年度分行业对方程（7-1）进行截面回归，得到回归系数，然后采用下式计算得到正常的经营性应计项目额。

$$NDA_t = \hat{\alpha}_0 + \hat{\alpha}_1(1/A_{t-1}) + \hat{\alpha}_2(\Delta SALES_t - \Delta AR_t/A_{t-1})$$
$$+ \hat{\alpha}_3(PPE_t/A_{t-1}) \qquad (7-2)$$

这样，操纵性应计项目 DA_t 表示如下：

$$DA_t = TA_t/A_{t-1} - NDA_t \qquad (7-3)$$

由于公司可能分别采用应计项目调高或调低利润的手段来进行盈余操纵，这里对应计盈余操纵采用三种方法来表示，即绝对值 ABS_DA、正向值 $Positive\_DA$ 及负向值 $Negative\_DA$。

（2）真实盈余操纵的度量指标

罗伊乔杜里（2006）以修正的琼斯（1991）截面模型为基础，设计出能有效测度销售操纵、生产操纵和费用操纵这三种常见真实盈余操纵行为的模型。其中，销售操纵是指适时地加大价格折扣或放宽信用条件以扩大销售，促进利润的提高；生产操纵是指企业通过扩大生产量来降低单位固定成本，从而增加单位产品的销售利润；费用操纵是指企业通过调整科学研究与试验发展（R&D）支出、广告费用、销售费用和管理费用来调整利润（这里要指出的是，由于中国上市公司不单独披露 R&D 支出及广告费用，而是将其包含于管理费用及销售费用中，因此这里的费用操纵包含管理费用及销售费用两个项目）。具体计算过程列示如下。

首先，罗伊乔杜里（2006）将正常 *CFO* 表示为如式（7-4）所示的销售收入及销售收入变化额的线性函数，将式（7-4）分年度分行业回归后计算出正常水平的 *CFO*，然后用实际 *CFO* 减去正常 *CFO*，即可得到异常 *CFO*，也即销售操纵额。

$$CFO_t/A_{t-1} = \alpha_0 + \alpha_1(1/A_{t-1}) + \alpha_2(SALES_t/A_{t-1})$$
$$+ \alpha_3(\Delta SALES_t/A_{t-1}) + \varepsilon_t \qquad (7-4)$$

企业生产成本 *PROD* 等于销售成本 *COGS* 与年度内存货变动额 ΔINV 之和。销售成本 *COGS* 可以表示为销售收入 *SALES* 的线性函数。

$$COGS_t/A_{t-1} = \alpha_0 + \alpha_1(1/A_{t-1}) + \alpha_2(SALES_t/A_{t-1}) + \varepsilon_t \qquad (7-5)$$

年度内存货变动额 ΔINV 可以为：

$$\Delta INV_t/A_{t-1} = \alpha_0 + \alpha_1(1/A_{t-1}) + \alpha_2(\Delta SALES_t/A_{t-1})$$
$$+ \alpha_3(\Delta SALES_{t-1}/A_{t-1}) + \varepsilon_t \qquad (7-6)$$

将式（7-5）与式（7-6）相加，得到如式（7-7）所示的生产成本估计函数，计算出正常水平下的生产成本，然后用实际生产成本减去正常生产成本，即可得到异常生产成本值，即生产操纵额。

$$PROD_t/A_{t-1} = \alpha_0 + \alpha_1(1/A_{t-1}) + \alpha_2(SALES_t/A_{t-1})$$
$$+ \alpha_3(\Delta SALES_t/A_{t-1})$$
$$+ \alpha_4(\Delta SALES_{t-1}/A_{t-1}) + \varepsilon_t \qquad (7-7)$$

正常可操纵性费用与销售收入存在如式（7-8）所示的函数关系，同样可计算出费用操纵额。

$$DISEXP_t/A_{t-1} = \alpha_0 + \alpha_1(1/A_{t-1}) + \alpha_2(S_{t-1}/A_{t-1}) + \varepsilon_t \qquad (7-8)$$

上述销售操纵、生产操纵和费用操纵可分别表示为 RM_CFO、RM_PROD 和 RM_DISEXP，由于企业经常同时存在这三种真实盈余操纵行为，可将这 3 个异常值相加，得到综合测度指标 RM。由于当公司采用真实盈余操纵向上调高利润时，将呈现出更低经营现金净流量、更高生产成本和更低操纵性费用（李增福等，2011b），因此 $RM = RM\_PROD - RM\_CFO - RM\_DISEXP$。

7.3.3 回归模型设计

借鉴科恩等（2008）、李增福等（2011b）及臧（2012）的方法，构建如下的 2 个回归方程来检验会计信息可比性对应计及真实盈余操纵行为的影响。

$$DEP1 = \alpha_0 + \alpha_1 COMP + \alpha_2 SIZE + \alpha_3 LEV + \alpha_4 GROWTH + \alpha_5 TOP5$$
$$+ \alpha_6 INDR + \alpha_7 BOARD + \alpha_8 BHSHARE + \alpha_9 ROA$$
$$+ \alpha_{10} LTA + \alpha_{11} NOA + \alpha_{12} SUSPECT + \alpha_{13} RM$$

$$+ \alpha_i \sum_{i=14}^{24} INDUSTRY + \alpha_j \sum_{j=25}^{33} YEAR + \varepsilon \qquad (7-9)$$

$$DEP2 = \alpha_0 + \alpha_1 COMP + \alpha_2 SIZE + \alpha_3 LEV + \alpha_4 GROWTH + \alpha_5 TOP5$$

$$+ \alpha_6 INDR + \alpha_7 BOARD + \alpha_8 BHSHARE + \alpha_9 ROA + \alpha_{10} LTA$$

$$+ \alpha_{11} NOA + \alpha_{12} SUSPECT + \alpha_{13} ABS\_DA$$

$$+ \alpha_i \sum_{i=14}^{24} INDUSTRY + \alpha_j \sum_{j=25}^{33} YEAR + \varepsilon \qquad (7-10)$$

其中，$DEP1$ 代表应计盈余操纵，分别用 ABS_DA、$Positive\_DA$ 及 $Negative\_DA$ 来表示，而 $DEP2$ 代表真实盈余操纵，分别用 RM_CFO、RM_PROD、RM_DISEXP 和综合性指标 RM 来表示。自变量 $COMP$ 表示会计信息可比性，依据第 3 章第 3.3.1 节的式（3-6）、式（3-7）及式（3-8）所示的截面可比性测度方法来计算。

控制变量选择参考了已有文献研究成果。参考罗伊乔杜里（2006）、科恩等（2008）、巴德切尔（Badertscher，2011）、臧（2012）等文献，加入了企业规模 $SIZE$、总资产净利率 ROA、会计弹性 NOA、保盈动机 $SUSPECT$ 等控制变量；参考李增福等（2011a）、李增福等（2011b）等文献，加入长期负债率 LDR、公司成长性 $GROWTH$、资产支出比重 LTA 等控制变量；参考方红星、金玉娜（2011），加入股权集中度前五名（$TOP5$）作为控制变量；参考林芳和许慧等（2012），加入独立董事比例 $INDR$ 及董事会规模 $BOARD$ 作为控制变量；参考袁知柱等（2014e），加入双重上市变量 $BHSHARE$ 作为控制变量。行业虚拟变量 $INDUSTRY$ 及年度虚拟变量 $YEAR$ 被用来控制行业因素及宏观经济变化对研究结果的影响。各变量的定义及计算方法见表 7-1。

表 7 – 1 研究变量定义

变量类型	变量符号	变量说明
因变量	ABS_DA	异常应计的绝对值，依据琼斯（1991）的方法计算得出
	Positive_DA	正的异常应计项目，依据琼斯（1991）的方法计算得出
	Negative_DA	负的异常应计项目，依据琼斯（1991）的方法计算得出
	RM	真实盈余操纵程度，RM = RM_PROD – RM_CFO – RM_DISEXP
	RM_CFO	销售操纵（异常 CFO 值），依据罗伊乔杜里（2006）方法计算得到
	RM_PROD	生产操纵（异常生产成本），依据罗伊乔杜里（2006）方法计算得到
	RM_DISEXP	费用操纵（异常费用），依据罗伊乔杜里（2006）方法计算得到
自变量	COMP	会计信息可比性，依据第 3 章第 3.3.1 节的式（3 – 6）、式（3 – 7）及式（3 – 8）所示的截面可比性测度方法来计算
控制变量	SIZE	企业规模，用总资产自然对数来表示
	LDR	长期负债率，等于长期负债/总资产
	GROWTH	公司成长性，等于主营业务收入的年度增长率
	TOP5	股权集中度，等于前 5 大股东持股数量与股份总额的比值
	INDR	独立董事比例，等于独立董事人数/董事会人数
	BOARD	董事会规模，用董事会总人数来表示
	BHSHARE	双重上市，当公司同时在 B 股或 H 股上市时取值为 1，否则为 0
	ROA	总资产净利率，等于净利润与资产总额的比值
	LTA	资产支出比重，等于（固定资产 + 无形资产 + 其他非流动资产）/资产总额
	NOA	会计弹性，参照巴顿和西姆科（Barton and Simko，2002）计算方法，其值等于上年末净营运资产与上年营业收入的比值，其值越大表示应计操纵空间越小

变量类型	变量符号	变量说明
控制变量	*SUSPECT*	保盈动机，总资产收益率属于（0，0.005］时取值为1，否则取值为0
	INDUSTRY	行业虚拟变量，用来控制行业差异对回归结果的影响
	YEAR	年度虚拟变量，共10个，用来控制宏观经济影响

7.3.4 样本选择及数据来源

选择2003～2012年在上海、深圳证券交易所上市的A股公司作为研究样本。剔除金融、保险类上市公司；剔除被ST、*ST的上市公司；剔除极端或异常值数据；剔除数据信息不全的公司；为减少IPO对公司当年数据的影响，从IPO后第二年开始选取样本，最后共选择11527个样本观测值。法治水平数据来源于樊纲等（2011）编制的《中国市场化指数——各地区市场化相对进程2011年报告》，其他数据来源于Wind数据库和CSMAR数据库。

7.4 实证过程及结果

7.4.1 研究变量的描述性统计及相关性检验

研究变量的描述性统计结果见表7-2。

表 7 - 2   主要研究变量的描述性统计

变量名	观测值	均值	标准差	最小值	中位数	最大值
COMP	11527	-0.044	0.046	-0.357	-0.029	-0.000001
ABS_DA	11527	0.060	0.060	0.00002	0.042	0.600
Positive_DA	5740	0.062	0.066	0.00002	0.043	0.600
Negative_DA	5787	-0.057	0.054	-0.591	-0.042	-0.0002
RM	11527	0.00003	0.220	-1.703	0.016	2.127
RM_CFO	11527	-0.00002	0.086	-0.565	-0.0004	0.624
RM_PROD	11527	-0.0006	0.124	-0.953	0.005	2.042
RM_DISEXP	11527	-0.0007	0.069	-0.189	-0.011	0.672
SIZE	11527	21.648	1.158	18.543	21.491	28.282
LDR	11527	0.079	0.101	0	0.037	0.705
GROWTH	11527	0.187	0.338	-0.984	0.148	3.369
TOP5	11527	0.533	0.155	0.030	0.541	0.980
INDR	11527	0.359	0.054	0	0.333	0.800
BOARD	11527	9.288	1.935	3	9	19
BHSHARE	11527	0.081	0.273	0	0	1
ROA	11527	0.043	0.052	-0.249	0.036	0.460
LTA	11527	0.314	0.184	0.001	0.293	0.962
NOA	11527	1.419	1.425	-1.184	1.042	17.655
SUSPECT	11527	0.054	0.226	0	0	1

资料来源：作者整理。

从表 7 - 2 可以看到，在所有 11527 个观测值中，异常应计为正值的观测值有 5740 个，为负的观测值有 5787 个，采用应计项目来调高或调低利润的上市公司数量差距不大。因变量 ABS_DA、Positive_DA、Negative_DA、RM_CFO、RM_PROD、RM_DISEXP 及 RM 的标准差不大，均小于科恩等（2008）的美国上市公司统计结果，这说明我国上市公司之间的盈余操纵差异要小于美国上市公司。长期负债率均值为 0.079，说明我国上市公司总体上长期负债并不多。公司成长性均值为 0.187，说明中国上市公司总体上处于较快的发展阶段。*TOP*5 均值为 0.533，因此整体上大股东持股比例较高，处于大股东控制的局面。独立董事比例均值为 0.359，达到了我国《公司法》对上市公司独立董事制度的要求。*BHSHARE* 的均值为 0.081，说明 A 股上市公司同时在 B 股或 H 股双重上市的并不多。会计弹性 *NOA* 的均值为 1.419，大于臧（2012）统计的美国上市公司均值 0.517，因此我国上市公司的会计弹性更小，未来应计项目操作空间较小。*SUSPECT* 均值为 0.054，说明具有保盈动机的样本并不多。

主要研究变量的相关性检验结果见表 7 - 3。

从表 7 - 3 可以看到，可比性变量 *COMP* 与应计盈余操纵程度变量 *ABS_DA*、*Positive_DA* 显著负相关，与 *Negative_DA* 显著正相关，因此可比性越高，通过应计项目操纵手段调高利润或调低利润的行为均得到了抑制，假设 7 - 1 初步得到验证。*COMP* 与费用操纵变量 *RM_DISEXP* 显著负相关，由于当公司采用真实盈余操纵手段向上调高利润时，将呈现出更低的操纵性费用，因此可比性越高，费用操纵所代表的真实盈余操纵程度越高；但可比性变量 *COMP* 与其他真实盈余操纵程度变量的关系并不显著，因此总的来说，较弱支持了假设 7 - 2。然而这仅是在没有考虑控制变量情况下的简单相关系数结果，其真实关系还需要后面的多元回归检验结果来证明。

表 7 - 3　　　　　　　　　主要研究变量的相关性检验

变量名	COMP	ABS_DA	Positive_DA	Negative_DA	RM	RM_CFO	RM_PROD	RM_DISEXP
COMP	1	-0.152***	-0.141***	0.176***	0.008	0.005	0.002	-0.030***
ABS_DA	-0.105***	1	—	—	0.127***	-0.128***	0.131***	-0.009
Positive_DA	-0.072***	—	1	—	0.361***	-0.634***	0.219***	-0.031**
Negative_DA	0.139***	—	—	1	0.217***	-0.591***	-0.003	-0.019
RM	0.012	0.046***	0.286***	0.208***	1	-0.676***	0.916***	-0.695***
RM_CFO	-0.007	-0.026***	-0.499***	-0.471***	-0.694***	1	-0.428***	0.131***
RM_PROD	-0.0001	0.056***	0.119***	0.010	0.894***	-0.435***	1	-0.587***
RM_DISEXP	-0.027***	-0.0001	-0.017	-0.019	-0.603***	0.107***	-0.537***	1

注：***，** 表示双尾检验在 1%、5% 水平上显著。左下角为 Spearman 系数，右上角为 Pearson 系数。

7.4.2　会计信息可比性对应计及真实盈余操纵行为影响的回归检验结果

先考察可比性对应计盈余操纵的抑制作用，方程（7-9）检验结果见表7-4。

表7-4　会计信息可比性对应计盈余操纵行为影响的回归分析

变量名	（1）		（2）		（3）	
	ABS_DA		Positive_DA		Negative_DA	
	回归系数	t 检验值	回归系数	t 检验值	回归系数	t 检验值
常数项	0.079 ***	5.959	0.106 ***	6.051	-0.050 ***	-3.127
COMP	-0.211 ***	-18.310	-0.140 ***	-8.247	0.103 ***	7.571
SIZE	-0.001	-1.397	-0.004 ***	-5.190	-0.001	-1.622
LDR	-0.009	-1.361	0.016 *	1.847	0.026 ***	3.242
GROWTH	0.011 ***	6.697	-0.00003	-0.013	-0.017 ***	-8.693
TOP5	0.004	1.007	0.006	1.271	-0.003	-0.755
INDR	0.004	0.342	0.007	0.531	0.000004	0.0003
BOARD	-0.001 *	-1.920	-0.0002	-0.371	0.001	1.409
BHSHARE	-0.004 *	-1.787	-0.001	-0.380	0.005 **	2.145
ROA	0.139 ***	11.102	0.641 ***	35.427	0.345 ***	20.198
LTA	-0.036 ***	-10.020	-0.015 ***	-3.094	0.039 ***	8.731
NOA	-0.001 ***	-2.788	-0.0003	-0.434	0.002 ***	3.383
SUSPECT	-0.003	-1.382	-0.001	-0.179	-0.004	-1.477
RM	0.047 ***	17.749	0.163 ***	44.559	0.092 ***	24.121

续表

变量名	（1）		（2）		（3）	
	ABS_DA		Positive_DA		Negative_DA	
	回归系数	t 检验值	回归系数	t 检验值	回归系数	t 检验值
行业效应	控制		控制		控制	
年度效应	控制		控制		控制	
调整后 R^2	0.121		0.375		0.171	
F 值	49.242 ***		105.193 ***		37.149 ***	
观测值	11527		5740		5787	

注：***、**、*分别表示双尾检验在1%、5%和10%水平上显著。

从表 7-4 可以看到，当以 ABS_DA 为因变量时，自变量会计信息可比性 COMP 的回归系数在 1% 的水平上显著为负，这说明了会计信息可比性能显著抑制中国上市公司的应计盈余操纵行为，即在会计信息可比性较高的上市公司中应计盈余操纵行为较少，反之则反是，假设 7-1 得到验证。当以 Positive_DA 为因变量时，COMP 回归系数的 t 检验值在 1% 水平上显著为负；而当以 Negative_DA 为因变量时，COMP 回归系数的 t 检验值在 1% 水平上显著为正，因此高会计信息可比性能同时抑制上市公司通过应计项目调增利润及调减利润的盈余操纵行为。

从控制变量结果来看［以列（1）中的结果为例进行说明］，成长性变量 GROWTH 的回归系数在 1% 水平上显著为正，因此成长较快的公司应计盈余操纵行为较多。董事会规模变量 BOARD 的回归系数显著为负，因此人数规模较大的董事会决策效率较高，能抑制管理层的应计盈余操纵行为。双重上市变量 BHSHARE 的系数在

10% 水平上显著为负，因此双重上市公司管理层受到的监管更严厉，这抑制了他们通过应计项目操纵来侵害股东利益的行为。资产支出比重变量 *LTA* 的回归系数在 1% 水平上显著为负，因此长期资产在总资产中所占比重越多，应计盈余操纵行为越少。会计弹性变量 *NOA* 的回归系数显著为负，因此会计弹性大的公司应计项目操纵空间较大，应计盈余操纵程度较高（袁知柱和吴粒，2015）。

由于方程（7-9）的控制变量比较多，同时考察了变量间的多重共线性问题，发现自变量与主要控制变量间的方差膨胀因子（VIF 值）均小于 3，因此多重共线性对表 7-4 的回归结果没有产生显著影响（同样，多重共线性对表 7-5～表 7-9 的回归结果也没有显著影响，后文不再赘述）。

再考察可比性与真实盈余操纵的关系，方程（7-10）的检验结果见表 7-5。

从表 7-5 可以看到，列（1）中会计信息可比性变量 *COMP* 的回归系数在 1% 水平上显著为正，因此高可比性虽然能使应计盈余操纵受到抑制，但管理层会转而选择使用真实盈余操纵手段来实现盈余操纵目标，即在可比性较高的企业会有较多真实盈余操纵活动，假设 7-2 得到验证。列（2）及列（4）分别以销售操纵变量 *RM_CFO* 及费用操纵变量 *RM_DISEXP* 为因变量，可比性变量 *COMP* 的系数显著为负，列（3）以成本操纵变量 *RM_PROD* 为因变量，可比性变量 *COMP* 的系数显著为正，由于公司采用真实盈余操纵向上调高利润时，将呈现出更低的经营现金净流量、更高的生产成本和更低的操纵性费用（李增福等，2011b），因此列（2）～列（4）的分项检验结果也证实了可比性与真实盈余操纵程度的正相关关系。

表 7 - 5　会计信息可比性对真实盈余操纵行为影响的回归分析

变量名	(1) RM		(2) RM_CFO		(3) RM_PROD		(4) RM_DISEXP	
	回归系数	t 检验值	回归系数	t 检验值	回归系数	t 检验值	回归系数	t 检验值
常数项	-0.174 ***	-3.825	-0.042 **	-2.267	-0.171 ***	-6.570	0.045 ***	2.916
COMP	0.425 ***	10.624	-0.111 ***	-6.815	0.218 ***	9.536	-0.097 ***	-7.075
SIZE	0.011 ***	5.356	0.001	0.883	0.009 ***	8.052	-0.002 ***	-3.280
LDR	0.196 ***	8.694	-0.061 ***	-6.704	0.080 ***	6.256	-0.054 ***	-7.036
GROWTH	0.037 ***	6.451	-0.022 ***	-9.449	0.033 ***	10.040	0.018 ***	9.118
TOP5	0.041 ***	3.243	-0.007	-1.307	0.019 ***	2.705	-0.015 ***	-3.423
INDR	0.022	0.596	-0.015	-1.016	0.015	0.700	0.008	0.632
BOARD	-0.002 *	-1.898	-0.0003	-0.760	-0.001 *	-1.901	0.001 ***	3.284
BHSHARE	-0.049 ***	-6.896	0.006 **	1.999	-0.027 ***	-6.704	0.016 ***	6.617
ROA	-1.951 ***	-49.525	0.635 ***	39.692	-1.067 ***	-47.494	0.248 ***	18.470
LTA	-0.194 ***	-15.734	0.126 ***	25.228	-0.077 ***	-10.894	-0.009 **	-2.124
NOA	-0.002	-1.221	0.002 ***	3.068	-0.001	-1.524	-0.001 ***	-2.620
SUSPECT	0.031 ***	3.774	-0.005	-1.378	0.014 ***	3.023	-0.012 ***	-4.359
ABS_DA	0.562 ***	17.749	-0.185 ***	-14.415	0.331 ***	18.277	-0.046 ***	-4.294

续表

变量名	（1）RM		（2）RM_CFO		（3）RM_PROD		（4）RM_DISEXP	
	回归系数	t 检验值	回归系数	t 检验值	回归系数	t 检验值	回归系数	t 检验值
行业效应	控制	控制	控制	控制	控制	控制	控制	控制
年度效应	控制	控制	控制	控制	控制	控制	控制	控制
调整后 R^2	0.220		0.170		0.202		0.067	
F 值	99.404***		72.603***		89.296***		26.022***	
观测值	11527		11527		11527		11527	

注：***、**、* 分别表示双尾检验在 1%、5% 和 10% 水平上显著。

从控制变量回归结果来看 ［以列（1）中的结果为例进行说明］，股权集中度变量 *TOP5* 回归系数显著为正，因此当上市公司前几大股东持股比例较高时，控股股东会采用真实盈余操纵手段来侵占中小股东利益。董事会规模变量 *BOARD* 的回归系数显著为负，因此人数规模较大的董事会除了抑制前述应计盈余操纵行为外，也能抑制真实盈余操纵行为。双重上市变量 *BHSHARE* 的系数在 1% 水平上显著为负，因此双重上市公司管理层受到的监管更严厉，这抑制了他们通过真实经济业务操纵来侵害股东利益的行为。资产净利率变量 *ROA* 的回归系数显著为负，当上市公司盈利能力较强时，会减少使用真实盈余操纵手段来操纵会计盈余，这与李增福等（2011a）的结论一致。保盈动机变量 *SUSPECT* 的系数显著为正，*t* 检验值达到了 7.065，因此当公司有强烈的保盈需求时，会使用真实盈余操纵手段进行利润操纵。

7.4.3 进一步分析及稳健性检验

（1）外部治理环境是否影响可比性与应计及真实盈余操纵行为的关系

外部治理环境不同，企业盈余操纵成本及操纵难度有显著差别，科恩等（2008）研究发现，2002 年萨班斯法案实施后，投资者保护程度增加，应计盈余操纵行为的诉讼风险增加，管理层转而进行真实经济业务操纵。袁知柱等（2014a）、弗朗西斯等（2016）及伊丽莎白和帕博内蒂（2017）也发现投资者保护程度对不同类别的盈余操纵行为有显著影响，因此不同的外部投资者保护环境下可比性与应计及真实盈余操纵行为的关系可能存在差异。樊纲等（2011）编制的《中国市场化指数——各地区市场化相对进程报告（2011）》充分揭示了中国各地区的投资者保护特征，采用该书的"市场中介组织的发育和法律制度环境"来度量地区法治水平，指数越大表明治理环境越好，法律体系越完善，投资者保护水平越高。按照法治水平（用变量 *PROTECT* 表示）将整体样本均分为两组进行分组检验，同时也在方程（7 - 9）及方程（7 - 10）中加入了可比性与法治水平的交乘项以考察分组结果是否有显著差异，检验结果见表 7 - 6。

表 7 - 6　　　　　　不同外部治理环境下可比性与应计及
真实盈余操纵关系的检验结果

自变量	强法治水平		弱法治水平		强法治 VS 弱法治	
	ABS_DA	RM	ABS_DA	RM	ABS_DA	RM
	(1)	(2)	(3)	(4)	(5)	(6)
常数项	0.077 *** (4.254)	- 0.105 * (- 1.671)	0.091 *** (4.544)	- 0.258 *** (- 3.753)	0.083 *** (6.244)	- 0.173 *** (- 3.766)
COMP	- 0.199 *** (- 11.111)	0.393 *** (6.285)	- 0.218 *** (- 14.609)	0.438 *** (8.479)	- 0.200 *** (- 8.688)	0.561 *** (7.080)
PROTECT	—	—	—	—	- 0.0003 ** (- 2.163)	- 0.0003 (- 0.606)
COMP × PROTECT	—	—	—	—	- 0.001 (- 0.501)	- 0.015 ** (- 2.005)
控制变量	控制	控制	控制	控制	控制	控制
行业效应	控制	控制	控制	控制	控制	控制
年度效应	控制	控制	控制	控制	控制	控制

续表

自变量	强法治水平		弱法治水平		强法治 VS 弱法治	
	ABS_DA	RM	ABS_DA	RM	ABS_DA	RM
	(1)	(2)	(3)	(4)	(5)	(6)
调整后 R^2	0.129	0.220	0.118	0.226	0.122	0.220
F 值	27.079***	50.568***	24.072***	51.411***	46.610***	93.879***
观测值	5814	5814	5713	5713	11527	11527

注：***、**、*分别表示双尾检验在1%、5%和10%水平上显著，表中（）内为 t 统计量。

从表7-6可以看到，无论是在强法治水平还是弱法治水平环境下，会计信息可比性均与应计盈余操纵程度显著负相关，与真实盈余操纵程度显著正相关，前述表7-4及表7-5的结果是稳健的。从交乘项检验结果来看，列（5）中 ABS_DA 为因变量时，COMP × PROTECT 的回归系数并不显著，而列（6）中 RM 为因变量时，COMP × PROTECT 的回归系数在5%的水平上显著为负，因此在不同的投资者保护环境下可比性与应计盈余操纵程度的关系没有显著差异，但投资者保护程度的增强却能减少管理层在强可比性环境下替代性地进行真实经济业务操纵的程度。

（2）内部治理环境是否影响可比性与应计及真实盈余操纵行为的关系

与外部治理环境一样，内部治理环境不同时企业盈余操纵成本及操纵难度也会有显著差别（袁知柱和吴粒，2015）。参考现有文献，采用产权性质来区别企业内部治理环境，中国上市公司的终极控制人可以分为地方政府、中央政府、自然人或家族、特殊法人这四类。其中前两类公司也称为国有控股上市公司，而后两类公司称为非国有控股上市公司。李增福等（2013）认为，由于国有企业的所有者缺位导致的内部人控制问题，使国有企业股东对管理层盈余操纵活动的内部监督更为薄弱，导致国有控股公司的真实盈余操纵水平显著高于非国有控股上市公司。这里按照产权性质（用变量 CONTROL 表示，国有控股时取值为 1，非国有控股时取值为 0）将整体样本分为两组进行分组检验，同时也在方程（7 - 9）及方程（7 - 10）中加入了会计信息可比性与产权性质的交乘项以考察分组结果是否有显著差异，检验结果见表 7 - 7。

表 7 - 7　　　　　不同产权性质下可比性与应计及真实

盈余操纵关系的检验结果

自变量	国有控股公司		非国有控股公司		国有 VS 非国有	
	ABS_DA	RM	ABS_DA	RM	ABS_DA	RM
	(1)	(2)	(3)	(4)	(5)	(6)
常数项	0.083 *** (5.158)	- 0.256 *** (- 4.651)	0.066 *** (2.583)	- 0.043 (- 0.492)	0.076 *** (5.661)	- 0.186 *** (- 4.025)
COMP	- 0.189 *** (- 13.343)	0.432 *** (8.815)	- 0.235 *** (- 11.948)	0.362 *** (5.293)	- 0.236 *** (- 12.732)	0.328 *** (5.113)
CONTROL	—	—	—	—	0.0004 (0.242)	0.001 (0.244)
COMP × CONTROL	—	—	—	—	0.040 * (1.729)	0.154 * (1.923)
控制变量	控制	控制	控制	控制	控制	控制
行业效应	控制	控制	控制	控制	控制	控制
年度效应	控制	控制	控制	控制	控制	控制
调整后 R^2	0.118	0.208	0.135	0.248	0.122	0.220

自变量	国有控股公司		非国有控股公司		国有 VS 非国有	
	ABS_DA	RM	ABS_DA	RM	ABS_DA	RM
	（1）	（2）	（3）	（4）	（5）	（6）
F 值	28.799 ***	55.846 ***	22.943 ***	47.471 ***	46.563 ***	93.910 ***
观测值	6875	6875	4652	4652	11527	11527

注：*** 、* 分别表示双尾检验在1%和10%水平上显著，表中（）内为 t 统计量。

从表7-7可以看到，当终极控制人为国有或非国有控股时，会计信息可比性均与应计盈余操纵程度显著负相关，与真实盈余操纵程度显著正相关，因此内部治理环境不同时，会计信息可比性与应计及真实盈余操纵行为的关系没有显著变化，前述表7-4及表7-5的结果是稳健的。从交乘项检验结果来看，列（5）中（应计盈余操纵程度 ABS_DA 为因变量）交乘项 COMP × CONTROL 的回归系数显著为正，而变量 COMP 的回归系数为负，两者的方向相反，这说明了国有控股公司中可比性抑制应计盈余操纵行为的作用要弱于非国有控股公司。列（6）中（真实盈余操纵程度 RM 为因变量）COMP × CONTROL 的回归系数显著为正，而变量 COMP 的回归系数也显著为正，两者的方向相同，这说明了由于国有控股公司治理环境差，监管力度弱，管理层也会转而采用更多的真实经济业务手段来实现盈余目标。

（3）新会计准则实施是否影响可比性与应计及真实盈余操纵行为的关系

我国2007年实施的新会计准则实现了与国际会计准则的全面趋同，新会计准则按照国际会计惯例重新设计了会计确认、计量与财务报告标准，增加了会计准则的科学性和规范性。与旧会计准则相比，新会计准则的突出理念表现在以下三方面：确立了资产负债表观的核心地位；在财务报告方面强化了会计信息决策有用的要求；在信息披露方面突出了充分披露原则。新会计准则强调会计信息应当兼具真实与公允的属性，并对会计信息披露的时间、空间、范围作出了全面系统的规定，构建了较为完善的会计信息质量标准体系（财政部会计司编写组，2007）。基于此，新会计准则实施后企业的应计及真实盈余操纵成本及难度均会变化。按照是否实施新会计准则（用变量 *NEW* 表示，实施新准则取值为 1，旧准则取值为 0）将整体样本分为新会计准则样本（2007 ~ 2012 年）及旧会计准则样本（2003 ~ 2006 年），同时也在方程（7 - 9）及方程（7 - 10）中加入了可比性与新会计准则变量的交乘项以考察分组结果是否有显著差异，检验结果见表 7 - 8。

表 7 - 8　　　　　　不同会计准则下可比性与应计及真实

盈余操纵关系的检验结果

自变量	新会计准则 （2007 ~ 2012 年）		旧会计准则 （2003 ~ 2006 年）		新准则 VS 旧准则	
	ABS_DA	RM	ABS_DA	RM	ABS_DA	RM
	（1）	（2）	（3）	（4）	（5）	（6）
常数项	0.079 *** （5.132）	- 0.170 *** （- 3.186）	0.077 *** （2.927）	- 0.168 * （- 1.907）	0.094 *** （7.383）	- 0.147 *** （- 3.346）
COMP	- 0.222 *** （- 15.549）	0.324 *** （6.451）	- 0.168 *** （- 8.199）	0.460 *** （6.733）	- 0.190 *** （- 9.862）	0.639 *** （9.636）

续表

自变量	新会计准则(2007~2012年)		旧会计准则(2003~2006年)		新准则 VS 旧准则	
	ABS_DA	RM	ABS_DA	RM	ABS_DA	RM
	(1)	(2)	(3)	(4)	(5)	(6)
NEW	—	—	—	—	0.00007 (0.044)	-0.003 (-0.597)
COMP × NEW	—	—	—	—	-0.039 * (-1.654)	-0.335 *** (-4.116)
控制变量	控制	控制	控制	控制	控制	控制
行业效应	控制	控制	控制	控制	控制	控制
年度效应	控制	控制	控制	控制	—	—
调整后 R^2	0.127	0.255	0.112	0.149	0.119	0.220
F 值	40.799 ***	94.286 ***	17.843 ***	24.290 ***	60.618 ***	126.282 ***
观测值	7922	7922	3605	3605	11527	11527

注：***、**、*分别表示双尾检验在1%、5%和10%水平上显著，表中（ ）内为 t 统计量。"新准则 VS 旧准则"检验时由于新准则哑变量反映了年度变化情况，因此控制变量没加年度虚拟变量。

从表7-8可以看到，在不同的会计准则体制下，会计信息可比性均与应计盈余操纵程度显著负相关，与真实盈余操纵程度显著正相关，因此会计准则不同时，前述表7-4及表7-5的会计信息可比性与应计及真实盈余操纵行为的关系均存在。从交乘项检验结果可以看到，列（5）及列（6）中 COMP × CONTROL 的回归系数均显著为负，因此实施新会计准则后，会计信息可比性对应计盈余操纵行为的抑制作用显著增强，且此时管理层的真实盈余操纵活动也显著减少。

综上所述，按照法治水平、产权性质及新会计准则的分组检验结果，前述可比性与盈余操纵的关系在不同的内外部治理环境中均存在，且随着治理环境的完善，可比性与应计盈余操纵程度的负相关性显著增强，此时管理层的真实经济业务操纵行为也会受到更强抑制。

（4）变量因果关系的稳健性检验

前述研究结果可能存在一种反向因果关系解释，即是应计盈余操纵行为较少的上市公司严格遵守会计准则，采用了与同行业其他公司一致的会计处理方法，提高了会计信息可比性，而不是可比性对应计盈余操纵行为产生了抑制作用。对于这种反向因果关系导致的内生性问题，可以通过建立联立方程模型的方法来解决（伍德里奇，2003）。这里以会计信息可比性与应计盈余操纵为例建立联立方程模型来考察因果关系是否对前述结果产生影响，联立方程如下：

$$
\begin{cases}
\begin{aligned}
ABS\_DA = {} & \alpha_0 + \alpha_1 COMP + \alpha_2 SIZE + \alpha_3 LEV + \alpha_4 GROWTH \\
& + \alpha_5 TOP5 + \alpha_6 INDR + \alpha_7 BOARD + \alpha_8 BHSHARE \\
& + \alpha_9 ROA + \alpha_{10} LTA + \alpha_{11} NOA + \alpha_{12} SUSPECT \\
& + \alpha_{13} RM + \alpha_i \sum_{i=14}^{24} INDUSTRY + \alpha_j \sum_{j=25}^{33} YEAR + \varepsilon
\end{aligned} \\[4pt]
\begin{aligned}
COMP = {} & \alpha_0 + \alpha_1 ABS\_DA + \alpha_2 SIZE + \alpha_3 LDR + \alpha_4 TOP5 + \alpha_5 ROA \\
& + \alpha_6 MB + \alpha_7 STDRET + \alpha_8 STDROA + \alpha_i \sum_{i=9}^{19} INDUSTRY \\
& + \alpha_j \sum_{j=20}^{28} YEAR + \varepsilon
\end{aligned}
\end{cases}
$$

$$(7-11)$$

上述联立方程中，参考布罗谢等（2013）、弗朗西斯等（2014）、贾亚拉曼和威尔第（2014）等文献，加入企业规模 *SIZE*、长期负债率 *LDR*、股权集中度 *TOP5*、资产净利率 *ROA*、权益市场账面价值比 *MB*、股票收益率波动性 *STDRET* 及资产净利率波动性 *STDROA* 等变量作为会计信息可比性的影响因素。其中股票收益波动性用一年内各月股票收益率标准差来表示，资产净利率波动性用近 3 年资产净利率的标准差来表示，其他变量计算与前面一致。

根据这一方法，同样可构建会计信息可比性与真实盈余操纵的联立方程，方程如下：

$$
\begin{cases}
\begin{aligned}
RM =\ & \alpha_0 + \alpha_1 COMP + \alpha_2 SIZE + \alpha_3 LEV + \alpha_4 GROWTH + \alpha_5 TOP5 \\
& + \alpha_6 INDR + \alpha_7 BOARD + \alpha_8 BHSHARE + \alpha_9 ROA + \alpha_{10} LTA \\
& + \alpha_{11} NOA + \alpha_{12} SUSPECT + \alpha_{13} ABS\_DA + \alpha_i \sum_{i=14}^{24} INDUSTRY \\
& + \alpha_j \sum_{j=25}^{33} YEAR + \varepsilon \\[2ex]
COMP =\ & \alpha_0 + \alpha_1 RM + \alpha_2 SIZE + \alpha_3 LDR + \alpha_4 TOP5 + \alpha_5 ROA \\
& + \alpha_6 MB + \alpha_7 STDRET + \alpha_8 STDROA + \alpha_i \sum_{i=9}^{19} INDUSTRY \\
& + \alpha_j \sum_{j=20}^{28} YEAR + \varepsilon
\end{aligned}
\end{cases}
$$

$$(7-12)$$

联立方程（7-11）和方程（7-12）的回归结果见表 7-9。

表 7 - 9　会计信息可比性与应计及真实盈余操纵行为的因果关系检验

变量名	联立方程组 (7-11) ABS_DA 回归系数	ABS_DA t检验值	COMP 回归系数	COMP t检验值	联立方程组 (7-12) RM 回归系数	RM t检验值	COMP 回归系数	COMP t检验值
常数项	0.054***	3.87	0.050***	4.94	-0.118**	-2.52	0.054***	5.29
COMP	-0.503***	-15.03	—	—	1.143***	9.69	—	—
SIZE	-0.0002	-0.38	-0.003***	-6.55	0.009***	4.51	-0.003***	-6.29
LDR	-0.016**	-2.34	-0.015***	-2.97	0.210***	9.16	-0.011**	-2.25
GROWTH	0.010***	5.58	—	—	0.039***	6.71	—	—
TOP5	0.006	1.50	0.005*	1.66	0.035***	2.74	0.007**	2.36
INDR	0.006	0.59	—	—	0.014	0.39	—	—
BOARD	-0.0005	-1.64	—	—	-0.002*	-1.95	—	—
BHSHARE	-0.005**	-2.52	—	—	-0.043***	-6.04	—	—
ROA	0.190***	13.58	0.138***	15.50	-2.054***	-47.75	0.073***	4.65
LTA	-0.036***	-9.84	—	—	-0.186***	-14.85	—	—
NOA	-0.001**	-2.48	—	—	-0.002	-1.27	—	—
SUSPECT	-0.0002	-0.10	—	—	0.023***	2.79	—	—
MB	—	—	-0.006***	-18.28	—	—	-0.007***	-18.41

续表

变量名	联立方程组 (7－11)				联立方程组 (7－12)			
	ABS_DA		COMP		RM		COMP	
	回归系数	t 检验值	回归系数	t 检验值	回归系数	t 检验值	回归系数	t 检验值
STDRET	—	—	-0.040***	-3.78	—	—	-0.013	-1.21
STDROA	—	—	-0.481***	-32.04	—	—	-0.463***	-34.10
RM	0.052***	—	—	—	—	—	-0.046***	-5.61
ABS_DA	—	18.73	0.123***	3.73	0.651***	18.65	—	
年度效应	控制		控制		控制		控制	
行业效应	控制		控制		控制		控制	
R^2	0.075		0.113		0.200		0.110	
F 值	43.85***		78.29***		96.21***		78.64***	
观测值	11527		11527		11527		11527	

注：***、**、* 分别表示双尾检验在1%、5%和10%水平上显著，检验采用三阶段最小二乘法。

从表 7 - 9 的联立方程组（7 - 11）的回归结果可以看到，当以 *ABS_DA* 为因变量时，可比性变量 *COMP* 的回归系数仍然显著为负，这与表 7 - 4 的回归结果是一致的，即会计信息可比性较高时，企业会进行较少的应计盈余操纵活动，假设 7 - 1 仍然成立。当以 *COMP* 为因变量时，变量 *ROA* 的回归系数显著为正，即企业盈利能力越强，披露真实信息的意愿越强，会计信息可比性越高；变量 *LDR*、*MB*、*STDRET*、*STDROA* 的回归系数显著为负，因此当负债率越高，权益市场账面价值比越高或股票收益波动性及资产收益率波动性越大，会计信息可比性越低。从联立方程组（7 - 12）的检验结果来看，当以 *RM* 为因变量时，可比性变量 *COMP* 的回归系数显著为正，这与表 7 - 5 的结果一致，假设 7 - 2 也是成立的。因此总的来说，反向因果关系导致的内生性问题并不影响前述研究结果，当会计信息可比性较高时，企业的应计盈余操纵行为会得到抑制，但这会促使管理层转而采用较多的真实盈余操纵手段进行盈余操纵。

7.5　本章小结

本章考察了会计信息可比性对应计及真实盈余操纵行为选择的影响。实证结果表明：会计信息可比性与应计盈余操纵程度显著负相关，与真实盈余操纵程度显著正相关，即高可比性虽然能显著抑制中国上市公司的应计盈余操纵行为，但同时会导致管理层转而采用真实盈余操纵手段来实现盈余管理目标。根据法治水平、产权性质及新会计准则的分组检验结果表明，上述关系在不同的内外部治理环境中均存在，虽然不同的投资者保护程度下可比性与应计盈余操纵程度的负相关性没有显著差异，但投资者保护程度的增强却能减少管理层在强可比性环境下替代性地进行真实经济业务操纵的行为；国有控股公司中可比性抑制应计盈余操纵行为的作用要显著弱于非国有控股公司，且由于国有控股公司治理环境差，监管力度弱，管理层也会转而采用更多的真实经济业务手段来实现盈余目标；实施新会计准则后可比性与应计盈余操纵程度的负相关性更显著，且管理层的真实盈余操纵行为也受到更强抑制。最后进行了变量因果关系导致的内生性问题的稳健性检验，发现并不影响研究结果。

需要指出的是，在罗伊乔杜里（2006）设计出真实盈余操纵程度测度指标前，国内外关于盈余操纵的研究基本都以应计盈余操纵为主，而没有考虑应计盈余操纵与真实盈余操纵的替代作用，因此得到的结论可能是不全面的。当研究发现某一因素能抑制应计盈余操纵时，并不一定就说明该因素能减少公司的盈余操纵行为，因为公司很可能转而采用了更为隐蔽的真实盈余操纵手段来实现盈余目标。在这方面，科恩等（2008）、李增福等（2011a）、臧（2012）、谢柳芳等（2013）、袁知柱等（2014a）、弗朗西斯等（2016）、宋菲等（2020）及刘斌等（2021）等文献做了很好的尝试，本章也从会计信息可比性的角度做了探讨，但未来需要更多这方面的研究成果，从而揭示盈余操纵的全貌。

第 8 章

会计信息可比性、信息透明度与企业资源配置效率

8.1 引　　言

由于高质量会计信息具有缓解信息不对称、减少企业逆向选择及道德风险的功能，因此它会对企业资源配置行为产生重要影响（Biddle and Hilary，2006；李青原，2009；陈涛琴等，2021）。会计信息质量与企业资源配置效率（包含投资过度和投资不足）的关系也是近年来国内外实证会计领域研究的热点问题，大量文献从不同的会计信息质量特征视角对这一问题进行了考察，如应计质量（李青原，2009；Biddle et al.，2009）、会计稳健性（周晓苏等，2015；García Lara et al.，2016；刘晓红和周晨，2021）、公司信息透明度（袁知柱等，2012）等，得出了很多有价值的研究结论，从而为剖析会计信息质量对资源配置效率的影响路径及方式提供了有益的借鉴。

本章试图从会计信息可比性来考察会计信息质量与企业资源配

置效率的关系。可比性有助于信息使用者对不同公司的财务状况、经营成果及现金流量进行比较和鉴别（FASB，1980）。会计信息可比性较高时，投资者或股东可以将所关注的目标公司（以下简称目标公司）的信息与同行业竞争者信息进行比较，从而使其对目标公司会计信息的了解更加透彻（De Franco et al.，2011）；高可比性使得投资者或股东可以通过同行业竞争者信息来推断目标公司的重要会计信息（而不必花费高昂成本通过其他渠道搜集目标公司信息），从而更有效率地监督经理人员的投资行为，因此可比性能对企业投资行为产生重要影响。

更为重要的是，现有文献中会计信息的信息来源基本上局限于目标公司自身（即信息使用者从目标公司中获取相关信息，如前述应计质量、稳健性等均依据目标公司会计数据来计算，描述目标公司信息质量，仅与目标公司相关）。而会计信息可比性视角则将信息获取范围扩大到了同行业竞争者，考虑目标公司信息与同行业竞争者信息的可比程度，从而扩大了信息来源（De Franco et al.，2011；Sohn，2016），为现有研究提供了有力的补充。尤其是对于新兴中国证券市场，信息弱式有效，目标公司信息与同行业竞争者信息可比能否影响资源配置效率是一个需要检验的重要问题，它有助于从全新视角来评价我国证券市场的信息传递效率。

本章采用并改进了弗朗哥等（2011）的可比性测度方法，测度中国上市公司可比性值，然后考察可比性对企业投资过度及投资不足行为的影响。进一步地，由于公司信息透明度较高时，信息使用者已经能从目标公司那里获得所需要的相关信息，此时同行业竞争者信息的价值及效用降低，因此也考察了公司信息透明度对可比性与资源配置效率关系的影响。最后本章还通过了因变量与自变量反向因果关系导致的内生性及可比性截面测度方法的稳健性检验。本章研究结论可以丰富企业资源配置效率影响因素、会计信息可比性经济后果等领域的研究成果。

8.2　理论分析及研究假设提出

8.2.1　会计信息可比性对企业资源配置效率的影响

在完美的资本市场中，托宾（Tobin）Q 所代表的投资机会是决定企业资源配置行为的唯一因素，然而现实中经常有各种各样的摩擦，因此企业总是存在着不同程度的投资过度或投资不足现象（Hubbard，1998）。为寻求提升企业资源配置效率的对策，很多文献考察了其影响因素问题，而会计信息是其中非常重要的一个因素，引起了较多学者的关注。布什曼和史密斯（Bushman and Smith，2001）最早对会计信息在公司资源配置中的作用进行了理论研究，认为会计信息可通过减少代理成本和外部融资成本等途径来抑制企业投资过度及投资不足行为，提升企业资源配置效率。

在这一理论研究的指导下，较多文献实证考察了会计信息质量对企业资源配置效率的影响。通过采用应计质量来度量会计信息质量，李青原（2009）、比德尔等（Biddle et al.，2009）等文献均发现应计质量与投资过度及投资不足程度显著负相关，且这种作用是通过降低代理成本和缓解融资约束实现的（周春梅，2009；黄欣然，2011），从而验证了布什曼和史密斯（2001）的理论。袁知柱等（2012）、周晓苏等（2015）、加西亚·拉拉等（García Lara et al.，2016）、刘晓红和周晨（2021）等文献采用会计稳健性及信息透明度指标来度量会计信息质量，同样也发现稳健性、透明度均与投资过度及投资不足程度显著负相关，最终提升企业资源配置效率，且无论是在发达国家证券市场，还是在新兴中国证券市场，会计信息的这种资源配置作用均存在（李青原，2009；袁知柱等，2012）。

作为会计信息质量的重要特征之一，可比性也是企业资源配置效率的重要影响因素。但与前述应计质量、稳健性及透明度等文献均是考察目标公司自身的会计信息质量如何影响其投资效率不同，高可比性时除了目标公司自身信息外，同行业竞争者的会计信息也会影响公司投资效率，因为此时投资者或股东可以通过同行业竞争者信息来推断目标公司的重要会计信息。这样本书就将会计信息质量与企业资源配置效率关系中会计信息的范围从目标公司自身信息扩展到同行业竞争者信息。

基于如下几个方面的原因，会计信息可比性会对企业资源配置效率产生重要影响。

首先，会计信息可比性具有公司治理作用，能减少委托代理成本。现代企业的委托代理关系包括股东与经理人员、控股股东与中小股东这两种类别的代理关系。就第一种代理关系来说，现代企业所有权与经营权相分离，道德风险的存在使得经理人员有"帝国建造"的动机，出于私利而投资于净现值为负的项目，而高会计信息可比性能有效减少经理人员的投资过度行为。一方面，高可比性所揭示的会计信息使得股东能准确把握企业经营及财务状况，从而更好地监督及管理经理人员，制约其牟取私利的投资过度行为。如当经理人员隐瞒部分信息或信息披露不清晰时，高可比性使得股东可以通过同行业竞争者信息来推断研发投入、盈利状况、产品的边际利润率或者其他与商业机密相关的重要会计信息披露是否准确（如下个生产期间的生产、销售计划），实现更有效的监管（袁知柱和张小曼，2020）。现有文献从多方面为此提供了间接证明。索恩（Sohn，2016）研究发现会计信息可比性与企业应计盈余操纵程度显著负相关，因为高可比性时企业信息更透明，盈余操纵行为容易被发现，诉讼风险的增加迫使其减少应计项目操纵活动。万鹏等（2015）研究发现，会计信息可比性越高，企业下一年度营业收入预算越准确，股东也能更好地掌握企业未来经营状况。张（2018）则发现可比性能减少注册会计师信息获取、加工及审核验证的成本，降低审计收费，更快提交审计报告（此时审计报告的准确性也较高），这些高质量的审计服务能对经理人员起到监督作用。另一方面，可比性与基于同行业竞争者会计信息设计的相对绩效评价系统（RPE）密切相关，能在经理人员契约结构、激励计划及职位更换中发挥重要作用。会计信息可比性较强时，RPE 能得到更多采用（Wu and Zhang，2011），经理人员薪酬契约的激励效果更显著，也能更客观地评价其投资活动和经营业绩，从而对其投资过度行为产生显著的抑制作用。

就第二种代理关系来说，控股股东为了获取控制权收益会攫取中小股东利益，为掩盖其利益侵占行为会实施盈余操纵活动，提供不准确的会计信息。尤其在我国转轨经济背景下，法律体系不完

善，投资者保护程度较弱，国有股"一股独大"长期存在，控制权
与现金流权偏离程度较大，此时控股股东对中小股东利益侵占行为
尤为严重（干胜道和胡明霞，2014），这种利益侵占行为在公司投
资决策中的主要表现就是控股股东为扩大控制性资源的投资过度行
为（Johnson et al.，2000）。一般来说，限制中小股东监督控股股东
利益侵占行为的重要因素是较高的信息搜集成本，但当会计信息可
比性较高时，中小股东可以通过同行业内不同公司间会计信息的比
较，或通过同行业竞争者信息推断目标公司的会计信息，来判断其
利益是否受到了侵害。公司间会计信息的比较使得中小股东收集、
加工和辨别目标公司信息的成本较低，且同行业竞争者信息来自第
三方，属于外部证据，通常比较可靠（De Franco et al.，2011；
Zhang，2018），这样中小股东付出较低的成本就能获取较准确及较
多数量的目标公司会计信息，此时他们在公司管理决策中的"搭便
车"现象减少，最终对控股股东利益侵占行为产生重要的抑制作用。

其次，会计信息可比性有缓解逆向选择的作用，当可比性较高
时，同行业竞争者的会计信息能为外部投资者或债权人评价目标公
司财务状况及还款能力提供重要参考，投资者或债权人与企业间的
信息不对称程度下降，外部融资成本降低（袁知柱和张小曼，
2020），此时企业面临的融资约束程度减弱，出现投资不足现象的
可能性大大减少。周丽君（2016）采用现金—现金流敏感性来度量
融资约束程度，发现会计信息可比性提升能缓解民营上市公司融资
约束状况，且这种作用在投资者保护程度较弱的省市（地区）中更
显著。马（Ma，2017）研究发现，同行业竞争者的高盈余质量能显
著降低目标公司的系统性市场风险，进而降低其融资成本，因此除

了目标公司自身的盈余质量外，同行业竞争者的盈余质量也会影响其融资成本。方等（2016）采用1992～2008年的银团贷款数据为样本，发现借款企业的可比性与其银行贷款利率及抵押物价值负相关，与贷款期限正相关，且此时银团贷款审批过程也更快，因此，高可比性能使贷款银行对借款企业财务信息加工更为便利，能从同行业竞争者中获取更多的信贷状况信息。

上述分析认为高会计信息可比性能通过减少代理成本来抑制投资过度行为，通过缓解逆向选择来抑制投资不足行为，影响路径是相对独立的，但实际上，这两种路径可能存在影响。正如威尔第（Verdi，2006）所指出，代理问题之于资源配置效率，既可能导致投资过度，又可能导致投资不足。当代理问题较严重时，控股股东或经理人员为了满足私利或短期利益，有时会放弃一些净现值为正的投资项目，从而导致投资不足；或者代理问题严重时，外部投资者对企业经营效率不看好，提供资金的意愿下降，融资成本上升导致企业出现投资不足。现有文献也得到类似的实证结论，周春梅（2009）发现高应计质量通过减少代理成本的中介传导机制，对投资过度及投资不足行为均产生了抑制作用。因此当会计信息可比性较高时，企业代理成本减少，一方面，公司间信息比较使得投资者及中小股东能更准确把握目标公司经营及财务状况，从而更好地监督控股股东及经理人员，促使其追求企业长期价值，减少私利或短期利益攫取，此时企业一般不会放弃净现值为正的投资项目，投资不足行为减少；另一方面，此时投资者对目标公司高经营效率的信心增加，提供资金的意愿增强，融资成本下降，最终也会减少投资不足行为。

最后，会计信息可比性具有项目辨别作用，当可比性较高时，股东或经理人员能对同行业内公司间的会计信息及投资项目做充分比较、辨别和论证，较准确地做出现金流和盈利预测，区别出盈利和亏损的投资项目，最终做出有效率的投资决策，减少投资过度及投资不足行为。现有文献从其他视角为此提供了支持，陈等（2018）研究发现主并公司与同行业竞争者会计信息的可比性较高时，主并公司获得较高的并购收益及并购协同效应，且并购后出现商誉减值及资产剥离的概率较低，因此高可比性传递的会计信息能帮助主并公司做出更有效率的并购决策。杨和曾（2015）则发现会计信息可比性越高，基于同行业竞争者信息进行的公司价值评估的准确度越高，因为可比性较高时获取的竞争者相关信息较准确，公司价值评估就比较可靠。价值评估准确性的提高有利于公司辨别不同投资项目的优劣势，做出更准确的项目价值预测。契尔考普等（2020）研究发现高可比性环境下公司较易从同行业竞争者中获取信息，学习技术创新活动的相关经验，从而做出高质量的创新活动决策，且竞争者创新能力越强，学习效果越显著。

会计信息可比性对企业资源配置效率的影响机理见图 8 - 1。

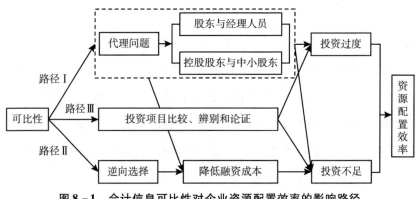

图 8 - 1 会计信息可比性对企业资源配置效率的影响路径

基于上述分析，给出如下两个研究假设：

假设 8 - 1：会计信息可比性与企业投资过度程度显著负相关。

假设 8 - 2：会计信息可比性与企业投资不足程度显著负相关。

8.2.2　公司信息透明度对会计信息可比性与企业资源配置效率关系的影响

由前述分析可知，高可比性的会计信息能显著抑制投资过度及投资不足行为，提升企业资源配置效率，这里需要讨论的问题是，如果随着目标公司信息透明度的提升，委托代理风险及逆向选择问题能得到很大程度缓解（袁知柱等，2012），公司自身信息已经能对投资过度及投资不足行为产生重要的抑制作用（或者说信息使用者从目标公司那里已经能够获得所需要的相关信息），此时同行业竞争者信息的价值及效用降低，会计信息可比性对企业资源配置效率的影响就会减弱，即可比性与公司信息透明度在提升资源配置效率上会呈现替代关系。

现有文献发现不同来源信息在提升公司资源配置效率方面存在替代关系，从而为上述理论推导提供了支持。威尔第（2006）研究发现外部信息环境较透明时，应计质量与资源配置效率的正相关性会减弱。钟马和徐光华（2015）则发现上市公司被强制要求披露社会责任信息后其资源配置效率会显著提升，但这种作用在低应计质量（低会计信息质量）样本组中更为显著，因此披露社会责任信息与高应计质量之间存在替代关系。此外，当企业外部环境不确定性较大（或信息不对称性较强）时，会计稳健性对降低投资非效率的作用也更加显著（郑登津等，2015；García Lara et al.，2016）。

基于上述分析，提出如下的研究假设：

假设8-3：随着公司信息透明度的提升，会计信息可比性与投资过度程度的负相关性减弱，即信息透明度与会计信息可比性在抑制投资过度行为上存在替代作用。

假设8-4：随着公司信息透明度的提升，会计信息可比性与投资不足程度的负相关性减弱，即信息透明度与会计信息可比性在抑制投资不足行为上存在替代作用。

8.3 研 究 设 计

8.3.1 会计信息可比性及资源配置效率的测度方法描述

（1）会计信息可比性测度方法

本章采用弗朗哥等（2011）设计的方法来测度会计信息可比性，关于该方法的详细介绍，参见第3章第3.3.1节中的描述，经式（3-5）计算出公司 i 与公司 j 之间的会计信息可比性 $CompAcct_{ijt}$ 后，以公司 i 为基准，将所有与 i 配对的组合的可比性值按从大到小排列，$CompAcct4_{it}$ 为可比性最高的四对组合的平均值，该指标即为本章的可比性测度指标，其值越大表示会计信息可比性越强。这里选用 $CompAcct4_{it}$ 作为可比性度量指标是因为库珀和科尔代罗（2008）指出，投资者有时会仅选取行业内可比性最高的几家公司

（4~6家）来评估会计信息可比性，因此考虑过多公司反而可能给评估结果带来噪声。

（2）企业资源配置效率的测度方法

参考国内外文献的常用做法（李青原，2009），采用理查森（Richardson，2006）设计的资源配置效率计量方法，对预测公司投资支出的方程进行回归，用回归残差值度量企业资源配置效率。将回归残差值分为正、负两组，正残差值代表投资过度，负残差值代表投资不足。回归方程如下：

$$INV_{i,t} = \alpha_0 + \alpha_1 Q_{i,t-1} + \alpha_2 LEV_{i,t-1} + \alpha_3 CASH_{i,t-1} + \alpha_4 RET_{i,t-1}$$

$$+ \alpha_5 AGE_{i,t-1} + \alpha_6 SIZE_{i,t-1} + \alpha_7 INV_{i,t-1} + \sum_{j=8}^{27} \alpha_j$$

$$\times INDUSTRY_j + \sum_{j=28}^{29} \alpha_j \times YEAR_j + \varepsilon_{i,t} \qquad (8-1)$$

其中，$INV_{i,t}$ 为当年新增投资额，采用现金流量表数据来计算，等于固定资产、无形资产和长期资产购建所支付现金与处置所收到的现金之差与期初总资产的比值；$Q_{i,t-1}$ 为托宾 Q 值，其值等于股东权益市场价值及负债账面价值之和与资产总额的比值，$LEV_{i,t-1}$ 为资产负债率；$CASH_{i,t-1}$ 为公司现金比率，等于现金流量表中的现金及现金等价物期末余额与期末总资产的比值；$RET_{i,t-1}$ 为股票年收益率，由于我国上市公司的年度报告要求在 4 月 30 日之前公布，因此 $RET_{i,t-1}$ 为从当年 5 月 1 日到次年 4 月 30 日这段区间的收益率；$AGE_{i,t-1}$ 为上市年限，为计算投资效率年份与首次公开上市年份之差；$SIZE_{i,t-1}$ 为企业规模，其值为总资产自然对数；$YEAR_j$ 及 $INDUSTRY_j$ 分别为年度及行业哑变量。回归残差值 $INVRES_{i,t}$（$\varepsilon_{i,t}$）大于 0 代表投资过度（用 $OI_{i,t}$ 表示），小于 0 代表投资不足（为讨论方便，将小于 0 的残差值乘以 -1，用 $UI_{i,t}$ 表示）。可见 $OI_{i,t}$、$UI_{i,t}$ 值越大，表示企业投资过度及投资不足行为越严重，企业资源配置效率越低。

8.3.2　回归模型设计

构建如下的多元线性回归方程来检验会计信息可比性对企业资源配置效率的影响（假设 8 - 1 及假设 8 - 2）：

$$
\begin{aligned}
OI_{i,t}(UI_{i,t}) = {} & \alpha_0 + \alpha_1 CompAcct4_{i,t-1} + \alpha_2 INVRES_{i,t-1} + \alpha_3 CONTROL_{i,t-1} \\
& + \alpha_4 TOP3_{i,t-1} + \alpha_5 TURNOVER_{i,t-1} + \alpha_6 MFEE_{i,t-1} \\
& + \alpha_7 ORECTA_{i,t-1} + \alpha_8 STDRET_{i,t-1} + \alpha_9 MCL_{i,t-1} \\
& + \alpha_k \sum_{k=10}^{29} INDUSTRY_k + \alpha_k \sum_{k=30}^{31} YEAR_k + \varepsilon
\end{aligned} \tag{8-2}
$$

其中，α_0 为常数项，$\alpha_k (k = 1, 2, \cdots, 31)$ 为方程的回归系数，因变量为投资过度程度 $OI_{i,t}$ 或投资不足程度 $UI_{i,t}$，自变量 $CompAcct4_{i,t-1}$ 表示会计信息可比性值，结合方程（8 - 1）即企业投资行为影响因素模型的自变量比因变量滞后一期，参考李青原（2009）、周春梅（2009）、加西亚·拉拉等（2016）等文献，上述方程（8 - 2）的自变量及控制变量也比因变量滞后一期。

控制变量的选择参考了威尔第（2006）、李青原（2009）等文献的研究成果，加入滞后一期的投资残差值 $INVRES$、终极控制人性质 $CONTROL$、股权集中度 $TOP3$、资产周转率 $TURNOVER$、管理费用率 $MFEE$、大股东占款比例 $ORECTA$、股票收益率波动性 $STDRET$ 及市场竞争程度 MCL 等变量作为控制变量，同时还加入了行业及年度虚拟变量。

为检验假设 8 – 3 及假设 8 – 4，在方程（8 – 2）中加入公司信息透明度指标 $TRAN$ 及其与可比性的交乘项 $CompAcct4 \times TRAN$，建立如方程（8 – 3）所示的含交乘项的多元线性回归方程：

$$
\begin{aligned}
OI_{i,t}(UI_{i,t}) = {} & \alpha_0 + \alpha_1 CompAcct4_{i,t-1} + \alpha_2 TRA_{i,t-1} + \alpha_3 COMPACCT_{i,t-1} \\
& \times TRA_{i,t-1} + \alpha_4 INVRES_{i,t-1} + \alpha_5 CONTROL_{i,t-1} \\
& + \alpha_6 TOP3_{i,t-1} + \alpha_7 TURNOVER_{i,t-1} + \alpha_8 MFEE_{i,t-1} \\
& + \alpha_9 ORECTA_{i,t-1} + \alpha_{10} STDRET_{i,t-1} + \alpha_{11} MCL_{i,t-1} \\
& + \alpha_k \sum_{k=12}^{31} INDUSTRY_k + \alpha_k \sum_{k=32}^{33} YEAR_k + \varepsilon \qquad (8-3)
\end{aligned}
$$

其中，α_0 为常数项，$\alpha_k(i=1,2,\cdots,33)$ 为方程回归系数。公司信息透明度 $TRAN$ 分别用企业规模 $SIZE$ 及机构投资者持股比例 $INST$ 两个指标来表示。由于规模较大的公司往往存续时间较长，治理机制较完善，也更容易得到各种信息中介的关注，因此一般有着较高信息透明度，索恩（2016）等较多文献也采用企业规模指标来度量公司信息透明度，发现该指标度量效果较好。机构投资者作为专业性投资机构，积极参与公司治理，在提升公司治理效率方面发挥重要作用（李维安和李滨，2008），他们有强烈的高质量信息需求，积极监督公司财务信息生产过程，机构投资者持股比例越高，公司治理效率越高，盈余操纵行为越少，信息越透明，机构投资者持股比例与公司信息透明度呈显著正相关关系（Mitra and Cready，2005），因此机构投资者持股比例也是公司信息透明度的很好的替代指标。

所有变量的定义及计算方法见表 8 – 1。

表 8 - 1 研究变量定义

变量类型	变量符号	变量名称	变量界定
因变量	OI	投资过度	依据理查森（2006）的模型来计算，方法见方程（8-1）及其相关描述
	UI	投资不足	
自变量	$CompAcct4$	会计信息可比性	依据前文描述的方法计算
	$TRAN$	企业信息透明度	用企业规模或机构投资者持股比例来表示，而机构投资者包括基金、券商、券商理财产品、保险公司、阳光私募等共11个类别
	$CompAcct4 \times TRAN$	会计信息可比性 × 企业信息透明度	交乘项，用来检验假设 8 - 3 及假设 8 - 4
控制变量	$INVRES$	滞后一期的投资残差值	根据理查森（2006）的模型来计算
	$CONTROL$	终极控制人类型	国有控股取值为1，非国有控股取值为0
	$TOP3$	前三大股东持股比例	前三大股东持股数量之和与股份总额的比值
	$TURNOVER$	总资产周转率	营业收入与总资产平均数的比值
	$MFEE$	管理费用率	管理费用与营业收入的比值
	$ORECTA$	大股东占款程度	其他应收款与总资产比值
	$STDRET$	股票收益率波动性	年度内各月股票收益率的标准差
	MCL	市场竞争程度	某行业各公司收入与所有公司总收入比值的平方和
	$INDUSTRY$	行业虚拟变量	属于某行业时取值为1，否则为0
	$YEAR$	年度虚拟变量	属于某年度时取值为1，否则为0

8.3.3 样本选择及数据来源

选取2012~2015年的我国A股上市公司为样本，由于方程（8-1）、方程（8 - 2）及方程（8 - 3）的自变量比因变量滞后一期，因此计算投资效率的样本数据区间是 2013 ~ 2015 年，而计算可比性及控制变量的数据区间是 2012 ~ 2014 年。从首发上市第二年开始选取样本，样本的进一步剔除规则为：去掉金融、保险类企业；去掉被特殊处理的企业；去掉有异常值或数据不全的企业。经过这些处理后，所得公司年度层面观测值为 3984 个，所有数据来源于 Wind 数据库。

8.4　实证过程及结果

8.4.1　研究变量的描述性统计及相关性检验

采用前述方法计算出会计信息可比性值及投资过度、投资不足程度值，然后对研究变量进行描述性统计，结果见表 8 - 2。

表 8 - 2　　　　　　　主要变量的描述性统计

变量名	观测值	均值	标准差	最小值	中位数	最大值
OI	1515	0.037	0.057	0.000	0.019	0.673
UI	2469	0.023	0.027	0.00006	0.017	0.533
CompAcct4	3984	-0.005	0.010	-0.183	-0.003	-0.0002
INVRES	3984	0.00006	0.052	-0.317	-0.007	0.737
CONTROL	3984	0.510	0.500	0.000	1.000	1.000
TOP3	3984	0.468	0.159	0.027	0.462	0.979

续表

变量名	观测值	均值	标准差	最小值	中位数	最大值
TURNOVER	3984	0.720	0.584	0.008	0.592	9.108
MFEE	3984	0.098	0.124	0.002	0.075	3.098
ORECTA	3984	0.017	0.027	0.000	0.009	0.386
STDRET	3984	3.780	5.186	0.034	0.139	17.992
MCL	3984	0.069	0.062	0.023	0.051	0.354

资料来源：作者整理。

从表 8-2 可以看到，3984 个观测值中，投资过度样本 1515 个，投资不足样本 2469 个，因此投资不足公司数据较多，我国上市公司面临较为严重的融资约束问题，这与辛清泉等（2007）、周春梅（2009）、袁知柱等（2012）等国内文献的统计结果是一致的。终极控制人性质变量 *CONTROL* 均值为 0.510，因此国有控股与非国有控股的上市公司数量基本相当。前三大股东持股比例变量 *TOP3* 均值达到了 0.468，说明我国上市公司股权集中现象仍然较为严重。管理费用率指标 *MFEE* 的均值为 0.098，说明企业营业收入的近 10% 需要用于支付管理费用，处于较高水平，由于管理费用率是企业代理成本的常用度量指标，这说明代理成本不低。

表 8-3 给出了方程（8-2）所列示的主要研究变量间的相关系数检验结果。

从表 8-3 可以看到，Pearson 相关系数下会计信息可比性变量 *CompAcct*4 与投资过度程度变量 *OI* 及投资不足程度变量 *UI* 均呈显著负相关，因此会计信息可比性越高，企业投资过度及投资不足行为均能得到显著抑制，提升企业资源配置效率，这就验证了假设 8-1

表 8-3

主要研究变量的相关系数

Panel A: 投资过度样本（观测值 $N = 1515$）

变量名	OI	CompAcct4	INVRES	CONTROL	TOP3	TURNOVER	MFEE	ORECTA	STDRET	MCL
OI	1	-0.046*	0.120***	-0.063**	0.012	0.015	-0.028	0.051**	-0.023	-0.036
CompAcct4	0.001	1	0.035	-0.061**	0.012	-0.021	-0.031	-0.073***	0.105***	-0.055**
INVRES	0.186***	0.029	1	-0.051**	-0.034	0.063**	-0.057**	-0.076***	-0.006	-0.066***
CONTROL	-0.045*	-0.085***	-0.005	1	0.200***	0.065**	-0.155***	-0.017	-0.086***	0.119***
TOP3	-0.017	-0.024	-0.027	0.193***	1	0.074***	-0.165***	-0.062**	0.012	0.181***
TURNOVER	0.101***	-0.029	0.070***	0.067***	0.072***	1	-0.325***	-0.026	-0.085***	-0.065**
MFEE	0.064**	0.065**	-0.037	-0.182***	-0.194***	-0.390***	1	0.113***	0.057***	0.054**
ORECTA	0.009	-0.052**	-0.066**	-0.053**	-0.121***	0.018	0.109***	1	0.001	0.039
STDRET	-0.015	0.135***	-0.036	-0.100***	-0.013	-0.091***	0.110***	0.004	1	-0.004
MCL	-0.063**	-0.115***	-0.018	0.081***	0.053**	-0.308***	0.144***	0.074***	0.012	1

Panel B: 投资不足样本（观测值 $N = 2469$）

变量名	UI	CompAcct4	INVRES	CONTROL	TOP3	TURNOVER	MFEE	ORECTA	STDRET	MCL
UI	1	-0.067***	0.344***	-0.038*	-0.004	-0.034*	0.107***	-0.011	-0.043**	-0.011
CompAcct4	-0.026	1	0.005	-0.041**	0.047**	-0.033	-0.109***	-0.085***	0.021	-0.026
INVRES	0.049**	0.023	1	0.019	0.017	0.024	-0.046**	-0.002	0.001	0.020

续表

Panel B: 投资不足样本 (观测值 $N=2469$)

变量名	UI	CompAcct4	INVRES	CONTROL	TOP3	TURNOVER	MFEE	ORECTA	STDRET	MCL
CONTROL	-0.050**	-0.018	-0.003	1	0.210***	0.072***	-0.152***	-0.064***	-0.090***	0.032
TOP3	-0.016	0.001	0.003	0.204***	1	0.078***	-0.182***	-0.106***	0.021	0.074***
TURNOVER	0.004	0.016	0.045**	0.077***	0.071***	1	-0.258***	-0.004	-0.055***	-0.086***
MFEE	0.109***	0.056***	-0.043**	-0.163***	-0.195***	-0.442***	1	0.135***	0.042*	0.087***
ORECTA	-0.056***	-0.141***	-0.010	-0.091***	-0.138***	0.037*	0.038*	1	-0.004	0.060***
STDRET	-0.052***	0.051**	-0.026	-0.087***	-0.009	-0.052***	0.127***	0.013	1	-0.014
MCL	-0.028	-0.117***	0.011	0.029	0.044**	-0.272***	0.170***	0.138***	-0.019	1

注: ***、**、* 分别表示1%、5%和10%的显著性水平 (双尾检验)。Panel A 和 Panel B 的右上部分和左下部分分别为 Pearson 相关系数和 Spearman 相关系数。

及假设 8-2。秩相关 Spearman 相关系数下 *CompAcct*4 与 *OI* 及 *UI* 的
关系不显著。然而相关性检验只是初步结果，为更准确分析可比性
对企业投资效率的影响，需要建立多元线性方程进行回归分析。

8.4.2 会计信息可比性对企业资源配置效率影响的检验

为考察可比性对企业投资过度及投资不足行为的影响，对方程
（8-2）进行回归检验，检验结果见表 8-4。

表 8-4   会计信息可比性对企业投资过度及投资
不足行为影响的检验结果

变量名	投资过度程度变量 *OI* 为因变量		投资不足程度变量 *UI* 为因变量	
	（1）		（2）	
	回归系数	*t* 检验值	回归系数	*t* 检验值
常数项	0.003	0.108	0.034 ***	3.531
*CompAcct*4	-0.608 **	-2.240	-0.161 ***	-3.661
INVRES	0.135 ***	4.341	0.179 ***	19.561
CONTROL	-0.010 ***	-3.231	-0.003 **	-2.482
*TOP*3	0.011	1.127	0.006 *	1.722
TURNOVER	-0.003	-0.786	-0.002 **	-1.981
MFEE	-0.045 **	-2.355	0.022 ***	5.638
ORECTA	0.200 ***	3.264	-0.007	-0.393
STDRET	0.001	0.984	-0.001 **	-2.277
MCL	0.203	0.513	-0.243 *	-1.857

变量名	投资过度程度变量 OI 为因变量		投资不足程度变量 UI 为因变量	
	(1)		(2)	
	回归系数	t 检验值	回归系数	t 检验值
年度效应	控制		控制	
行业效应	控制		控制	
调整后 R^2	0.073		0.189	
F 值	4.819 ***		19.583 ***	
观测值	1515		2469	

注：*** 、** 、* 分别表示双尾检验在 1%、5% 和 10% 水平上显著。

从表 8－4 的回归结果可以看到，列（1）及列（2）中会计信息可比性变量 CompAcct4 的回归系数分别在 5% 及 1% 的水平上显著为负，且系数方向与预期一致，因此会计信息可比性较高时，企业投资过度及投资不足行为较少，最终提升资源配置效率，假设 8－1 及假设 8－2 均得到了验证。两个模型的 F 值均在 1% 水平上显著，回归方程整体显著性水平较高。

8.4.3　信息透明度对可比性与企业资源配置效率关系影响的检验结果

采用两种方式考察企业信息透明度对会计信息可比性与企业资源配置效率关系的影响，第一，分别按照企业信息透明度的两个度量指标企业规模 SIZE 及机构投资者持股比例 INST 的值大小将投资过度及投资不足样本均分为两组，即"低信息透明度样本组"和

"高信息透明度样本组"，然后基于这两组样本对方程（8-2）进行检验；第二，基于全部样本对含交乘项的方程（8-3）进行检验。结果见表8-5，其中PanelA及PanelB分别为投资过度及投资不足样本的检验结果。

从表8-5的PanelA的结果可以看到，无论采用哪种信息透明度度量方法，低信息透明度样本［列（1）及列（4）］中可比性变量$CompAcct4$的回归系数均显著为负，而高信息透明度样本［列（2）及列（5）］中可比性变量的回归系数均不显著，因此会计信息可比性对企业投资过度行为的抑制作用仅在低信息透明度样本中显著存在，而在高透明度样本，由于目标公司自身信息已经能对投资过度及投资不足行为产生重要的抑制作用（或者说信息使用者从目标公司那里已经能够获得所需要的相关信息），此时同行业竞争者信息的价值及效用降低，会计信息可比性对企业资源配置效率的影响就会减弱，这说明了会计信息可比性与企业信息透明度在抑制投资过度行为上存在替代关系，假设8-3得到了验证。列（3）及列（6）的含交乘项的回归方程检验结果也验证了这一结论，两个模型中交乘项$CompAcct4 \times TRA$的回归系数均显著为正，与可比性变量$CompAcct4$的回归系数符号相反，因此信息透明度的提升会降低可比性对投资过度行为的影响。此外，列（3）中信息透明度变量TRA的系数显著为负，因此高信息透明度能抑制投资过度行为，与袁知柱等（2012）的检验结果一致。

PanelB的结果与PanelA的结果存在差异。无论是低信息透明度样本［列（1）及列（4）］，还是高信息透明度样本［列（2）及列（5）］，可比性变量$CompAcct4$的回归系数均显著为负，因此不同信

表 8—5　企业信息透明度对会计信息可比性与资源配置效率关系影响的检验结果

Panel A: 投资过度样本（观测值 $N=1515$，OI 为因变量）

自变量	用企业规模来表示信息透明度 TRA			用机构持股比例来表示信息透明度 TRA		
	低信息透明度样本	高信息透明度样本	低透明度 VS 高透明度	低信息透明度样本	高信息透明度样本	低透明度 VS 高透明度
	(1)	(2)	(3)	(4)	(5)	(6)
常数项	-0.005 (-0.123)	0.033 (0.949)	0.137*** (3.011)	0.030 (0.731)	-0.026 (-0.628)	0.001 (0.034)
$CompAcct4$	-0.810** (-2.100)	-0.212 (-0.543)	-8.865** (-1.980)	-0.623* (-1.876)	-0.310 (-0.633)	-0.898*** (-2.850)
TRA	—	—	-0.006*** (-3.493)	—	—	0.031 (1.368)
$CompAcct4 \times TRA$	—	—	0.382* (1.865)	—	—	5.948* (1.809)
控制变量	控制	控制	控制	控制	控制	控制
年度及行业效应	控制	控制	控制	控制	控制	控制
调整后 R^2	0.071	0.100	0.092	0.054	0.085	0.073
F 值	2.856***	3.724***	5.653***	2.382***	3.276***	4.630***
观测值	757	758	1515	757	758	1515

续表

Panel B：投资不足样本（观测值 N=2469，UI 为因变量）

自变量	用企业规模来表示信息透明度样本			用机构持股比例来表示信息透明度样本		
	低信息透明度样本	高信息透明度样本	低透明度 VS 高透明度	低信息透明度样本	高信息透明度样本	低透明度 VS 高透明度 TRA
	(1)	(2)	(3)	(4)	(5)	(6)
常数项	0.056*** (3.912)	0.023* (1.763)	0.093*** (6.468)	0.064*** (4.235)	0.013 (1.068)	0.035*** (3.626)
$CompAcct4$	−0.161*** (−2.684)	−0.170** (−2.479)	0.043 (0.066)	−0.107* (−1.911)	−0.267*** (−3.457)	−0.147*** (−3.008)
TRA	—	—	−0.003*** (−5.462)	—	—	−0.016** (−2.150)
$CompAcct4 \times TRA$	—	—	−0.009 (−0.309)	—	—	−0.385 (−0.573)
控制变量	控制	控制	控制	控制	控制	控制
年度及行业效应	控制	控制	控制	控制	控制	控制
调整后 R^2	0.123	0.279	0.200	0.167	0.227	0.190
F 值	6.596***	16.438***	19.647***	8.952***	12.689***	18.588***
观测值	1234	1235	2469	1234	1235	2469

注：***、**、* 分别表示双尾检验在 1%、5% 和 10% 水平上显著，表中（）内为 t 统计量。

息透明度下可比性对投资不足行为的抑制作用均存在。进一步检验结果发现，列（3）及列（6）中交乘项 *CompAcct*4 × *TRA* 的回归系数均不显著，这说明了会计信息可比性与投资不足行为的关系在不同信息透明度下不存在显著差异，假设 8 - 4 没有得到验证，与投资过度样本的检验结果不一致。列（3）及列（6）中信息透明度变量 *TRA* 的系数均显著为负，因此高信息透明度能减少投资不足行为。

虽然会计信息可比性与企业信息透明度均能提升资源配置效率，为何在抑制投资过度行为上存在替代关系，而在抑制投资不足行为上不存在替代关系？一个可能的解释是，投资过度行为是由于道德风险及经济人的自利性导致的，股东会利用相关信息来监管企业投资决策，因此股东是信息使用者；投资不足行为是由于受到融资约束导致的，外部投资者或债权人依据公司信息来决定是否提供资金及资金成本，此时外部投资者或债权人是信息使用者。相对于公司股东来说（股东对公司情况比较熟悉），外部投资者或债权人对公司的了解较少，在做出借贷决策时需要更多的相关信息，因此当企业信息透明度较低时，他们可能要同时依据信息透明度及可比性这两个方面的信息来做决策，尤其是我国属于新兴证券市场，相关法律体系不完善，投资者保护程度较弱，企业信息透明度较差，此时信息透明度与可比性的替代关系会更不显著（袁知柱和张小曼，2020）。根据这一逻辑推理，如果企业信息透明度较高，外部投资者或债权人能从目标公司自身获取相关信息，信息透明度与会计信息可比性在抑制投资不足行为上可能会呈现出替代关系。

为验证这一解释是否成立，将表 8 - 5 中 Panel B 的 1235 个高信息透明度样本进一步均分为"高信息透明度样本组"及"很高信息透明度样本组"两个子样本组（仍然按照企业规模 *SIZE* 或机构投资者持股比例 *INST* 的值大小进行均分），然后基于这两组子样本对方程（8-2）进行检验。当然，同样也基于 1235 个样本对含交乘项的方程（8-3）进行检验，结果见表 8-6。

表 8-6　　高信息透明度环境下可比性与信息透明度在抑制

投资不足行为上的替代关系检验结果

自变量	用企业规模来表明 信息透明度 *TRA*			用机构持股比例来 表明信息透明度 *TRA*		
	高信息透 明度样本	很高信息透 明度样本	高透明度 VS 很高 透明度	高信息透 明度样本	很高信息透 明度样本	高透明度 VS 很高 透明度
	（1）	（2）	（3）	（4）	（5）	（6）
常数项	0.016 (0.779)	0.029 ** (1.971)	0.039 * (1.770)	-0.004 (-0.181)	0.022 (1.187)	0.014 *** (4.321)
*CompAcct*4	-0.388 *** (-3.281)	0.044 (0.593)	-3.463 ** (-2.028)	-0.446 *** (-3.907)	0.004 (0.033)	-0.364 *** (-3.153)
TRA	—	—	-0.001 (-0.967)	—	—	0.008 (0.962)
*CompAcct*4 × *TRA*	—	—	0.141 * (1.926)	—	—	1.412 * (1.651)
控制变量	控制	控制	控制	控制	控制	控制
年度效应	控制	控制	控制	控制	控制	控制
行业效应	控制	控制	控制	控制	控制	控制
调整后 R^2	0.161	0.458	0.284	0.160	0.332	0.193
F 值	4.804 ***	18.359 ***	15.808 ***	4.790 ***	10.893 ***	27.896 ***
观测值	617	618	1235	617	618	1235

注：***、**、* 分别表示双尾检验在 1%、5% 和 10% 水平上显著，表中（）内为 *t* 统计量。

从表 8 - 6 可以看到，高信息透明度样本［列（1）及列（4）］中可比性变量 *CompAcct*4 的回归系数仍然显著为负，但很高信息透明度样本［列（2）及列（5）］中可比性变量的系数不显著，这说明了虽然高信息透明度下可比性仍然能抑制投资不足行为，但当企业信息透明度很高时，可比性对投资不足行为的抑制作用不再显著。列（3）及列（6）中含交乘项的方程检验结果发现，*CompAcct*4 × *TRA* 的回归系数显著为正，与可比性变量 *CompAcct*4 的回归系数的符号相反，这就再次说明了高信息透明度环境下随着透明度的增强，可比性与投资不足程度的负相关性减弱，此时信息透明度起到了替代的治理作用，即可比性与透明度在抑制投资不足行为上存在替代关系。这就证实了前文的逻辑推理，也很大程度上验证了假设 8 - 4，只是假设 8 - 4 的成立必须以"高信息透明度环境"为条件。

8.4.4 稳健性检验

（1）变量因果关系导致的内生性问题的稳健性检验

前文通过建立单方程的多元线性回归模型验证了可比性对企业资源配置效率的影响，然而由于资源配置效率与会计信息可比性之间可能存在反向因果关系，即是投资过度或投资不足行为较多的上市公司为了隐藏其低效率的资源配置行为，没有较好地遵循准则规定，对于同类经济业务采用了与其他公司不同的会计程序和会计方法，从而降低了可比性，而不是可比性对企业投资过度及投资不足行为产生了抑制作用，因此单方程的线性回归模型的研究结果可能是有偏或不准确的。鉴于可能存在这种反向因果关系导致的内生性问题，这里参考伍德里奇（2003）的观点，建立联立方程模型来检验本书的研究假设，联立方程如下：

$$
\begin{cases}
OI = \alpha_0 + \alpha_1 CompAcct4 + \alpha_2 INVRES + \alpha_3 CONTROL + \alpha_4 TOP3 \\
\quad + \alpha_5 TURNOVER + \alpha_6 MFEE + \alpha_7 ORECTA + \alpha_8 STDRET \\
\quad + \alpha_9 MCL + \sum_{i=10}^{29} \alpha_i INDUSTRY_i + \sum_{i=30}^{31} \alpha_i YEAR_i + \varepsilon \\
CompAcct4 = \beta_0 + \beta_1 OI + \beta_2 SIZE + \beta_3 LEV + \beta_4 GROWTH \\
\quad + \beta_5 TOP3 + \beta_6 STDCFO + \beta_7 STDRET + \beta_8 STDROA \\
\quad + \sum_{j=9}^{28} \beta_j INDUSTRY_j + \sum_{j=29}^{30} \beta_j YEAR_j + \varepsilon
\end{cases}
$$

$$(8-4)$$

$$
\begin{cases}
UI = \alpha_0 + \alpha_1 CompAcct4 + \alpha_2 INVRES + \alpha_3 CONTROL + \alpha_4 TOP3 \\
\quad + \alpha_5 TURNOVER + \alpha_6 MFEE + \alpha_7 ORECTA + \alpha_8 STDRET \\
\quad + \alpha_9 MCL + \sum_{i=10}^{29} \alpha_i INDUSTRY_i + \sum_{i=30}^{31} \alpha_i YEAR_i + \varepsilon \\
CompAcct4 = \beta_0 + \beta_1 UI + \beta_2 SIZE + \beta_3 LEV + \beta_4 GROWTH \\
\quad + \beta_5 TOP3 + \beta_6 STDCFO + \beta_7 STDRET \\
\quad + \beta_8 STDROA + \sum_{j=9}^{28} \beta_j INDUSTRY_j + \sum_{j=29}^{30} \beta_j YEAR_j + \varepsilon
\end{cases}
$$

$$(8-5)$$

关于联立方程模型中会计信息可比性的影响因素，参考布罗谢等（2013）、弗朗西斯等（2014），加入企业规模 $SIZE$、资产负债率 LEV、企业成长性 $GROWTH$、股权集中度 $TOP3$、经营活动现金流量波动性 $STDCFO$、股票收益率波动性 $STDRET$ 及资产净利率波动性 $STDROA$ 等变量作为控制变量。其中，$GROWTH$ 用营业收入年度增长率来表示，*STDCFO* 及 *STDROA* 分别用近 3 年的经营活动现金流量和资产净利率的标准差来表示。

联立方程（8-4）和方程（8-5）的回归结果见表 8-7。

从表 8-7 可以看到，联立方程组（8-4）及联立方程组（8-5）中可比性变量 *CompAcct*4 的回归系数仍然显著为负，即可比性能显著抑制企业投资过度及投资不足行为，这与表 8-4 的结果相同，说明了因变量与自变量的反向因果关系不影响前文检验结果。从联立方程模型中可比性影响因素的检验结果来看，企业规模变量 *SIZE* 的系数显著为正，企业规模越大，会计机构及业务处理越规范，经理人员能更好地遵循会计准则，会计信息可比性越强（Francis et al.，2014）；资产负债率变量 *LEV* 的系数显著为负，因此负债率较高时公司隐瞒真实业绩、不严格遵循会计准则的可能性大，此时会计信息可比性较弱；业绩波动性变量 *STDROA* 的回归系数均显著为负，因此公司业绩波动性越强，信息不确定性越大，会计信息可比性越弱（Francis et al.，2014）。

（2）会计信息可比性年度截面指标的稳健性检验

前述采用弗朗哥等（2011）测度方法计算出来的 *CompAcct*4 来度量会计信息可比性，但该方法的最大问题是它是基于单个公司连续 16 个季度股票收益和会计盈余计算出来一个 4 年可比性平均值，而平均值难以反映各变量的年度变化过程，会屏蔽掉许多随年度变化的因素，因此结果可能存在一定误差。这里与前文一致，采用第 3 章第 3.3.1 节的式（3-6）、式（3-7）及式（3-8）所示的截面可比性测度方法来计算公司年度层面的会计信息可比性值，用变量 *COMP* 表示。采用该截面可比性值重新检验表 8-4，结果见表 8-8。

表 8—7　会计信息可比性与企业投资过度及投资不足行为的因果关系检验结果

变量名	联立方程组 (8-4)				联立方程组 (8-5)			
	OI 为因变量		CompAcct4 为因变量		UI 为因变量		CompAcct4 为因变量	
	回归系数	t 检验值	回归系数	t 检验值	回归系数	t 检验值	回归系数	t 检验值
常数项	-0.003	-0.11	-0.013***	-3.69	0.033***	3.40	-0.021***	-4.39
CompAcct4	-3.237***	-4.85	—	—	-0.461***	-4.93	—	—
INVRES	0.143***	4.42	—	—	0.179***	19.41	—	—
CONTROL	-0.012***	-3.75	—	—	-0.003***	-2.90	—	—
TOP3	0.013	1.24	-0.001	-0.64	0.007*	1.95	-0.0002	-0.14
TURNOVER	-0.003	-0.99	—	—	-0.002**	-2.41	—	—
MFEE	-0.055***	-2.81	—	—	0.018***	4.65	—	—
ORECTA	0.153**	2.40	—	—	-0.014	-0.74	—	—
STDRET	0.001	1.17	0.0001	1.44	-0.001**	-2.47	0.00004	0.39
MCL	0.166	0.41	—	—	-0.242*	-1.84	—	—
OI	—	—	0.003	0.25	—	—	—	—
Ui	—	—	—	—	—	—	0.007	0.33
SIZE	—	—	0.001***	3.72	—	—	0.001***	5.45
LEV	—	—	-0.008***	-8.96	—	—	-0.019***	-15.61

续表

| 变量名 | 联立方程组 (8-4) | | | | 联立方程组 (8-5) | | | |
| | OI 为因变量 | | CompAcct4 为因变量 | | UI 为因变量 | | CompAcct4 为因变量 | |
	回归系数	t 检验值	回归系数	t 检验值	回归系数	t 检验值	回归系数	t 检验值
GROWTH	—	—	-0.0001	-0.28	—	—	0.001	1.40
STDCFO	—	—	-0.001	-0.89	—	—	0.001	1.11
STDROA	—	—	-0.084***	-14.41	—	—	-0.165***	-20.79
年度效应	控制		控制		控制		控制	
行业效应	控制		控制		控制		控制	
R^2	0.034		0.265		0.184		0.269	
F 值	5.14***		17.86***		19.58***		30.04***	
观测值	1515		1515		2469		2469	

注：***、**、* 分别表示双尾检验在 1%、5% 和 10% 水平上显著，检验采用两阶段最小二乘法。

表 8 - 8　　会计信息可比性年度截面值对企业投资过度及

投资不足行为影响的检验结果

| 变量名 | 投资过度变量 *OI* 为因变量 | | 投资不足变量 *UI* 为因变量 | |
| | （1） | | （2） | |
	回归系数	*t* 检验值	回归系数	*t* 检验值
常数项	- 0. 003	- 0. 094	0. 033 ***	3. 408
COMP	- 0. 089 ***	- 4. 268	- 0. 024 ***	- 5. 723
INVRES	0. 134 ***	4. 324	0. 179 ***	19. 723
CONTROL	- 0. 010 ***	- 3. 140	- 0. 002 **	- 2. 347
TOP3	0. 010	1. 017	0. 005	1. 511
TURNOVER	- 0. 003	- 0. 944	- 0. 002 **	- 2. 342
MFEE	- 0. 052 ***	- 2. 720	0. 021 ***	5. 560
ORECTA	0. 195 ***	3. 205	- 0. 010	- 0. 533
STDRET	0. 001	1. 180	- 0. 001 **	- 2. 311
MCL	0. 259	0. 657	- 0. 222 *	- 1. 707
年度效应	控制		控制	
行业效应	控制		控制	
调整后 R^2	0. 081		0. 196	
F 值	5. 286 ***		20. 359 ***	
观测值	1515		2469	

注：***、**、*分别表示双尾检验在 1%、5% 和 10% 水平上显著。

从表 8 - 8 可以看到，列（1）及列（2）中截面可比性变量 *COMP* 的回归系数均显著为负，即会计信息可比性能显著抑制企业的投资过度及投资不足行为，这与表 8 - 4 的结果一致。此外，本书还采用截面可比性变量 *COMP* 对表 8 - 5、表 8 - 6 及表 8 - 7 的结果重新进行检验，发现研究结果同样没有显著变化（限于篇幅，这些研究结果不再汇报），因此前文的相关研究结果是可靠的。

（3）资源配置效率度量方法的稳健性检验

前文的方程（8-1）应用理查森（2006）的企业资源配置效率度量模型时，使用托宾 Q 值来表示企业的成长机会，这里分别采用总资产增长率及营业收入增长率替代托宾 Q 值表示成长机会，重新度量资源配置效率，然后采用新的效率值对表8-4进行回归检验，结果如表8-9所示。

表8-9　　替换托宾 Q 值重新度量资源配置效率的稳健性检验结果

自变量	用总资产增长率替换托宾 Q		用营业收入增长率替换托宾 Q	
	投资过度	投资不足	投资过度	投资不足
	（1）	（2）	（3）	（4）
常数项	0.019 （0.645）	0.034 *** （3.608）	0.016 （0.560）	0.035 *** （3.715）
CompAcct4	-0.472 * （-1.935）	-0.154 *** （-3.450）	-0.431 * （-1.842）	-0.151 *** （-3.362）
INVRES	0.112 *** （3.652）	0.193 *** （21.211）	0.133 *** （4.210）	0.188 *** （20.869）
CONTROL	-0.010 *** （-3.004）	-0.003 *** （-2.856）	-0.010 *** （-3.064）	-0.003 *** （-2.965）
TOP3	0.008 （0.796）	0.007 ** （1.975）	0.009 （0.883）	0.007 ** （1.998）
TURNOVER	-0.006 * （-1.699）	-0.002 * （-1.846）	-0.004 （-1.350）	-0.002 ** （-2.173）
MFEE	-0.046 ** （-2.264）	0.014 *** （3.815）	-0.042 ** （-2.248）	0.016 *** （4.053）

续表

自变量	用总资产增长率替换托宾 Q		用营业收入增长率替换托宾 Q	
	投资过度	投资不足	投资过度	投资不足
	（1）	（2）	（3）	（4）
ORECTA	0.187 *** （3.097）	-0.012 （-0.660）	0.185 *** （3.116）	-0.011 （-0.595）
STDRET	0.001 （1.128）	-0.001 ** （-2.096）	0.001 （1.064）	-0.001 * （-1.931）
MCL	-0.058 （-0.135）	-0.226 * （-1.775）	-0.025 （-0.059）	-0.249 * （-1.942）
年度效应	控制	控制	控制	控制
行业效应	控制	控制	控制	控制
调整后 R^2	0.064	0.202	0.072	0.196
F 值	4.260 ***	21.451 ***	4.740 ***	20.676 ***
观测值	1471	2513	1485	2499

注：***、**、*分别表示双尾检验在1%、5%和10%水平上显著，表中（）内为 t 统计量。

从表8-9可以看到，无论是用总资产增长率，还是营业收入增长率来替代托宾 Q 值，计算得到的投资过度值［列（1）和列（3）］及投资不足值［列（2）和列（4）］均与会计信息可比性 CompAcct4 显著负相关，这与前文表8-4的研究结果是一致的，因此本章资源配置效率的度量结果是稳健的。

8.5 本章小结

　　虽然已有较多文献从应计质量、稳健性等角度考察了会计信息质量对企业资源配置效率的影响，但是到目前为止，暂无文献从可比性视角进行研究。本书采用弗朗哥等（2011）设计的可比性度量方法，以中国上市公司为样本，考察了会计信息可比性对企业资源配置效率的影响，弥补了国内外在这一领域的研究不足。研究结果发现：会计信息可比性与投资过度及投资不足程度显著负相关，因此高可比性会计信息能抑制企业的投资过度及投资不足行为，最终提升企业资源配置效率。采用企业规模及机构持股比例作为信息透明度的度量指标，进一步研究发现，随着企业信息透明度的增强，可比性与投资过度行为的负相关关系减弱，因此信息透明度与可比性在抑制投资过度行为上是替代的治理作用；但对于投资不足行为，只有在高信息透明度环境下，信息透明度与可比性对其抑制作用才呈现出替代关系。

　　本书研究结果从一个新的视角揭示了企业资源配置效率的影响因素，有助于探寻提升企业资源配置效率的对策。如果企业能严格遵守会计准则，提供高可比性的会计信息，不但能使信息使用者获益，最终也能提升其自身的资源配置效率，增加股东财富。当然本书研究也存在一些局限性：第一，虽然本书从会计信息可比性角度间接地推断同行业竞争者信息会对目标公司资源配置效率产生影响，但并未能直接地考察同行业竞争者信息是如何影响目标公司资源配置效率的，未来如果可行，可以考虑直接观察两者的因果关系。这一思路也有很多困难，因为两者的影响机理并不清晰，未来有待于进一步深入研究。第二，虽然本书发现了信息透明度对可比性与企业资源配置效率的关系会产生影响，但除了信息透明度之外，还有很多其他因素也可能会产生影响，如良好的公司治理机制能提升企业资源配置效率（唐雪松等，2007），此时可比性的作用也应该会下降，未来应该继续考察可比性与其他因素在提升资源配置效率上的替代作用。

第9章

会计信息可比性
与权益资本成本

9.1 引　　言

权益资本成本作为资本成本的重要构成要素，对企业绩效及价值具有重要的影响。又因其影响因素的多元化及衡量方法的复杂性，历来是公司财务理论及实务界关注的热点（魏卉和郑伟，2019）。会计信息披露作为上市公司向外界传递信息的重要方式，其质量高低会在很大程度上影响投资者的投资判断，最终影响到上市公司的筹融资效果。但是实证研究领域关于会计信息质量与权益资本成本关系的研究始终没有一致的结果。第一种是认为两者具有负相关关系。李明毅和惠晓峰（2008）、殷琦和韩东平（2010）研究发现企业的信息披露质量和权益资本成本表现出显著负相关性。第二种认为两者具有倒"U"型关系。何玉和胥琛（2022）研究发现，绿色发展信息披露与权益资本成本并非简单的线性关系，而是呈现权益资本成本先上升后下降的倒"U"型关系。还有学者认为两者并无相关关系。吴文锋等（2007）研究表明，由于投资者对上市公司信息披露关注较少，所以会计信息质量的好坏并不影响权益资本成本。

上述文献研究结论的不一致导致无法明确会计信息质量与权益资本成本之间的真实关系。更为重要的是，上述文献主要是从企业自身信息披露质量方面做出了研究，但目前较少有文献从公司间会计信息可比的角度研究会计信息质量和权益资本成本之间的关系。本章尝试实证考察会计信息可比性对权益资本成本的影响，以弥补现有文献的不足。进一步地，由于两者间的关系可能受到企业产权性质的影响，因此本章还分析了不同产权性质下会计信息可比性与权益资本成本关系的差异。本章结论可以丰富会计信息可比性和权益资本成本领域的研究成果，为以后的进一步研究提供借鉴。

9.2 理论分析及研究假设提出

9.2.1 会计信息可比性与权益资本成本

由于信息存在不对称性，如果上市公司信息披露水平较低，投资者无法充分解读公司的实际状况，这通常会导致投资者要求较高的回报率来抵消投资风险。但信息披露质量的提高将很大程度改善这种信息不对称性带来的负面影响，提高投资者对企业的信任程度，降低融资成本（叶淞文，2018）。因此，信息披露质量的改善能够帮助投资者了解目标公司的真实情况，提高投资者的投资意愿，同时较高的信息披露质量将会给企业带来"声誉竞争效应"（王琳等，2022），从而增强投资者的投资信心，降低权益资本成本。

会计信息可比性通过对目标公司和同行业其他公司的比较来综合评价目标公司的经营状况、财务状况等基本信息，有利于投资者对同一项经济业务进行多维度比较，能够帮助投资者获得更多有用的信息。从而降低投资者未来现金流入的不确定性，降低内部管理者与外部投资者之间的信息不对称程度（张春华，2019）。因此较高的会计信息可比性能够减少投资者对企业情况的主观臆断，最终降低投资者的风险补偿率，提高投资者的投资回报率，降低公司的权益资本成本。明泽和潘颉（2018）研究发现会计信息可比性与企业融资约束显著负相关，因此较高的会计信息可比性减少企业融资阻碍，降低融资约束，实现高效融资。从债务资本成本来看，会计信息可比性会降低企业的债券信用利差（黄波，2020），即高可比性有利于降低企业的债务筹资难度，减少债权人要求的利息补偿额，降低债务资本成本。

从资本市场角度来看，会计信息可比性的提高能促使投资者有更大的动机挖掘和获取公司层面的特质信息，从而提高知情交易比例，使公司股价中包含更多公司层面特质信息而非市场和行业信息，股价同步性下降，股价信息含量上升（袁媛等，2019），而当股价信息含量上升时，股票流动性也随之提高（王良和熊贤艳，2022），最终提高企业的股票筹资效率，降低权益资本成本。

基于上述分析，提出如下假设：

假设 9 - 1：企业会计信息可比性越高，权益资本成本越低。

9.2.2　产权性质的影响

我国资本市场上同时存在着国有控股公司和非国有控股公司，产权性质的差异会对企业经营决策产生影响。因此，在考察会计信息可比性和权益资本成本的关系时，有必要分析产权性质对两者关系的影响。

国有控股公司相较于非国有控股公司拥有更好的融资渠道和融资环境，同时有国家信用做担保，银行借贷也变得更加容易，因此国有控股公司的融资约束程度整体上要低于非国有控股公司（洪怡恬，2014）。国有控股公司的产权性质决定了其总体目标除了实现企业利润和财富的增长外，还需要承担更多的社会责任。较高的社会责任承担度导致企业具有较低的权益资本成本，而且这种负相关关系在国有控股公司中更加显著（魏卉等，2020）。此外，国有控股公司因其经济体量大、经营稳健和政策扶持等原因使得外部投资者对其风险评价呈乐观态度，这也一定程度上降低了国有控股公司的权益资本成本，也会减少外部投资者对高质量信息披露的需求。在这种背景下，会计信息可比性减少信息不对称，进而降低权益资本成本的效用下降。

就非国有控股公司来说，吴永钢等（2016）研究表明，非国有控股公司由于在融资市场的劣势地位而面临较大的融资约束问题。瓜里利亚和刘（Guariglia and Liu，2014）研究发现，在非国有控股公司中，由于资金使用量的不足，创新活动开展经常受限，融资难是非国有控股公司普遍面临的难题。而且，非国有控股公司通常会面临较大的市场竞争压力，经营风险较大，再加上信息不对称等问题，使得外部投资者的投资风险增大，投资意愿降低，导致非国有控股公司要想获得充足的发展资金，通常要支付较高的融资成本。此时企业披露高可比性会计信息，进而降低投资者与企业的信息不对称程度，减少投资者的投资风险，对于降低权益资本成本，能起到更大的增量效用。

已有文献从其他会计信息质量特征角度得到了类似结论。会计稳健性可以降低资金提供者和企业内部人员的信息不对称程度，从而降低权益资本成本，而且非国有控股公司的降低效果更显著（张长海和吴顺祥，2012）。高锦萍和吴美娟（2022）研究发现，上市公司年报信用信息披露质量与非国有控股公司权益资本成本的负相关关系更为明显。另有研究表明，非国有控股公司主体信用相对较弱，信息不对称程度较高，所以在经济政策不确定性较大的时期，会计信息可比性的信息增量效果对于非国有控股公司而言更为明显（刘亭立等，2022），因此会计信息可比性的提高对非国有控股公司信贷融资改善效果更加显著。

基于上述分析，提出如下假设：

假设9-2：与国有控股公司相比，会计信息可比性与权益资本成本的负相关关系在非国有控股公司中更显著。

9.3 研究设计

9.3.1 会计信息可比性与权益资本成本的度量方法

（1）会计信息可比性测度方法

本章采用弗朗哥等（2011）设计的方法来测度会计信息可比

性，关于该方法的详细介绍，参见第 3 章 3.3.1 节中的描述，经方程（3 - 5）计算出公司 i 与公司 j 之间的会计信息可比性 $CompAcct_{ijt}$ 后，然后以公司 i 为基准，将所有与 i 配对的组合的可比性值按从大到小排列，$CompAcct4_{it}$ 为可比性最高的四对组合的平均值，该指标即为本章的可比性测度指标，其值越大表示会计信息可比性越强。这里选用 $CompAcct4_{it}$ 作为可比性度量指标是因为库珀和科尔代罗（2008）指出，投资者有时会仅选取行业内可比性最高的几家公司（4~6 家）来评估会计信息可比性，因此考虑过多公司反而可能给评估结果带来噪声。

（2）权益资本成本的度量方法

本章采用 PEG 模型来度量企业权益资本成本。该模型由伊斯顿（Easton，2004）提出，它基于市场上分析师预测的每股收益来计算，是一种事前资本成本度量方法，可靠性较好，度量结果比较准确。该模型在国内外权益资本成本研究中得到了较多应用，具有较高的科学性（Botosa and Plumlee，2005；李姝等，2013）。

PEG 模型设计有两个基本假设：一是股利增长率和下一期每股股利均为零，二是短期内每股收益增长率为正。计算公式如下：

$$COEC = \frac{\sqrt{EPS_2 - EPS_1}}{P_0} \qquad (9 - 1)$$

其中，$COEC$ 表示权益资本成本，EPS_1 是分析师预测的一年后每股收益平均值，EPS_2 是分析师预测的两年后每股收益平均值，P_0 是当期期末每股股价（年末收盘价）。

9.3.2 回归模型设计

构建如下的回归方程来实证检验会计信息可比性对权益资本成

本的影响。

$$COEC = \alpha_0 + \alpha_1 CompAcct4 + \alpha_2 SIZE + \alpha_3 LEV + \alpha_4 GROWTH$$

$$+ \alpha_5 AGE + \alpha_6 LIQUID + \alpha_7 ORISK + \alpha_i \sum_{i=8}^{49} INDUSTRY$$

$$+ \alpha_i \sum_{i=50}^{54} YEAR + \varepsilon \tag{9-2}$$

其中，α_0 为常数项，$\alpha_i(i=1,2,\cdots,54)$ 表示方程的回归系数，因变量 $COEC$ 为基于 PEG 模型计算出来的权益资本成本，其值越大表示权益资本成本越高。自变量 $CompAcct4$ 表示会计信息可比性值。

控制变量选择参考了已有文献的研究成果。参考阿哈迈德等（Ahmed et al.，2002）、陈等（Chen et al.，2009）、李姝等（2013）等文献，加入企业规模 $SIZE$、资产负债率 LEV、营业收入增长率 $GROWTH$、上市年限 AGE、股票流动性 $LIQUID$、经营风险 $ORISK$ 等变量作为控制变量。此外，还在方程中加入了行业及年度虚拟变量。

各变量的定义及计算方法见表 9 - 1。

表 9 - 1 研究变量定义

变量类型	变量符号	变量名称	变量说明
因变量	$COEC$	权益资本成本	依据 PEG 模型计算
自变量	$CompAcct4$	会计信息可比性	依据前文描述的方法计算
控制变量	$SIZE$	企业规模	企业总资产的自然对数
	LEV	资产负债率	总负债/总资产
	$GROWTH$	营业收入增长率	（本年度营业收入 - 上年度营业收入）/上年度营业收入
	AGE	上市年限	企业从 IPO 到样本期间的年份数

变量类型	变量符号	变量名称	变量说明
控制变量	LIQUID	股票流动性	股票年换手率
	RISK	经营风险	长期资产与总资产的比值
	INDUSTRY	行业虚拟变量	属于某行业时取值为1，否则为0
	YEAR	年度虚拟变量	属于某年度时取值为1，否则为0

9.3.3　样本选择及数据来源

选取 2010~2015 年的我国 A 股上市公司为样本，并同时做了如下调整：删除被特殊处理（即 ST）的公司；按照证监会 2012 年的行业分类标准，删除了门类行业为金融业的企业；删除存在信息缺失或异常情况的企业。经过这些处理后，最后得到 3462 个观测值。数据来源于 Wind 数据库和 CSMAR 数据库。

9.4　实证过程及结果

9.4.1　研究变量的描述性统计及相关性检验

采用本章前述方法计算出会计信息可比性值及权益资本成本值，然后对研究变量进行描述性统计，结果见表 9-2。

表 9 – 2 主要研究变量的描述性统计

变量名	观测值	均值	标准差	最小值	中位数	最大值
COEC	3462	0.104	0.036	0.029	0.102	0.215
CompAcct4	3462	– 0.006	0.006	– 0.036	– 0.004	– 0.0007
SIZE	3462	22.100	1.209	19.970	21.885	25.827
LEV	3462	0.434	0.204	0.048	0.434	0.847
GROWTH	3462	0.199	0.382	– 0.419	0.129	2.300
AGE	3462	10.471	5.576	– 3	8	25
LIQUID	3462	5.847	4.023	0.548	4.814	19.332
RISK	3462	0.436	0.205	0.040	0.422	0.909

从表 9 – 2 可以看到，权益资本成本变量 COEC 的均值是 0.104，标准差为 0.036，最小值为 0.029，最大值为 0.215，说明不同上市公司的权益资本成本存在较大差异。资产负债率变量 LEV 的均值为 0.434，我国上市公司资产负债率总体上偏高。营业收入增长率变量 GROWTH 的均值为 0.199，说明我国上市公司总体上处于较快的发展阶段，GROWTH 的标准差为 0.382，最小值为 – 0.419，最大值为 2.300，表明不同上市公司的成长能力也具有较大差异。

表 9 – 3 给出了主要研究变量间的相关系数检验结果，从该表可以看出，会计信息可比性变量 CompAcct4 和权益资本成本变量 COEC 的相关关系在 1% 水平上显著为负，说明会计信息可比性越强，企业权益资本成本越低，支持了假设 9 – 1。然而这仅是两个变量间的简单相关系数，没有考虑到控制变量的影响，会计信息可比性与权益资本成本的真实关系还需要进行多元线性回归检验来进一步证明。

表 9 - 3

主要研究变量的相关系数

变量名	COEC	CompAcct4	SIZE	LEV	GROWTH	AGE	LIQUID	RISK
COEC	1	-0.107***	0.231***	0.300***	0.024	0.080***	-0.302***	-0.089***
CompAcct4	-0.152***	1	-0.077***	-0.118***	-0.002	-0.074***	0.135***	-0.001
SIZE	0.216***	-0.091***	1	0.535***	-0.001	0.434***	-0.316***	0.139***
LEV	0.282***	-0.150***	0.540***	1	0.069***	0.373***	-0.213***	0.032*
GROWTH	0.093***	-0.001	0.007	0.062***	1	-0.064***	0.040**	-0.078***
AGE	0.067***	-0.100***	0.453***	0.384***	-0.121***	1	-0.189***	0.155***
LIQUID	-0.315***	0.193***	-0.341***	-0.217***	-0.010	-0.187***	1	-0.063***
RISK	-0.069***	-0.024	0.116***	0.033**	-0.121***	0.149***	-0.064***	1

注：(1) 表格右上部分和左下部分分别为 Pearson 相关系数和 Spearman 相关系数。(2) ***、**、* 分别表示 1%、5% 和 10% 的显著性水平（双尾检验）。

9.4.2 会计信息可比性对权益资本成本影响的回归检验

为考察会计信息可比性对权益资本成本的影响，对方程（9－2）进行回归检验，检验结果见表9－4。

表9－4　　会计信息可比性对权益资本成本影响的回归分析

变量名	回归系数	标准误差	t 检验值	显著性
常数项	0.0003	0.013	0.02	0.984
*CompAcct*4	－0.366 ***	0.092	－3.97	0.000
SIZE	0.004 ***	0.0006	7.28	0.000
LEV	0.027 ***	0.003	7.75	0.000
GROWTH	0.001	0.001	0.56	0.578
AGE	－0.001 ***	0.0001	－4.74	0.000
LIQUID	－0.001 ***	0.0002	－2.84	0.005
RISK	0.002	0.003	0.58	0.565
行业效应	控制			
年度效应	控制			
调整后 R^2	0.301			
F 值	28.64 ***			
观测值	3462			

注：*** 表示双尾检验在1%水平上显著。

从表9－4可以看到，会计信息可比性变量 *CompAcct*4 的回归系数在1%水平上显著为负，即会计信息可比性越强，企业的权益资本成本越低，假设9－1得到了验证。模型的 F 值在1%水平上显著，回归方程整体显著性水平较高。

　　从控制变量来看，资产负债率变量 LEV 的回归系数在 1% 水平上显著为正，企业负债比例越高，其财务风险越大，增加了投资者的风险，投资者要求的风险补偿增加，权益资本成本也随之增大。上市年限变量 AGE 的回归系数在 1% 水平上显著为负，因此企业上市年限越长，越能得到投资者的认可，权益资本成本降低。股票流动性变量 $LIQUID$ 的回归系数在 1% 水平上显著为负，股票流动性较高时，投资者要求的风险报酬降低，同时提高企业股票筹资效率，最终导致权益资本成本降低。

　　为检验假设 9 - 2，按照产权性质对方程（9 - 2）进行样本分组检验。当企业的终极控制人为中央政府或地方政府时，该企业为国有控股公司，当终极控制人为自然人或家族、特殊法人时，该企业非国有控股公司。分组检验结果见表 9 - 5。

表 9 - 5　不同产权性质下会计信息可比性对权益资本成本影响的检验结果

变量名	国有控股公司		非国有控股公司	
	（1）		（2）	
	回归系数	t 值	回归系数	t 值
常数项	− 0.031	− 1.39	0.005	0.25
CompAcct4	− 0.174	− 1.08	− 0.361 ***	− 3.20
SIZE	0.006 ***	5.87	0.004 ***	5.02
LEV	0.030 ***	5.01	0.026 ***	5.97
GROWTH	− 0.001	− 0.29	0.002	1.23
AGE	− 0.0002	− 1.11	− 0.0003 *	− 1.94
LIQUID	− 0.001 *	− 1.66	− 0.001 **	− 2.32
RISK	0.010 *	1.75	− 0.001	− 0.11

变量名	国有控股公司		非国有控股公司	
	（1）		（2）	
	回归系数	t 值	回归系数	t 值
行业效应	控制		控制	
年度效应	控制		控制	
调整后 R^2	0.296		0.331	
F 值	12.51 ***		20.63 ***	
观测值	1316		2146	

注：***、**、*分别表示双尾检验在1%、5%和10%水平上显著。

从表9-5可以看到，在第（1）列的国有控股公司样本中，会计信息可比性变量 CompAcct4 的回归系数不显著；而在第（2）列的非国有控股公司样本中，会计信息可比性变量 CompAcct4 的回归系数在1%水平上显著为负，因此会计信息可比性与权益资本成本的负相关关系在非国有控股公司中更加显著，支持了假设9-2。

9.4.3 进一步分析及稳健性检验

（1）考察信息透明度的影响

由于不同信息质量特征的治理作用可能存在替代效应，当企业自身的信息透明度较高时，会计信息可比性对权益资本成本的降低作用可能会减弱。用变量 BIG4 来代表信息透明度，当公司由"国际四大"会计师事务所审计时，BIG4 取值为1，否则取值为0。按照 BIG4 哑变量对方程（9-2）进行分组检验，结果见表9-6。

表 9 - 6   **不同信息透明度下会计信息可比性对权益**

资本成本影响的检验结果

变量名	BIG4 = 1 (1)		BIG4 = 0 (2)	
	回归系数	t 值	回归系数	t 值
常数项	0.056	1.13	− 0.014	− 0.94
CompAcct4	0.326	0.77	− 0.415 ***	− 4.33
SIZE	0.0001	0.07	0.005 ***	7.56
LEV	0.087 ***	4.48	0.026 ***	7.19
GROWTH	− 0.008	− 0.99	0.001	0.63
AGE	0.0003	0.62	− 0.001 ***	− 5.56
LIQUID	− 0.003 **	− 2.44	− 0.0004 **	− 2.46
RISK	− 0.007	− 0.46	0.002	0.65
行业效应	控制		控制	
年度效应	控制		控制	
调整后 R^2	0.361		0.301	
F 值	4.27 ***		27.00 ***	
观测值	198		3264	

注：***、** 分别表示双尾检验在 1%、5% 水平上显著。

从表 9 - 6 可以看到，在 BIG4 = 1 的样本中，会计信息可比性变量 CompAcct4 的回归系数不显著；而在 BIG4 = 0 的样本中，可比性变量 CompAcct4 的回归系数在 1% 水平上显著为负，因此当企业信息透明度较高时，外部投资者更易掌握企业的相关信息，投资者要求的风险溢价降低，企业也更易于获得融资机会（袁知柱等，2012），此时高可比性会计信息降低权益资本成本的效用减弱，这也说明了不同信息质量特征的治理作用存在替代效应。

（2）考察新会计准则执行年份的影响

本章的样本区间为 2010 ~ 2015 年，依据袁知柱和吴珊珊（2017）的研究结论，新会计准则的实施并非一蹴而就，新准则随着实施的推进逐渐达到完善，因此这里进一步将研究样本分为 2010 ~ 2012 年和 2013 ~ 2015 年这两个期间，考察前文的研究结果是否在不同的样本期间中仍然存在。检验结果见表 9 - 7。

表 9 - 7　　　　不同年份期间下会计信息可比性对权益

资本成本影响的检验结果

变量名	按年份分组			
	2010 ~ 2012 年		2013 ~ 2015 年	
	（1）		（2）	
	回归系数	t 值	回归系数	t 值
常数项	0.016	0.66	- 0.005	- 0.31
$CompAcct4$	- 0.331 **	- 2.13	- 0.378 ***	- 3.17
$SIZE$	0.004 ***	3.54	0.005 ***	6.79
LEV	0.035 ***	5.40	0.022 ***	5.26
$GROWTH$	- 0.002	- 0.80	0.002	1.18
AGE	- 0.0004 *	- 1.75	- 0.001 ***	- 3.97
$LIQUID$	- 0.001	- 1.44	- 0.0004 **	- 2.29
$RISK$	- 0.001	- 0.18	0.004	0.90
行业效应	控制		控制	
年度效应	控制		控制	
调整后 R^2	0.208		0.330	
F 值	7.32 ***		23.30 ***	
观测值	1156		2306	

注：***、**、* 分别表示双尾检验在 1%、5% 和 10% 水平上显著。

从表 9 - 7 可以看出，无论样本区间是 2010 ~ 2012 年，还是 2013 ~ 2015 年，会计信息可比性变量 *CompAcct*4 的回归系数均显著为负，这与表 9 - 4 的检验结果一致，因此前述结果是稳健的，假设 9 - 1 得到了验证。

（3）不同治理特征下的分组检验结果

为考察不同治理特征下会计信息可比性对权益资本成本的降低作用是否仍然存在，这里选择 4 个治理特征变量对样本进行分组检验。参考以往文献，选择管理费用率 *MER*（度量委托代理成本）、股权集中度 *TOP*1、高管持股比例 *MANRATIO*、两职合一 *DUAL* 作为公司治理特征的代理变量，其中管理费用率 *MER* 是管理费用与营业收入的比值，股权集中度 *TOP*1 是第一大股东持股比例，当董事长与总经理为同一个时，*DUAL* 取值为 1，否则取值为 0。分组检验结果见表 9 - 8（变量 *DUAL* 按照 0 - 1 变量分组，而变量 *MER*、*TOP*1、*MANRATIO* 均按中位数进行分组）。

从表 9 - 8 可以看到，列（1）到列（8）中，不同的公司治理变量分组下，会计信息可比性变量 *CompAcct*4 的回归系数均显著为负，与表 9 - 4 的结果一致，因此在不同的治理环境下，高可比性会计信息为外部投资者提供增量信息，进而降低权益资本成本的作用均存在，假设 9 - 1 进一步得到了验证。

表9-8 不同公司治理特征下会计信息可比性对权益资本成本影响的检验结果

自变量	按管理费用率 MER 分组		按股权集中度 TOP1 分组		按高管持股比例 MANRATIO 分组		按两职合一 DUAL 分组	
	高管理费用率	低管理费用率	高股权集中度	低股权集中度	高持股比例	低持股比例	$DUAL=1$	$DUAL=0$
	(1)	(2)	(3)	(4)	(5)	(6)	(7)	(8)
常数项	-0.009 (-0.46)	0.027 (1.35)	-0.037** (-1.97)	0.020 (1.03)	0.045** (2.25)	-0.006 (-0.30)	0.004 (0.16)	-0.002 (-0.14)
CompAcc4	-0.452*** (-3.31)	-0.310** (-2.41)	-0.215* (-1.70)	-0.423*** (-3.12)	-0.267** (-2.15)	-0.275** (-2.01)	-0.356* (-1.80)	-0.352*** (-3.32)
SIZE	0.005*** (5.34)	0.003*** (3.80)	0.006*** (6.87)	0.004*** (4.29)	0.003*** (2.64)	0.005*** (5.30)	0.005*** (3.48)	0.005*** (6.42)
LEV	0.022*** (4.89)	0.030*** (5.38)	0.031*** (6.27)	0.024*** (4.99)	0.030*** (6.68)	0.028*** (5.25)	0.024*** (3.61)	0.028*** (6.68)
GROWTH	-0.0003 (-0.16)	0.001 (0.37)	0.001 (0.71)	0.001 (0.24)	0.002 (0.91)	-0.001 (-0.25)	0.003 (0.96)	0.0002 (0.09)
AGE	-0.001*** (-3.89)	-0.0004*** (-2.75)	-0.001*** (-4.65)	-0.001*** (-2.96)	-0.0003* (-1.77)	0.000007 (0.04)	-0.0004 (-1.43)	-0.001*** (-4.14)

续表

自变量	按管理费用率 MER 分组		按股权集中度 TOP1 分组		按高管持股比例 MANRATIO 分组		按两职合一 DUAL 分组	
	高管理费用率	低管理费用率	高股权集中度	低股权集中度	高持股比例	低持股比例	DUAL=1	DUAL=0
	(1)	(2)	(3)	(4)	(5)	(6)	(7)	(8)
LIQUID	-0.001** (-2.26)	-0.001* (-1.70)	-0.001** (-2.36)	-0.001*** (-2.98)	-0.001*** (-3.02)	-0.001** (-2.42)	-0.0003 (-1.08)	-0.001** (-2.37)
RISK	0.005 (1.06)	0.00007 (0.01)	0.003 (0.75)	-0.0004 (-0.09)	-0.0002 (-0.05)	0.012** (2.50)	-0.001 (-0.07)	0.002 (0.61)
行业效应	控制	控制	控制	控制	控制	控制	控制	控制
年度效应	控制	控制	控制	控制	控制	控制	控制	控制
调整后 R^2	0.274	0.269	0.309	0.327	0.408	0.253	0.368	0.288
F 值	13.32***	12.99***	15.60***	16.55***	23.47***	12.28***	10.88***	20.29***
观测值	1731	1731	1731	1731	1731	1731	883	2579

注：***、**、* 分别表示双尾检验在 1%、5% 和 10% 水平上显著。

9.5　本章小结

　　本章考察了会计信息可比性对企业权益资本成本的影响，实证结果发现高可比性会计信息能显著降低企业的权益资本成本，且相对于国有控股公司，这种作用在非国有控股公司中更加显著。进一步检验发现，企业信息透明度越低，会计信息可比性与权益资本成本的负相关关系更加显著，因此不同信息质量特征的治理效应存在替代关系。依据管理费用率、股权集中度、高管持股比例、董事长与总经理两职合一等公司治理变量的分组检验结果发现，在不同的治理环境下，高可比性会计信息为外部投资者提供增量信息，进而降低权益资本成本的作用均存在。

第 10 章

会计信息可比性、信息透明度 与企业创新绩效

10.1 引　言

创新是企业发展的动力和源泉，创新研发投入能增强企业未来盈利能力，提高企业绩效（王凤洲和宋洁，2012），因此，如何挖掘影响企业创新绩效的因素，从而为制定企业创新绩效提升策略提供借鉴，一直是学术领域重要的研究主题。

已有文献从高管特征（范宋伟，2022；李敏和夏思宇，2022）、内部治理（徐飞和杨冕，2022；易靖韬和曹若楠，2022）与外部环境（王进富等，2022）等角度研究了企业创新绩效的影响因素。李敏和夏思宇（2022）发现高管团队的年龄、专业背景等因素会影响企业的创新绩效。易靖韬和曹若楠（2022）发现企业流程数字化能够通过促进二元学习进而提高企业创新绩效。外部政策不确定性对企业创新绩效也有一定影响，例如供给层政策不确定性通过抑制人

才、资金等研发要素流动，负向影响企业创新绩效，而需求层和环境层政策不确定性通过促进人才、资金等研发要素流动正向影响企业创新绩效（王进富等，2022）。会计信息质量也是影响企业创新绩效的重要因素。例如，张多蕾和邹瑞（2021）发现应计质量较高的企业能够提高治理水平并缓解资金压力，进而显著提高创新绩效。王晓明（2020）发现稳健的会计政策能显著抑制信息不对称，提高企业融资能力，从而提升企业创新绩效。但目前较少有文献考察会计信息可比性与企业创新绩效关系。

会计信息可比性与应计质量、会计稳健性等其他会计信息质量特征不同，应计质量与会计稳健性属于企业内部的会计信息质量特征，而会计信息可比性指本企业与同行业竞争者之间会计信息的可比程度，因此将会计信息质量扩展到企业外部，不仅具有其他会计信息质量特征的降低代理成本与缓解融资约束的作用（李末佳和干胜道，2013；明泽和潘颖，2018），还可以为管理层创新决策提供额外的外部信息支持（Chircop et al.，2020），因而弥补了其他会计信息质量特征的局限性。

本章采用并改进了弗朗哥等（2011）的会计信息可比性测度方法，测度中国上市公司会计信息可比性值，考察了可比性对企业创新绩效的影响，以及信息透明度对这一关系的影响。进一步的，由于较完善的内外部治理机制能够抑制代理问题、降低投资者的风险溢价，此时同行业竞争者信息的效用降低，因此选用独立董事比例和法治水平作为代理指标，考察了企业治理机制对会计信息可比性与创新绩效关系的影响。最后还通过了替换因变量与自变量的稳健性检验。本章研究结论可以丰富企业创新绩效影响因素、会计信息可比性经济后果等领域的研究成果。

10.2　理论分析及研究假设提出

10.2.1　会计信息可比性与企业创新绩效

首先，会计信息可比性可以降低代理成本，提高管理层的创新意愿。在经营权与所有权分离的情况下，经理人与股东之间的代理问题是削弱企业创新意愿的重要因素。在短期业绩目标的压力下，管理层可能会牺牲公司的长期价值，不愿意将资源投向高风险领域，而将资源投入一些低风险的短期项目（俞鸿琳，2022），出现短视行为。企业创新任务复杂，属于非程序性决策，通常需要管理层投入更多精力，对"安逸生活"的追求也会降低管理层的创新意愿（江轩宇等，2017）。

在强会计信息可比性的环境下，投资者或债权人可以通过对比行业内其他公司与目标公司经营业绩信息，对目标公司的投资活动与经营业绩做出更客观、更公平的评价（袁知柱和吴粒，2012）。投资者和债权人不会将开展创新活动导致的短期业绩下滑完全归结为管理层能力低下，一定程度上缓解了管理者的短期业绩压力，抑制了管理者的短视行为（李末佳和干胜道，2013；江轩宇等，2017），同时也更容易发现管理层追求"安逸生活"的自利行为，并加以监督，从而提高管理层的创新意愿。

其次，高可比性会计信息可以缓解融资活动中的逆向选择问题，为企业创新活动的开展提供资金支持。李培楠等（2014）发现研究人员比重、内部资金投入、政府支持和外部技术均对企业创新有显著影响。而在资金投入上，由于创新活动的高风险性和不确定性，投资者往往要求更高的风险溢价，因而企业创新活动天然比其他投资活动更受融资约束的影响（李汇东等，2013）。较高的会计信息可比性降低了外部投资者要求的风险溢价，有助于企业获得股权融资以及债权融资（明泽和潘颉，2018），它还有助于供应商或客户采用更加简单和标准化的流程对企业商业信用授予进行有效的分析，降低获取和处理信息的成本，进而有利于企业获取商业信用融资（张勇，2017），从而为企业创新提供资金支持。

最后，较高的会计信息可比性为管理层的创新决策提供了信息支持。契尔考普等（2020）发现高可比性环境有利于管理层从同行业竞争者中获取信息，学习技术创新活动的相关经验，帮助管理层更好地评估创新投入效果，降低创新活动的不确定性，从而提高创新决策的科学性。

基于上述分析，提出如下研究假设：

假设 10-1：会计信息可比性与企业创新绩效显著正相关。

10.2.2 企业信息透明度的影响

会计信息可比性与企业信息透明度对企业创新绩效的影响可能存在一定的替代性。会计信息可比性对企业创新绩效的提升很大程度上源于对代理问题和融资约束的缓解作用（李末佳和干胜道，

2013；明泽和潘颉，2018）。而随着信息透明度的提升，外部投资者更易掌握企业的相关信息，监督成本下降，进而降低管理层代理成本。在信息透明度较高的情况下，投资者要求的风险溢价降低，企业也更易于获得融资机会（袁知柱等，2012）。因此，当企业信息透明度较高时，代理成本及融资约束问题已经得到较好的缓解，会计信息可比性提升创新绩效的增量效用下降。已有文献也发现了不同来源信息在缓解代理问题和逆向选择问题上的替代关系。袁知柱和张小曼（2020）发现，随着目标公司信息透明度的提升，企业自身信息已经能为投资者决策和监督提供充分信息支持，因而会计信息可比性对企业投资效率的影响在信息透明度较高的企业中减弱。钱明等（2016）发现由于外部投资者的资源约束，企业社会责任信息披露与会计稳健性在对融资约束的影响上主要呈现出替代关系。

基于上述分析，提出如下研究假设：

假设 10 - 2：随着信息透明度的提升，会计信息可比性与创新绩效的正相关关系减弱，即信息透明度与会计信息可比性在提升企业创新绩效上存在替代作用。

10.3　研　究　设　计

10.3.1　会计信息可比性与企业创新绩效的度量方法

（1）会计信息可比性测度方法

本章采用弗朗哥等（2011）设计的方法来度量会计信息可比

性，关于该方法的详细介绍，参见第 3 章 3.3.1 节中的描述，经方程 (3 - 5) 计算出公司 i 与公司 j 之间的会计信息可比性 $CompAcct_{ijt}$ 后，然后以公司 i 为基准，将所有与 i 配对的组合的可比性值按从大到小排列，$CompAcct4_{it}$ 为可比性最高的四对组合的平均值，该指标即为本章的可比性测度指标，其值越大表示会计信息可比性越强。这里选用 $CompAcct4_{it}$ 作为可比性度量指标是因为库珀和科尔代罗 (2008) 指出，投资者有时会仅选取行业内可比性最高的几家公司 (4 ~ 6 家) 来评估会计信息可比性，因此考虑过多公司反而可能给评估结果带来噪音。

(2) 企业创新绩效的度量方法

由于研发投入可能受到外包、财务信息舞弊等因素的影响 (董晓庆等，2014)，本章参考陈钦源等 (2017) 的做法，把企业专利申请数量作为企业创新绩效的度量依据。上市公司拥有的专利数据来源于中国知识产权局的《中国专利全文数据库》，该数据库收录了自 1985 年以来我国所有专利申请和获批的情况，并将其按照发明专利、实用新型和外观设计分类。

10.3.2　回归模型设计

构建如下的回归方程来实证检验会计信息可比性对企业创新绩效的影响。

$$
\begin{aligned}
PATENT = &\ \alpha_0 + \alpha_1 CompAcct4 + \alpha_2 SIZE + \alpha_3 MTB + \alpha_4 LDR \\
&+ \alpha_5 STDRET + \alpha_6 PPE + \alpha_7 TURNOVER \\
&+ \alpha_i \sum_{i=8}^{47} INDUSTRY + \alpha_i \sum_{i=48}^{52} YEAR + \varepsilon \qquad (10 - 1)
\end{aligned}
$$

其中，α_0 为常数项，$\alpha_i (i = 1，\cdots，52)$ 表示方程的回归系数，因变量 *PATENT* 为对企业专利申请数量加 1 后取的自然对数值，其值越大表示企业创新绩效越好。自变量 *CompAcct*4 表示会计信息可比性值。

控制变量选择参考了已有文献的研究成果。参考江轩宇等（2017）、陈钦源等（2017）等文献，加入企业规模 *SIZE*、市值账面价值比 *MTB*、长期负债率 *LDR*、股票收益率波动率 *STDRET*、固定资产比率 *PPE*、总资产周转率 *TURNOVER* 等变量作为控制变量。此外，还在方程中加入了行业及年度虚拟变量。

各变量的定义及计算方法见表 10 – 1。

表 10 – 1　　　　　　　　　　研究变量定义

变量类型	变量符号	变量名称	变量说明
因变量	*PATENT*	技术创新绩效	企业专利申请数量加 1 后的自然对数
自变量	*CompAcct*4	会计信息可比性	依据前文描述的方法计算
控制变量	*SIZE*	企业规模	总资产的自然对数
	MTB	市值账面价值比	企业市场价值与账面价值的比值
	LDR	长期负债率	长期负债与总资产的比值
	STDRET	股票收益率波动率	年度内各月股票收益的标准差
	PPE	固定资产比率	固定资产与资产总额的比值
	TURNOVER	总资产周转率	营业收入与平均资产总额的比值

10.3.3　样本选择及数据来源

选取 2010 ~ 2015 年的我国 A 股上市公司为样本，并同时做了如下调整：删除被特殊处理（即 ST）的公司；按照证监会 2012 年的行业分类标准，删除了门类行业为金融业的企业；删除存在信息缺失或异常情况的企业。经过这些处理后，最后得到 7014 个观测值。上市公司拥有的专利数据来源于中国知识产权局的《中国专利全文数据库》，其他数据来源于 Wind 数据库和 CSMAR 数据库。

10.4　实证过程及结果

10.4.1　研究变量的描述性统计及相关性检验

对研究变量进行描述性统计，结果见表 10 - 2。

表 10 - 2　　　　　　　　主要研究变量描述性统计

变量	观测值	均值	标准差	最小值	中位数	最大值
PATENT	7014	1.169	1.575	0.000	0.000	5.919
CompAcct4	7014	-0.005	0.006	-0.036	-0.003	-0.001
SIZE	7014	22.228	1.218	19.863	22.060	25.731
MTB	7014	1.829	1.519	0.193	1.431	8.326
LDR	7014	0.152	0.179	0.000	0.083	0.808
STDRET	7014	0.126	0.055	0.051	0.113	0.341
PPE	7014	0.246	0.175	0.002	0.213	0.733
TURNOVER	7014	0.704	0.493	0.071	0.593	2.758

表 10 - 2 列示了主要变量的描述性统计结果，技术创新绩效变量 *PATENT* 均值为 1. 169（企业专利申请数量加 1 后的自然对数），标准差为 1. 575，最小值与中位数为 0，最大值为 5. 919，说明中国多数上市公司的创新绩效还有很大提升空间，公司间也有显著差距，这与陈钦源等（2017）的描述结果相似。控制变量中，固定资产比率 *PPE* 均值为 0. 246，最小值为 0. 002，最大值为 0. 733，说明中国上市公司的营运能力有较大差异。其他控制变量的描述性统计结果均与已有文献的结果相似，不再赘述。

表 10 - 3 列示了相关性分析的检验结果，Pearson 相关系数与秩相关下 Spearman 相关系数表明，自变量 *CompAcct*4 与因变量 *PATENT* 的相关系数为正，但并不显著，然而这仅是简单相关系数检验结果，其真实关系还需要加入控制变量后进行多元线性回归检验。

表 10 - 3　　　　　　　　　主要研究变量的相关系数

变量	PATENT	CompAcct4	SIZE	MTB	LDR	STDRET	PPE	TURNOVER
PATENT	1	0. 009	0. 034 ***	0. 138 ***	- 0. 125 ***	0. 026 **	0. 057 ***	0. 172 ***
*CompAcct*4	0. 009	1	- 0. 023 *	- 0. 049 ***	- 0. 090 ***	- 0. 008	- 0. 090 ***	- 0. 055 ***
SIZE	0. 109 ***	0. 008	1	- 0. 548 ***	0. 331 ***	- 0. 120 ***	- 0. 024 **	- 0. 031 **
MTB	0. 087 ***	- 0. 071 ***	- 0. 419 ***	1	- 0. 345 ***	0. 143 ***	- 0. 053 ***	0. 036 ***
LDR	- 0. 133 ***	- 0. 060 ***	0. 211 ***	- 0. 209 ***	1	- 0. 084 ***	0. 174 ***	- 0. 224 ***
STDRET	0. 001	- 0. 008	- 0. 113 ***	0. 122 ***	- 0. 109 ***	1	- 0. 101 ***	- 0. 069 ***
PPE	0. 000	- 0. 071 ***	0. 048 ***	- 0. 118 ***	0. 276 ***	- 0. 116 ***	1	0. 104 ***
TURNOVER	0. 084 ***	- 0. 038 ***	0. 003	- 0. 031 ***	- 0. 164 ***	- 0. 074 ***	- 0. 001	1

注：***、**、* 分别表示 1%、5% 和 10% 的显著性水平（双尾检验）；表格左下部分和右上部分分别为 Pearson 相关系数和 Spearman 相关系数。

10.4.2　会计信息可比性对企业创新绩效影响的回归检验

为考察会计信息可比性对创新绩效的影响影响，对方程（10－1）进行回归检验，检验结果见表10－4。

表10－4　　会计信息可比性对企业创新绩效影响的检验结果

变量	回归系数	标准误差	t检验值	显著性
常数项	－4.762***	0.400	－11.90	0.000
CompAcct4	9.815***	2.721	3.61	0.000
SIZE	0.308***	0.016	19.13	0.000
MTB	0.060***	0.012	4.78	0.000
LDR	－0.442***	0.149	－2.97	0.003
STDRET	－1.176***	0.366	－3.21	0.001
PPE	－0.125	0.118	－1.06	0.290
TURNOVER	0.145***	0.040	3.68	0.000
行业效应	控制			
年度效应	控制			
调整后R^2	0.324			
F值	65.52***			
观测值	7014			

注：*** 表示双尾检验在1%水平上显著。

从表10－4可以看到，变量 CompAcct4 的回归系数在1%水平上显著为正，说明较高的会计信息可比性有利于提高企业创新绩效，假设10－1得到了验证。

从控制变量结果来看，企业规模变量 *SIZE* 的回归系数在 1% 的水平上显著为正，因此企业规模越大，企业内部可用于创新的资源越充足，企业的创新绩效越高。市值账面价值比的回归系数为正，说明企业成长性和发展前景越好，企业可以为开展创新活动获取越多的资金支持，创新绩效越高。长期负债率变量 *LDR* 的回归系数在 1% 水平显著为负，说明企业长期负债比例的提高会降低创新绩效，与还本付息现金流阻碍创新项目持续现金投入的观点一致（李汇东等，2013）。股票收益率波动率变量 *STDRET* 的回归系数在 1% 水平上显著为负，因此外部环境及经营业绩的波动程度越大，企业的经营风险越大，不利于开展创新活动。固定资产比率变量 *PPE* 的回归系数不显著，说明企业的固定资产比率与企业创新绩效关系较弱。总资产周转率变量 *TURNOVER* 的回归系数在 1% 水平上显著为正，说明企业良好的销售业绩有利于为企业创新提供内源融资，从而提高创新绩效（李汇东等，2013）。

10.4.3　信息透明度对会计信息可比性与企业创新绩效关系影响的检验结果

为考察企业信息透明度对会计信息可比性与企业创新绩效关系的影响，本部分与袁知柱和张小曼（2020）一致，分别采用企业规模 *SIZE* 和机构投资者持股比例 *INST* 这两个变量来衡量企业信息透明度。由于规模较大的公司往往存续时间较长，治理机制较完善，也更容易得到各种信息中介的关注，因此一般有着较高信息透明度，索恩（2016）等较多文献也采用企业规模指标来度量公司信息透明度，发现该指标度量效果较好。机构投资者作为专业性投资机构，积极参与公司治理，在提升公司治理效率方面发挥重要作用（李维安和李滨，2008），持股比例较高的机构投资者能够促使管理者披露更谨慎的财务报告（胡玮佳和韩丽荣，2016），提高企业信息透明度。分别按照企业规模 *SIZE* 和机构投资者持股比例 *INST* 的中位数将样本分为两组，高于中位数的样本划分为高信息透明度组，低于中位数的样本划分为低信息透明度组，然后对方程（10 – 1）进行分组检验，检验结果见表10 – 5 的（1）~（4）列。

表 10 – 5 　　　　会计信息可比性与信息透明度在提升创新
绩效上的替代关系检验结果

变量	用企业规模变量 度量企业信息透明度		用机构持股比变量 度量企业信息透明度	
	高信息透明度	低信息透明度	高信息透明度	低信息透明度
	（1）	（2）	（3）	（4）
常数项	– 5. 352 *** （– 7. 64）	– 6. 487 *** （– 7. 39）	– 4. 579 *** （– 7. 08）	– 3. 696 *** （– 6. 62）
*CompAcct*4	0. 598 （0. 14）	19. 320 *** （5. 52）	2. 527 （0. 59）	18. 139 *** （5. 29）
SIZE	0. 322 *** （11. 16）	0. 370 *** （9. 43）	0. 269 *** （10. 77）	0. 279 *** （12. 04）
MTB	0. 095 *** （4. 03）	0. 046 *** （3. 25）	0. 058 *** （3. 15）	0. 024 （1. 41）
LDR	– 0. 122 （– 0. 59）	– 0. 547 ** （– 2. 54）	– 0. 391 * （– 1. 71）	– 0. 328 * （– 1. 73）

续表

变量	用企业规模变量 度量企业信息透明度		用机构持股比变量 度量企业信息透明度	
	高信息透明度	低信息透明度	高信息透明度	低信息透明度
	（1）	（2）	（3）	（4）
STDRET	−2.018 *** （−3.53）	−0.224 （−0.48）	−1.518 *** （−2.67）	−1.109 ** （−2.39）
PPE	0.136 （0.76）	−0.342 ** （−2.17）	−0.157 （−0.82）	0.021 （0.15）
TURNOVER	0.140 ** （2.34）	0.109 ** （2.08）	0.147 ** （2.40）	0.067 （1.32）
行业效应	控制	控制	控制	控制
年度效应	控制	控制	控制	控制
调整后 R^2	0.390	0.269	0.325	0.321
F 值	44.17 ***	26.24 ***	33.42 ***	32.94 ***
观测值	3507	3507	3506	3508

注：***、**、*分别表示双尾检验在 1%、5% 和 10% 水平上显著。

由表 10 – 5 可知，会计信息可比性变量 *CompAcct*4 的回归系数在高信息透明度组［（1）列和（3）列］中均不显著，而在低信息透明度组［（2）列和（4）列］中均在 1% 水平上显著为正，说明在企业信息透明度较高的环境下，代理问题与融资约束已经得到了一定缓解，故会计信息可比性对企业创新绩效的提升作用显著减弱，支持了假设 10 – 2 的观点。

10.4.4 稳健性检验与进一步分析

(1) 因变量与自变量度量的稳健性检验

对于自变量会计信息可比性值 *CompAcct*4，参考第 6 章第 6.4.4 节中对会计信息可比性计算方法的修正思路，分别考察盈余确认的非对称性问题、价格引导盈余问题，然后重新计算可比性最高的四对组合的平均值，分别表示为 *CompAcct*4 – *CONS* 和 *CompAcct*4 – *PLE*，依据这两个指标对方程（10 – 1）重新回归，结果见表 10 – 6 的列（1）和列（2）。对于因变量企业创新绩效 *PATENT*，前文是依据企业专利申请数量来度量，这里分别采用企业发明专利申请数量加 1 的自然对数 *PATENT*1、企业获批的专利数量加 1 的自然对数 *PATENT*2、企业获批的发明专利数量加 1 的自然对数 *PATENT*3 来进行稳健性检验，方程（10 – 1）的检验结果见表 10 – 6 的列（3）~（5）。

表 10 – 6　　　　替换自变量与因变量的检验结果

变量	PATENT	PATENT	PATENT1	PATENT2	PATENT3
	(1)	(2)	(3)	(4)	(5)
常数项	– 4.717 *** (– 11.78)	– 4.708 *** (– 11.76)	– 4.441 *** (– 13.64)	– 4.314 *** (– 11.83)	– 2.067 *** (– 10.27)
*CompAcct*4	—	—	5.195 ** (2.35)	8.110 *** (3.27)	3.113 ** (2.27)
*CompAcct*4 – *CONS*	7.923 *** (4.29)	—	—	—	—

续表

变量	PATENT	PATENT	PATENT1	PATENT2	PATENT3
	(1)	(2)	(3)	(4)	(5)
CompAcct4 – PLE	—	10.346 *** (5.03)	—	—	—
SIZE	0.307 *** (19.07)	0.307 *** (19.09)	0.269 *** (20.53)	0.278 *** (18.91)	0.132 *** (16.27)
MTB	0.059 *** (4.77)	0.060 *** (4.79)	0.047 *** (4.63)	0.042 *** (3.66)	0.007 (1.16)
LDR	- 0.428 *** (- 2.88)	- 0.428 *** (- 2.88)	- 0.287 ** (- 2.37)	- 0.373 *** (- 2.76)	- 0.120 (- 1.60)
STDRET	- 1.141 *** (- 3.12)	- 1.168 *** (- 3.19)	- 1.045 *** (- 3.51)	- 0.926 *** (- 2.78)	- 0.191 (- 1.04)
PPE	- 0.121 (- 1.03)	- 0.123 (- 1.04)	- 0.234 ** (- 2.44)	- 0.038 (- 0.35)	- 0.130 ** (- 2.19)
TURNOVER	0.145 *** (3.66)	0.145 *** (3.67)	0.091 *** (2.84)	0.151 *** (4.19)	0.047 ** (2.36)
行业效应	控制	控制	控制	控制	控制
年度效应	控制	控制	控制	控制	控制
调整后 R^2	0.324	0.325	0.277	0.312	0.221
F 值	65.67 ***	65.87 ***	52.73 ***	62.22 ***	39.34 ***
观测值	7014	7014	7014	7014	7014

注：***、**分别表示双尾检验在1%、5%水平上显著。

从表 10 - 6 可以看到，无论是替换因变量，还是替换自变量，列（1）~（5）中自变量可比性的回归系数均显著为正，因此表 10 - 4 的结果是稳健的，因变量与自变量的度量问题不影响前述结果，会计信息可比性能显著提升企业创新绩效。

（2）公司治理对会计信息可比性与企业创新绩效关系影响的检验结果

会计信息可比性与公司内外部治理对企业创新绩效的影响可能存在一定的替代性。会计信息可比性主要通过降低代理成本、缓解融资约束提升企业创新绩效（李末佳和干胜道，2013；明泽和潘颖，2018），而完善的公司治理机制同样对管理层自利行为有抑制作用。从内部治理看，独立董事可以通过对管理层的决策管理（方案的提出和执行）进行决策控制（方案的批准与监督），从而提高决策质量（冯根福和温军，2008）。从外部治理看，法律对投资者的保护有助于减少与自由现金流相关的代理成本，同时，对投资者的法律保护也有利于企业获取融资（叶勇等，2013）。综上所述，当企业的内外部治理机制较完善时，高会计信息可比性对代理问题与融资约束的抑制作用降低，因此对企业创新绩效的提升作用可能会减弱。

为考察公司治理对会计信息可比性与企业创新绩效关系的影响，采用独立董事比例 $INDEP$ 和法治水平 LAW 来衡量企业内外部治理环境。首先，将独立董事比例高于中位数的样本划分为高独立董事比例组，低于中位数的样本划分为低独立董事比例组，并对方程（10-1）进行分组回归，结果列示在表10-7的（1）~（2）列。其次，采用王小鲁等（2016）的"市场中介组织的发育和法律制度环境"指数来度量法治水平，高于法治水平中位数的样本划分为强法治水平样本组，低于中位数的样本划分为弱法治水平样本组，并分别对方程（10-1）进行回归，结果列示在表10-7的（4）~（5）列。

表 10 - 7　公司治理对会计信息可比性与企业创新

绩效关系影响的检验结果

变量	用独董比例表示内部治理			用法治水平表示外部治理	
	高独立董事比例	低独立董事比例	高独董比例 VS 低独董比例	强法治水平	弱法治水平
	（1）	（2）	（3）	（4）	（5）
常数项	- 5. 814 *** (- 10. 55)	- 3. 705 *** (- 6. 21)	- 4. 522 *** (- 10. 72)	- 4. 404 *** (- 7. 07)	- 4. 554 *** (- 8. 17)
CompAcct4	7. 321 * (1. 87)	12. 810 *** (3. 39)	53. 616 *** (2. 98)	1. 757 (0. 40)	14. 537 *** (4. 14)
INDEP	—	—	- 0. 580 (- 1. 48)	—	—
CompAcct4 × INDEP	—	—	- 117. 599 ** (- 2. 47)	—	—
SIZE	0. 360 *** (16. 19)	0. 249 *** (10. 42)	0. 307 *** (19. 03)	0. 309 *** (13. 34)	0. 296 *** (12. 97)
MTB	0. 071 *** (4. 07)	0. 041 ** (2. 24)	0. 058 *** (4. 67)	0. 076 *** (4. 43)	0. 030 (1. 63)
LDR	- 0. 467 ** (- 2. 21)	- 0. 404 * (- 1. 92)	- 0. 441 *** (- 2. 96)	- 0. 629 *** (- 2. 78)	- 0. 157 (- 0. 77)
STDRET	- 0. 958 * (- 1. 83)	- 1. 464 *** (- 2. 86)	- 1. 173 *** (- 3. 20)	- 1. 073 ** (- 2. 19)	- 1. 338 ** (- 2. 42)
PPE	- 0. 049 (- 0. 28)	- 0. 218 (- 1. 35)	- 0. 127 (- 1. 07)	0. 156 (0. 87)	- 0. 337 ** (- 2. 09)
TURNOVER	0. 207 *** (3. 54)	0. 083 (1. 54)	0. 145 *** (3. 67)	0. 104 * (1. 82)	0. 192 *** (3. 43)
行业效应	控制	控制	控制	控制	控制
年度效应	控制	控制	控制	控制	控制

续表

变量	用独董比例表示内部治理			用法治水平表示外部治理	
	高独立董事比例	低独立董事比例	高独董比例 VS 低独董比例	强法治水平	弱法治水平
	(1)	(2)	(3)	(4)	(5)
调整后 R^2	0.362	0.296	0.324	0.347	0.310
F 值	38.37 ***	30.61 ***	63.24 ***	36.75 ***	31.94 ***
观测值	3354	3660	7014	3503	3511

注：***、**、* 分别表示双尾检验在 1%、5% 和 10% 水平上显著。

从表 10-7 可以看到，无论是列（1）（高独立董事比例样本组），还是列（2）（低独立董事比例样本组），会计信息可比性变量 CompAcct4 的回归系数均显著为正。为进一步考察两组样本的回归结果差异，在方程（10-1）中加入独立董事比例 INDEP 及其与会计信息可比性的交乘项 CompAcct4 × INDEP，然后对整体样本进行回归，结果列示在第（3）列，可以看到，交乘项 CompAcct4 × INDEP 的回归系数在 5% 水平上显著为负，因此独立董事比例越高，会计信息可比性对企业创新绩效的提升作用减弱。法治水平分组检验结果显示，列（4）（强法治水平样本组）中可比性变量 CompAcct4 的回归系数不显著，而列（5）（弱法治水平样本组）中变量 CompAcct4 的回归系数在 1% 水平上显著为正，因此法治水平越完善，会计信息可比性与企业创新绩效的正相关关系减弱。综上，会计信息可比性与公司内外部治理对企业创新绩效的影响存在一定的替代性，即公司内外部治理环境越好，会计信息可比性对企业创新绩效的作用越弱。

（3）市场竞争对会计信息可比性与企业创新绩效关系影响的检验结果

市场竞争可能对会计信息可比性与企业创新绩效的关系存在一定的影响。市场竞争越激烈，产品相似度越高，产品更新换代的速度越快，此时同行业内企业间的学习效应越强，可比会计信息提供的增量信息越有用，对企业创新绩效的影响越显著。与第 5 章一致，参考姜付秀等（2009）、达利瓦尔等（2014），用某行业各公司收入与所有公司总收入比值平方和的相反数 MCL 表示市场竞争程度（即赫芬达尔指数 HHI 的相反数），其值越大表示市场竞争越激烈，行业内垄断现象较少。将变量 MCL 高于中位数的样本划分为强市场竞争样本组，低于中位数的样本划分为弱市场竞争样本组，然后对方程（10 - 1）进行分组回归，结果列示在表 10 - 8 的（1）~（2）列。如果分组回归中可比性变量 CompAcct4 的回归结果均显著，则在方程（10 - 1）中加入市场竞争程度变量 MCL 及其与可比性的交乘项 CompAcct4 × MCL，然后进行交乘项回归检验。

表 10 - 8　　市场竞争对会计信息可比性与企业创新绩效关系影响的检验结果

变量	强市场竞争	弱市场竞争	强市场竞争 VS 弱市场竞争
	（1）	（2）	（3）
常数项	- 4. 444 *** （- 8. 22）	- 4. 630 *** （- 8. 78）	- 4. 600 *** （- 11. 05）
CompAcct4	11. 607 *** （2. 76）	8. 757 ** （2. 45）	11. 522 *** （2. 74）

续表

变量	强市场竞争	弱市场竞争	强市场竞争 VS 弱市场竞争
	(1)	(2)	(3)
MCL	—	—	1.572 (1.45)
*CompAcct*4 × *MCL*	—	—	19.614 (0.51)
SIZE	0.322 *** (13.35)	0.285 *** (12.99)	0.308 *** (19.06)
MTB	0.043 ** (2.54)	0.076 *** (4.11)	0.059 *** (4.73)
LDR	− 0.495 ** (− 2.35)	− 0.294 (− 1.36)	− 0.440 *** (− 2.96)
STDRET	− 1.165 ** (− 2.26)	− 1.213 ** (− 2.33)	− 1.240 *** (− 3.36)
PPE	− 0.629 *** (− 3.51)	0.250 (1.57)	− 0.124 (− 1.05)
TURNOVER	0.042 (0.77)	0.260 *** (4.48)	0.146 *** (3.69)
行业效应	控制	控制	控制
年度效应	控制	控制	控制
调整后 R^2	0.380	0.254	0.324
F 值	97.29 ***	28.49 ***	63.13 ***
观测值	3459	3555	7014

注: *** 、** 分别表示双尾检验在1%、5%水平上显著。

由表10 - 8可知,无论是列(1)的强市场竞争样本组,还是列（2）的弱市场竞争样本组，可比性变量 *CompAcct*4 的回归系数均显著为正，即无论市场竞争程度强弱，会计信息可比性均能对企业创新绩效起到提升作用。列（3）的结果显示，交乘项 *CompAcct*4 × *MCL* 的回归系数不显著，因此在不同的市场竞争环境下，会计信息可比性对企业创新绩效的影响不存在显著差异，与前面的理论分析不一致。

10.5　本 章 小 结

本章采用并改进了弗朗哥等（2011）的可比性测度方法，测度中国上市公司可比性值，考察了可比性对企业创新绩效的影响，发现较高的会计信息可比性可以降低代理成本、缓解融资约束，为管理层提供信息支持，从而提高企业创新绩效，并且这一效应随着企业信息透明度的提升而减弱。研究结果通过了替换因变量与自变量的稳健性检验。在进一步研究中，选用独立董事比例和法治水平作为代理指标，考察了公司治理对会计信息可比性与企业创新绩效关系的影响。检验结果发现，完善的公司治理机制在提高企业创新绩效上与会计信息可比性存在一定的替代性。此外，会计信息可比性对企业创新绩效的提升作用在不同竞争程度的市场中均显著，且两者不存在明显差异。

第 11 章

研究结论及对策建议

11.1 研究结论

会计信息可比性是一项重要的会计信息质量特征，然而由于其测度的困难，现有研究局限于采用会计准则协调或实务协调度量方法来进行间接考察，缺少直接检验成果。本书基于弗朗哥等（2011）的可比性测度方法及其改进方法，首先测度出中国上市公司会计信息可比性值，然后考察了会计制度变迁、法治水平、市场竞争、会计师事务所特定审计方式等因素对会计信息可比性的影响，并从企业会计盈余操纵、资源配置效率、权益资本成本、创新绩效等角度考察了会计信息可比性的经济后果，得到了如下研究结果。

第一，新会计准则实施初期会计信息可比性没有显著变化，而当实施进入成熟期后会计信息可比性有显著提升。按照法治水平、产权性质、股权制衡度及审计质量等治理特征的分组检验结果发现这一结果在不同的治理环境中均存在，且当法治水平较强、终极控制人为非国有控股、股权制衡度较高或审计质量较高时，新会计准则实施进入成熟期后可比性提升效果更显著。

第二，地区法治水平与会计信息可比性显著正相关，即在我国投资者保护程度较强的地区，企业管理层能更严格遵守会计准则规定，会计信息可比性较高。进一步检验发现，相对于国有控股公司，法治水平与会计信息可比性的正相关关系在非国有控股公司中更加显著，因此，投资者保护制度对国有控股公司管理层会计行为的约束能力较弱。

第三，市场竞争程度与会计信息可比性显著负相关，即激烈的市场竞争会导致管理层提供可比性较低的会计信息，因此相对于市场竞争的公司治理效应来说，专有性成本效应与盈余压力效应对会计信息可比性起到了决定性作用。进一步检验结果发现，研发费用支出较多时，专有性成本效应增强；企业微盈利或审计质量较低时，盈余压力效应增强；而法治水平较强或非国有控股时，公司治理效应减弱，这几种情况下市场竞争程度与会计信息可比性的负相关性均会更加显著，检验过程中还同时实现了对专有性成本效应、盈余压力效应及公司治理效应的识别。

第四，"国际四大"与"国内六大"会计师事务所均存在特定审计方式，由同一"国际四大"或"国内六大"审计的两家公司间的会计信息可比性值要显著高于由不同"国际四大"或"国内六大"审计的两家公司间的会计信息可比性值；进一步检验结果表明，会计师事务所规模越大，审计风格效应越强，由同一"国际四大"审计的两家公司间的会计信息可比性值要显著高于由同一"国内六大"审计的两家公司间的会计信息可比性值，而后者又显著高于由同一"国内非六大"审计的两家公司间的会计信息可比性值。

第五，会计信息可比性与应计盈余操纵程度显著负相关，与真实盈余操纵程度显著正相关，因此尽管高会计信息可比性能显著抑制中国上市公司的应计盈余操纵行为，但这会导致管理层转而采用真实经济业务操纵手段来实现盈余管理目标。按照法治水平、产权性质及新会计准则的分组检验结果表明，上述关系在不同的内外部治理环境中均存在，且随着治理环境的完善，可比性与应计盈余操纵程度的负相关性显著增强，此时管理层的真实经济业务操纵行为也会受到更强抑制。

第六，会计信息可比性与投资过度及投资不足程度均显著负相关，因此高可比性能提供信息使用者所需要的相关信息，从而抑制企业投资过度及投资不足行为，提升资源配置效率。进一步检验结果发现，随着信息透明度的增强，会计信息可比性与投资过度行为的负相关关系减弱，因此信息透明度与可比性在抑制投资过度行为上是替代的治理作用；但对于投资不足行为，只有在高信息透明度环境下，信息透明度与可比性对其抑制作用才呈现出替代关系。

第七，高可比性会计信息能显著降低企业权益资本成本，且相对于国有控股公司，这种作用在非国有控股公司中更加显著。进一步检验发现，企业信息透明度越低，会计信息可比性与权益资本成本的负相关关系更加显著，因此不同信息质量特征的治理效应存在替代关系。

第八，会计信息可比性与企业创新绩效显著正相关，并且这种相关性随着企业信息透明度的提升而减弱。以独立董事比例和地区法治水平作为公司治理的代理指标，检验结果发现完善的公司治理机制与会计信息可比性在提高企业创新绩效上存在一定的替代性。此外，会计信息可比性对企业创新绩效的提升作用在不同竞争程度的市场中均显著，且两者不存在明显差异。

11.2　相关对策建议

11.2.1　外部监管及制度建设方面

（1）加强对投资者的保护力度

第一，持续推进制度改革，规范市场行为，改善投资环境，完善上市公司投融资制度，加强外部监管，进而保护投资者权益。第二，缩小地区间的制度差异，加强欠发达地区的法律建设。国家应适当进行政策倾斜，提高欠发达地区的法律执行强度和执行效率，同时优化诉讼程序，更好地保护投资者利益，提高会计信息可比性。第三，加快国有企业转型。如前文分析，相对于民营企业，投资者保护在国有企业中发挥的治理效应较弱，因此要持续推进国有企业改革，优化股权结构，建立现代法人治理机制，进而发挥出投资者保护制度的治理作用。第四，疏通信息传播渠道。要保障投资者的知情权，建立信息交流与反馈系统，切实保护投资者权益，提高会计信息可比性。

（2）为新会计准则实施提供配套化制度建设

前文研究发现，新会计准则实施初期的会计信息可比性并没有实际改善，只有当实施进程进入成熟期后会计信息可比性才会提高，而且改进效果还要受到多重因素的制约。所以，新会计准则推出以后，政府部门应该提供配套化的制度建设，从而促进准则尽快得到有效执行。首先，相关部门要出台配套政策，为企业在会计准则运用时提供指导，帮助企业更好地理解和运用新会计准则。其次，应该根据企业规模、类型等设置合理的适应期，给企业足够的缓冲时间，让企业能够更好地适应会计准则。最后，设置回访调查机制，派出专业人员对目标企业调查跟踪，找出会计准则实施过程中存在的问题，并采取合理的方法解决问题，同时将目标企业的经验推广至其他企业。

（3）提高信息披露监管力度

第一，要进一步完善全行业的信息披露标准。建立具有法律效力的信息披露规范，同时加强对披露内容的管控，减少信息披露盲区，提高信息披露质量。第二，监管部门要严格贯彻《公司法》《证券法》《合同法》等相关法律规定，细化落实相关政策，坚决制止企业不合规披露行为，提高企业的会计信息可比性。第三，健全相关的法律法规，构建有效的监管政策体系。对信息披露在时间、内容等方面作出明确规定，同时加强监督管理，提高处罚力度，坚决打击违法违规披露行为。第四，提高信息披露的频率，拓展信息披露的范围，强化信息披露的质量，对会计信息要做到及时披露，提升会计信息可比性。

（4）提高审计质量

首先，监管部门要完善审计质量考核体系，加强审计质量管理，树立质量意识，建立常态化审计质量审核机制，同时加强对审计监察工作的监督，推进审计执法行为规范化。其次，在人工智能及大数据背景下，积极应用现代化信息技术，建立统一的现代化审计系统，减少审计差错，提高审计质量。再次，会计师事务所要完善其内部质量管理制度，加强日常规范，提高审计人员素质，同时与审计客户保持应有距离，保证审计工作独立性。最后，会计师事务所要设置标准化审计程序，在明确审计规范的前提下，针对具体的审计对象，制定规范化审计工作模板，在保证审计质量的同时提高审计效率。

11.2.2　公司治理方面

（1）完善公司治理机制

第一，优化上市公司股权结构，完善产权制度，减少"一股独大"的局面，建立相互制约的股权结构体系，同时保持股权动态平衡，为优化上市公司的治理结构提供坚实基础。第二，进一步规范董事会程序，健全董事会的组织结构，保证董事会具有重大事项的实际决定权，优化董事会成员构成，保证独立董事的独立性，提高董事会的决策能力，加强董事会对高级管理人员的监督力度，减少其专权和自利行为。第三，进一步完善监事会制度，强化监督职能，保证监事会成员的独立性和多元性，避免一人多职现象，保证监督权不受董事会影响的同时加强对董事会和高级管理人员的监督。第四，提高员工在公司治理过程中的参与度，设置员工董事、监事制度，在董事会、监事会中设立员工席位，保障员工的合法权益。第五，完善经理人激励机制，在要求经理人业绩水平的同时配套对等的激励措施，此外，激励机制要和公司的长远发展相挂钩，强化管理层责任意识。

（2）发挥市场竞争的治理效应

前文研究发现，有效的市场竞争能发挥治理效应，改进会计信息可比性。因此有如下建议：第一，政府部门要加强制度建设，进一步完善市场竞争机制，提高市场透明度，创造积极稳定的竞争环境，同时要做好引导者角色，鼓励上市公司有效参与市场竞争，避免过度竞争。第二，监管部门要完善监督机制，积极发挥外部监督作用，加大对不合理竞争行为的处罚力度，保证上市公司公平参与市场竞争。第三，上市公司自身要加强忧患意识，提高员工的竞争意识，充分认识竞争的治理效应，在激励体系中加入竞争指标，推动企业进行有效的市场竞争，利用市场竞争改进公司治理水平，最终提升绩效和会计信息质量。

（3）优化企业内部控制

第一，改善企业内部控制环境，建立合理的组织架构和治理机制，提高管理层的素养，加强文化宣传，端正员工对内部控制的认识。第二，完善风险管控机制，建立风险识别系统，提高风险敏锐度，根据具体风险采取合理措施，优化风险处理流程，提高风险管控能力。第三，完善企业内部控制措施，坚持不相容业务分离控制，明确各个岗位的权力和责任，优化授权审批机制，加强预算控制，完善绩效考评制度，优化奖惩机制。第四，强化现代信息技术的应用，建立信息收集和加工系统，提高信息质量，通过搭建信息化沟通平台来优化信息传播机制，提高信息传递效率。第五，完善企业监督体系，优化监督流程，加强对日常工作的监管力度，提高内部审计人员的素质，保持内部审计工作的独立性，改善内部审计效果。同时要积极引入外部监督，推动内部监督和外部监督协同发力，提高监督效率，最终提升会计信息质量。

参 考 文 献

[1] 步丹璐，叶建明．《资产减值》的经济后果——基于新旧会计准则比较的视角 [J]．中国会计评论，2009，7（3）：315 - 328．

[2] 财政部会计司编写组．企业会计准则讲解 [M]．北京：人民出版社，2007．

[3] 陈波．会计师事务所内部治理、产权性质与审计质量——基于我国 A 股上市公司 2008 - 2010 年的数据 [J]．会计与经济研究，2014，28（5）：68 - 86．

[4] 陈红，王磊．产品市场竞争对公司代理成本和代理效率的影响 [J]．当代经济研究，2014（4）：37 - 43．

[5] 陈骏，徐玉德．产品市场竞争、竞争态势与上市公司盈余管理 [J]．财政研究，2011（4）：58 - 61．

[6] 陈骏．公允价值计量降低了会计信息的可靠性吗——基于沪深 A 股上市公司会计稳健性的经验证据 [J]．山西财经大学学报，2013，35（5）：114 - 124．

[7] 陈克兢，李延喜，孙文章，杨莉．制度约束还是制度诱导？——中国上市公司盈余管理策略演变的经验证据 [J]．管理评

论, 2016, 28 (5): 122 - 136.

[8] 陈钦源, 马黎珺, 伊志宏. 分析师跟踪与企业创新绩效——中国的逻辑 [J]. 南开管理评论, 2017, 20 (3): 15 - 27.

[9] 陈胜蓝, 卢锐. 新股发行、盈余管理与高管薪酬激励 [J]. 管理评论, 2011, 23 (7): 155 - 162.

[10] 陈胜蓝, 魏明海. 投资者保护与财务会计信息质量 [J]. 会计研究, 2006 (10): 28 - 35.

[11] 陈涛琴, 李栋栋, 洪剑峭. 客户盈余质量与供应商投资效率分析——基于 A 股上市公司的经验研究 [J]. 南开管理评论, 2021, 24 (3): 193 - 201.

[12] 陈小林, 袁德利. 法律、文化与盈余管理 [J]. 财经问题研究, 2016 (8): 56 - 64.

[13] 陈毓圭. 我国注册会计师行业发展的四个阶段 [J]. 中国注册会计师, 2008 (11): 12 - 17.

[14] 崔艳娟, 李延喜, 陈克兢. 外部治理环境对盈余质量的影响: 自然资源禀赋是"诅咒"吗 [J]. 南开管理评论, 2018, 21 (2): 172 - 181.

[15] 丁鑫, 杨忠海. 货币政策紧缩、会计信息可比性与银行借款 [J]. 会计研究, 2021 (5): 32 - 40.

[16] 董晓庆, 赵坚, 袁朋伟. 国有企业创新效率损失研究 [J]. 中国工业经济, 2014 (2): 97 - 108.

[17] 樊纲, 王小鲁, 朱恒鹏. 中国市场化指数——各地区市场化相对进程 2011 年报告 [M]. 北京: 经济科学出版社, 2011.

[18] 范宋伟. 高管薪酬差距对企业技术创新绩效的影响 [J].

技术经济与管理研究，2022（9）：51 - 56.

［19］方红星，金玉娜．高质量内部控制能抑制盈余管理吗？——基于自愿性内部控制鉴证报告的经验研究［J］．会计研究，2011（8）：53 - 60.

［20］冯根福，温军．中国上市公司治理与企业技术创新关系的实证分析［J］．中国工业经济，2008（7）：91 - 101.

［21］傅钧彪，周鑫泽．标准化：深化会计师事务所全面质量建设的新工具［J］．中国注册会计师，2016（4）：28 - 33.

［22］干胜道，胡明霞．管理层权力、内部控制与过度投资——基于国有上市公司的证据［J］．审计与经济研究，2014（5）：40 - 47.

［23］高锦萍，吴美娟．公司年报信用信息披露质量对股权资本成本的影响［J］．北京邮电大学学报（社会科学版），2022，24（4）：39 - 50.

［24］高雷，张杰．公司治理、机构投资者与盈余管理［J］．会计研究，2008（9）：64 - 72.

［25］高利芳．基于趋同的会计准则变迁与会计准则执行研究［D］．厦门：厦门大学博士学位论文，2009.

［26］盖地，卢强．中国会计准则、制度与国际财务报告准则下利润报告的差异研究——对 B 股上市公司 2002 年年报的分析［J］．财经论丛，2004（4）：41 - 47.

［27］葛家澍，陈守德．财务报告质量评估的探讨［J］．会计研究，2001（11）：9 - 18.

［28］葛永波，陈磊，刘立安．管理者风格：企业主动选择还是管

理者随性施予？——基于中国上市公司投融资决策的证据 [J]. 金融研究，2016（4）：190－206.

[29] 郭照蕊. 国际"四大"与高审计质量——突破传统审计研究框架的再检验 [J]. 金融管理研究，2020（1）：47－67.

[30] 郭照蕊. 国际四大与高审计质量——来自中国证券市场的证据 [J]. 审计研究，2011（1）：98－107.

[31] 贺宝成，阮孝青. 产品市场竞争与信息披露违规：诱发还是治理？——基于古诺和 Mlogit 模型的分析 [J]. 哈尔滨商业大学学报（社会科学版），2020（2）：18－31.

[32] 贺小刚，张远飞，连燕玲. 高管离任前的盈余管理：公司治理机制能起到作用吗？[J]. 经济管理，2012，34（11）：113－124.

[33] 何玉，胥琛. 绿色发展信息披露、所有权性质与权益资本成本 [J]. 国际商务财会，2022（7）：12－24.

[34] 洪怡恬. 银企和政企关系、企业所有权性质与融资约束 [J]. 宏观经济研究，2014（9）：115－125.

[35] 胡玮佳，韩丽荣. 分析师关注度、机构持股比与会计信息披露——基于相续 Logit 模型的回归分析 [J]. 财经问题研究，2016（6）：90－101.

[36] 胡志勇. 会计政策可比性：测定及其经济后果 [M]. 北京：经济科学出版社，2008.

[37] 黄波. 法制环境、会计信息可比性与债券信用利差 [J]. 财经论丛，2020（3）：78－86.

[38] 黄欣然. 盈余质量影响资本配置效率的路径——基于融

资约束的视角 [J]. 山西财经大学学报，2011，33（5）：100 -
108.

[39] 姜付秀，黄磊，张敏. 产品市场竞争、公司治理与代理
成本 [J]. 世界经济，2009（10）：46 - 59.

[40] 江轩宇，林莉. 会计信息可比性与劳动收入份额 [J]. 会
计研究，2022（4）：57 - 76.

[41] 江轩宇，申丹琳，李颖. 会计信息可比性影响企业创新
吗 [J]. 南开管理评论，2017，20（4）：82 - 92.

[42] 蒋义宏，陈辉发，郑琦. 法律渊源、投资者保护与财务
报告质量——来自全球主要股票市场的证据 [J]. 中国会计评论，
2010，8（3）：275 - 312.

[43] 蒋义宏. 深沪 B 股上市公司净利润双重披露差异比较
[J]. 证券市场导报，2001（1）：36 - 39.

[44] 金智. 新会计准则、会计信息质量与股价同步性 [J]. 会
计研究，2010（7）：19 - 26.

[45] 会计信息质量特征研究课题组. 对建立我国会计信息质
量特征体系的认识 [J]. 会计研究，2006（1）：16 - 24.

[46] 李汇东，唐跃军，左晶晶. 用自己的钱还是用别人的钱
创新？——基于中国上市公司融资结构与公司创新的研究 [J]. 金
融研究，2013（2）：170 - 183.

[47] 李健，杨蓓蓓，潘镇. 产品市场竞争、管理层持股与管
理效率——基于中国制造业企业面板数据的研究 [J]. 广东财经大
学学报，2016（5）：72 - 83.

[48] 李敏，夏思宇. 高管团队异质性、行业背景与企业创新

绩效的元分析 [J]. 安徽大学学报（哲学社会科学版），2022，46（4）：147 - 156.

[49] 李明，万洁超. 投资者保护、盈余管理方式与审计师风险感知 [J]. 山西财经大学学报，2015，37（4）：92 - 102.

[50] 李明毅，惠晓峰. 上市公司信息披露与资本成本：来自中国证券市场的经验证据 [J]. 管理学报，2008（1）：88 - 95，127.

[51] 李明，赵梅. 投资者保护、寻租与 IPO 资源配置效率 [J]. 经济科学，2014（5）：47 - 61.

[52] 李末佳，干胜道. 企业财务短视行为原因及其对策 [J]. 财会通讯，2013（2）：76 - 77.

[53] 李培楠，赵兰香，万劲波. 创新要素对产业创新绩效的影响——基于中国制造业和高技术产业数据的实证分析 [J]. 科学学研究，2014，32（4）：604 - 612.

[54] 李青原. 会计信息质量与公司资本配置效率——来自我国上市公司的经验证据 [J]. 南开管理评论，2009，12（2）：115 - 124.

[55] 李树华. 上市公司境内外审计报告税后净利差异之实证分析 [J]. 会计研究，1997（12）：18 - 23.

[56] 李姝，赵颖，童婧. 社会责任报告降低了企业权益资本成本吗？——来自中国资本市场的经验证据 [J]. 会计研究，2013（9）：64 - 70.

[57] 李维安，李滨. 机构投资者介入公司治理效果的实证研究——基于 CCGINK 的经验研究 [J]. 南开管理评论，2008，11

（1）：4-14.

[58] 李晓慧，庄飞鹏. 不同制度环境下非审计业务对审计质量的影响研究 [J]. 山西财经大学学报，2014，36（8）：93-102.

[59] 李延喜，陈克兢. 终极控制人、外部治理环境与盈余管理——基于系统广义矩估计的动态面板数据分析 [J]. 管理科学学报，2014，17（9）：56-71.

[60] 李增福，董志强，连玉君. 应计项目盈余管理还是真实活动盈余管理？——基于我国2007年所得税改革的研究 [J]. 管理世界，2011（1）：121-134a.

[61] 李增福，林盛天，连玉君. 国有控股、机构投资者与真实活动的盈余管理 [J]. 管理工程学报，2013，27（3）：35-44.

[62] 李增福，曾憼. 投资者法律保护与企业的盈余管理——基于应计项目操控和真实活动操控的研究 [J]. 管理评论，2017，29（2）：221-233.

[63] 李增福，曾庆意，魏下海. 债务契约、控制人性质与盈余管理 [J]. 经济评论，2011（6）：88-96b.

[64] 李增泉，卢文彬. 会计盈余的稳健性：发现与启示 [J]. 会计研究，2003（2）：19-27.

[65] 梁飞媛. 专有性成本与公司自愿性信息披露策略 [J]. 审计与经济研究，2008，23（6）：89-92.

[66] 林芳，许慧. 基于真实交易盈余管理的股权制衡治理效应 [J]. 山西财经大学学报，2012，34（1）：83-93.

[67] 林永坚，王志强. 国际"四大"的审计质量更高吗？——来自中国上市公司的经验证据 [J]. 财经研究，2013，39

（6）：73 – 83.

［68］林钟高. 会计准则：制定、变迁与绩效分析［J］. 南开管理评论，1998（1）：52 – 59.

［69］林钟高，李文灿. 监管模式变更有助于提高会计信息可比性吗？——基于信息披露分行业监管视角的经验证据［J］. 财经理论与实践，2021，42（4）：58 – 65.

［70］刘斌，黄坤，酒莉莉. 独立董事连锁能够提高会计信息可比性吗？［J］. 会计研究，2019（4）：36 – 42.

［71］刘斌，李延喜，迟健心. 内部控制意愿、内部控制水平与盈余管理方式——基于文本分析与机器学习的计量方法［J］. 科研管理，2021，42（9）：166 – 174.

［72］刘放，杨筝，杨曦. 制度环境、税收激励与企业创新投入［J］. 管理评论，2016，28（2）：61 – 73.

［73］刘峰，吴风，钟瑞庆. 会计准则能够提高会计信息质量吗［J］. 会计研究，2004（5）：8 – 19.

［74］刘峰，周福源. 国际四大意味着高审计质量吗——基于会计稳健性角度的检验［J］. 会计研究，2007（3）：79 – 87.

［75］刘骏. 关于 FASB 与 IASB 联合趋同会计信息质量特征的探讨［J］. 江西财经大学学报，2010（6）：38 – 42.

［76］刘亭立，王妍，石倩倩. 高质量的信息披露是否有助于降低企业信贷融资成本？——基于会计信息可比性的研究［J］. 投资研究，2022，41（6）：59 – 75.

［77］刘晓红，周晨. 会计稳健性、审计师声誉与企业投资效率［J］. 山东社会科学，2021（3）：151 – 156.

[78] 鲁威朝，杨道广，刘思义．会计信息可比性、需求差异与跨公司信息传递 [J]．会计研究，2019 (4)：18 – 25.

[79] 路军伟，石昕，张珂．大所是审计质量高还是政策敏感性强？——基于信息披露编报规则变迁的自然实验 [J]．审计与经济研究，2017 (4)：16 – 29.

[80] 罗宏，曾永良，方军雄，周大伟．会计信息的宏观预测价值：基于中国制度环境的研究 [J]．会计研究，2016 (4)：9 – 18.

[81] 罗婷，薛健，张海燕．解析新会计准则对会计信息价值相关性的影响 [J]．中国会计评论，2008，6 (2)：129 – 140.

[82] 马常艳．普华永道 2016 财年全球营业收入创新高达 359 亿美元 [EB/OL]．中国经济网，2016 – 10 – 08.

[83] 孟凡利．论财务会计中的可比性 [J]．山东经济，2005 (1)：85 – 88.

[84] 孟庆斌，吴卫星，于上尧．基金经理职业忧虑与其投资风格 [J]．经济研究，2015 (3)：115 – 130.

[85] 明泽，潘颉．企业生命周期、会计信息可比性与融资约束 [J]．财经问题研究，2018 (9)：114 – 121.

[86] 牟涛，向杨，杨雪．制度环境、公司治理与上市公司年报披露及时性 [J]．宏观经济研究，2012 (10)：38 – 46.

[87] 潘临，郝莉莉，张龙平．签字会计师执业经验与会计信息可比性——来自中国证券市场的经验证据 [J]．审计与经济研究，2019 (4)：44 – 56.

[88] 漆江娜，陈慧霖，张阳．事务所规模·品牌·价格与审

计质量——国际"四大"中国审计市场收费与质量研究 [J]. 审计研究，2004（3）：59-65.

[89] 钱明，徐光华，沈弋. 社会责任信息披露、会计稳健性与融资约束——基于产权异质性的视角 [J]. 会计研究，2016（5）：9-17，95.

[90] 宋菲，刘依然，周嘉南. 会计准则导向、盈余管理方式选择与公司业绩 [J]. 商业研究，2020（12）：85-98.

[91] 谭洪涛，蔡春. 新准则实施会计质量实证研究——来自A股上市公司的经验证据 [J]. 中国会计评论. 2009，8（2）：127-154.

[92] 唐国平，郭俊. 会计职业判断允当性、会计准则变迁与价值相关性 [J]. 当代财经，2013（10）：106-117.

[93] 唐雪松，蒋心怡，雷啸. 会计信息可比性与高管薪酬契约有效性 [J]. 会计研究，2019（1）：37-44.

[94] 唐雪松，周晓苏，马如静. 上市公司过度投资行为及其制约机制的实证研究 [J]. 会计研究，2007（7）：44-52.

[95] 陶莹，董大勇. 制度环境与企业社会责任信息披露关系的实证研究 [J]. 中国注册会计师，2013（12）：63-68.

[96] 田高良，陈虎，张睿，郭奕."一带一路"沿线国家企业会计准则与国际财务报告准则、中国企业会计准则的比较研究 [J]. 会计研究，2020（10）：13-30.

[97] 万鹏，陈翔宇，董望. 信息环境、可比性与营收计划准确度 [J]. 商业经济与管理，2015（9）：46-56.

[98] 王凤洲，宋洁. 技术创新投入与绩效的关系研究——基

于福建省上市公司的实证分析 [J]. 福建论坛（人文社会科学版），2012（2）：158 – 161.

［99］汪卫华. 群众动员与动员式治理——理解中国国家治理风格的新视角 [J]. 上海交通大学学报（哲学社会科学版），2014，22（5）：42 – 53.

［100］王兵，苏文兵，何梦庄. "四大"审计质量在中国存在差异吗？[J]. 审计研究，2011（6）：89 – 97.

［101］王华，刘晓华. 中国会计准则国际协调效果的实证研究 [J]. 中央财经大学学报，2007（12）：90 – 96.

［102］王建新. 我国会计准则制定及其效果评价 [M]. 北京：中国财政经济出版社，2005.

［103］王进富，李嘉辉，张颖颖. 政策不确定性对企业创新绩效的影响——研发要素区际流动的中介作用 [J]. 科技进步与对策，2022，39（13）：105 – 113.

［104］王静，孙美华. 我国会计准则的国际协调度研究 [C]. 中国会计国际化专题研讨会论文集，2003：122 – 131.

［105］王雷，李冰心. 强制分层披露提高了公允价值信息的决策有用性吗？——基于中国 A 股上市公司的经验证据 [J]. 审计与经济研究，2018（4）：86 – 95.

［106］王良，熊贤艳. 上市公司会计稳健性、股价信息含量与股票流动性 [J]. 财会月刊，2022（10）：98 – 107.

［107］王琳，李欢，高伊琳，余鹏翼. 信息披露质量对企业声誉的影响及作用机制——基于上海电气财务爆雷事件的案例分析 [J]. 管理评论，2022，34（8）：341 – 352.

[108] 王鹏. 投资者保护、代理成本与公司绩效 [J]. 经济研究, 2008 (2): 68-82.

[109] 王清刚, 胡丽君. 财务会计概念框架国际趋同的动态及成果 [J]. 中南财经政法大学学报, 2010 (3): 119-123.

[110] 王生年, 李超凡, 徐亚飞. 际"四大"缓解了应计异象吗? [J]. 投资研究, 2015 (12): 128-138.

[111] 王小鲁, 樊纲, 余静文. 中国分省份市场化指数报告 [M]. 北京: 社会科学文献出版社, 2016.

[112] 王晓明. 会计稳健性、融资方式与企业创新绩效 [J]. 财会通讯, 2020 (19): 25-28.

[113] 王雄元, 刘焱. 产品市场竞争与信息披露质量的实证研究 [J]. 经济科学, 2008 (1): 92-103.

[114] 王雄元, 喻长秋. 专有化成本与公司自愿性信息披露——基于客户信息披露的分析 [J]. 财经研究, 2014, 40 (12): 27-38.

[115] 王亚平, 吴联生, 白云霞. 中国上市公司盈余管理的频率与幅度 [J]. 经济研究, 2005 (12): 102-112.

[116] 王跃堂, 张莉, 赵子夜. 会计国际化与经济环境研究——基于中国资本市场的实证分析 [J]. 财经研究, 2004, 30 (12): 66-77.

[117] 王治安, 万继峰, 李静. 会计准则国际协调度测量研究 [J]. 当代经济科学, 2005, 27 (5): 89-94.

[118] 王治安, 万继峰. 我国会计国际协调的经验评价 [M]. 成都: 西南财经大学出版社, 2006.

［119］魏卉，姚迎迎，马晓柯.社会责任履行能降低企业权益资本成本吗？［J］.金融与经济，2020（6）：29－36.

［120］魏卉，郑伟.企业竞争地位、供应链集中度与权益资本成本［J］.商业研究，2019（2）：109－118.

［121］魏明海.会计协调的测定方法［J］.中国注册会计师，2003（4）：20－24.

［122］魏明海等.我国会计协调测定与政策研究［M］.北京：中国财政经济出版社，2005.

［123］［美］伍德里奇著，费剑平、林相森译.计量经济学导论：现代观点［M］.中国人民大学出版社，2003.

［124］吴革，刘经纬，黄权.中国会计准则国际趋同水平研究［J］.经济与管理研究，2013（11）：92－100.

［125］吴水澎.中国会计理沦研究［M］.北京：中国财政经济出版社，2000.

［126］吴文锋，吴冲锋，芮萌.提高信息披露质量真的能降低股权资本成本吗？［J］.经济学（季刊），2007（4）：1201－1216.

［127］吴永钢，范若滢，马亚明.信任、融资约束与企业投资［J］.南开经济研究，2016（4）：71－84.

［128］吴永明，袁春生.法律治理、投资者保护与财务舞弊：一项基于上市公司的经验证据［J］.中国工业经济，2007（3）：104－111.

［129］肖作平.公司治理影响审计质量吗？——来自中国资本市场的经验证据［J］.管理世界，2006（7）：22－33.

［130］谢德仁，何贵华，黄亮华.新会计准则下我国会计信息

价值相关性提升了吗？[J]. 投资研究，2020，39（3）：35 – 56.

[131] 谢柳芳，朱荣，何苦. 退市制度对创业板上市公司盈余管理行为的影响——基于应计与真实盈余管理的分析 [J]. 审计研究，2013（1）：95 – 102.

[132] 谢盛纹，刘杨晖. 审计师变更、前任审计师任期和会计信息可比性 [J]. 审计研究，2016（2）：82 – 89.

[133] 辛清泉，林斌，王彦超. 政府控制、经理薪酬与资本投资 [J]. 经济研究，2007（8）：110 – 122.

[134] 修宗峰. 制度环境、会计准则与会计信息价值相关性 [J]. 商业经济与管理，2010（12）：56 – 64.

[135] 徐飞，杨冕. 企业集团内部创新架构与创新绩效 [J]. 经济管理，2022，44（8）：95 – 115.

[136] 徐经长，姚淑瑜，毛新述. 中国会计标准的国际协调——《企业会计制度》实施前后上市公司净利润双重披露的实证研究 [J]. 会计研究，2003（12）：8 – 13.

[137] 薛爽，赵立新，肖泽忠，程绪兰. 会计准则国际趋同是否提高了会计信息的价值相关性——基于新老会计准则的比较研究 [J]. 财贸经济，2008（9）：62 – 67.

[138] 杨华荣，陈军，陈金贤. 产品市场竞争度对上市公司自愿性信息披露影响研究 [J]. 预测，2008，27（1）：41 – 45.

[139] 杨敏. 会计准则国际趋同的最新进展与我国的应对举措 [J]. 会计研究，2011（9）：3 – 8.

[140] 杨七中，马蓓丽. 内部控制与盈余管理方式选择 [J]. 会计与经济研究，2014，28（3）：80 – 91.

[141] 杨钰，曲晓辉．中国会计准则与国际财务报告准则趋同程度——资产计价准则的经验检验［J］．中国会计评论，2008，6（4）：369-384．

[142] 杨钰．中国会计国际协调度研究：来自资产计价相关会计事项的经验证据［D］．厦门：厦门大学博士学位论文，2007．

[143] 杨忠海，周晓苏．制度环境、控股股东行为与财务报告透明度［J］．公司治理评论，2010，2（3）：21-36．

[144] 叶淞文．信息披露质量、环境不确定性与股权融资成本［J］．会计之友，2018（9）：38-43．

[145] 叶勇，李明，黄雷．法律环境、媒体监督与代理成本［J］．证券市场导报，2013（9）：47-53．

[146] 易靖韬，曹若楠．流程数字化如何影响企业创新绩效？——基于二元学习的视角［J］．中国软科学，2022（7）：94-104．

[147] 殷琦，韩东平．中小企业信息披露与股权融资成本关系［J］．哈尔滨工程大学学报，2010，31（5）：664-668．

[148] 俞鸿琳．实体企业金融化：管理者短视角度的新解释［J］．经济管理，2022，44（3）：55-71．

[149] 袁靖波，周志民，周南．产品市场竞争、市场分割与企业违规行为［J］．管理工程学报，2021，35（4）：81-92．

[150] 袁媛，田高良，廖明情．投资者保护环境、会计信息可比性与股价信息含量［J］．管理评论，2019，31（1）：206-220．

[151] 袁振超，韦小泉，操群．代理成本、所有权性质与会计信息可比性［J］．中国会计评论，2016（4）：537-564．

[152] 袁知柱，宝乌云塔娜，王书光．股权价值高估，投资者保护与企业应计及真实盈余管理行为选择 [J]．南开管理评论，2014，17（5）：136－150b．

[153] 袁知柱，郝文瀚，王艳辉，吕青军．投资者保护、终极控制人性质与企业应计及真实盈余管理行为选择 [J]．中大管理研究，2014，9（4）：66－94a．

[154] 袁知柱，郝文瀚，王泽燊．管理层激励对企业应计与真实盈余管理行为影响的实证研究 [J]．管理评论，2014，26（10）：181－196e．

[155] 袁知柱，侯乃堃．投资者保护、终极控制人性质与会计信息可比性 [J]．财经理论与实践，2017，38（6）：70－77．

[156] 袁知柱，刘思琪．会计师事务所审计风格与会计信息可比性 [J]．中国会计评论，2019，17（2）：317－350．

[157] 袁知柱，王家强，李军强．会计信息透明度对企业投资效率的影响 [J]．东北大学学报（自然科学版），2012，33（9）：1357－1360．

[158] 袁知柱，王泽燊，郝文瀚．机构投资者持股与企业应计盈余管理和真实盈余管理行为选择 [J]．管理科学，2014，27（5）：104－119d．

[159] 袁知柱，王泽燊，吴粒，张一帆．国际"四大"与高审计质量——基于股价波动同步性视角的考察 [J]．财经理论与实践，2014，35（4）：53－60c．

[160] 袁知柱，吴粒．会计信息可比性研究评述及未来展望 [J]．会计研究，2012（9）：9－15，96．

[161] 袁知柱, 吴粒. 会计信息可比性与企业应计及真实盈余管理行为选择 [J]. 中国会计评论, 2015, 13 (4): 453 –486.

[162] 袁知柱, 吴珊珊. 实施新会计准则提升了会计信息可比性吗？——来自我国上市公司的经验证据 [J]. 财会通讯, 2017 (9): 13 –18.

[163] 袁知柱, 张小曼. 会计信息可比性与企业投资效率 [J]. 管理评论, 2020, 32 (4): 206 –218.

[164] 袁知柱, 张小曼, 于雪航. 产品市场竞争与会计信息可比性 [J]. 管理评论, 2017, 29 (10): 234 –247.

[165] 翟淑萍, 王敏, 韩贤. 交易所财务问询监管与会计信息可比性——直接影响与溢出效应 [J]. 当代财经, 2020 (10): 124 –137.

[166] 张长海, 吴顺祥. 国有产权、会计稳健性与权益资本成本来自中国证券市场的证据 [J]. 财经理论与实践, 2012, 33 (3): 68 –71, 116.

[167] 张春华. 环境不确定性、会计信息可比性与股权融资成本 [J]. 当代财经, 2019 (12): 131 –140.

[168] 张鼎祖, 刘爱东. 制度环境、政府间竞争与地方审计机关效率——基于省际面板数据的空间计量分析 [J]. 会计研究, 2015 (3): 87 –93.

[169] 张多蕾, 邹瑞. 会计信息质量、制度环境与企业创新绩效 [J]. 财经问题研究, 2021 (8): 101 –112.

[170] 张国华, 曲晓辉. 会计准则国际趋同度量方法拓展——模糊聚类分析法初探 [J]. 南开管理评论, 2009, 12 (1): 102 –

109.

[171] 张欢. 金融危机冲击、产品市场竞争与盈余管理策略 [J]. 宏观经济研究, 2014 (3): 73 – 83.

[172] 张军华. 产品市场竞争、制度环境与权益资本成本 [J]. 山西财经大学学报, 2014, 36 (4): 58 – 68.

[173] 张姗姗, 戴德明, 张卓然. 资产减值与会计盈余可比性 [J]. 财经论丛, 2016 (10): 57 – 66.

[174] 张苏彤. 试谈对会计可比性的重新认识 [J]. 当代经济科学, 1999, 21 (6): 87 – 90.

[175] 张勇. 会计信息可比性与企业商业信用融资——基于企业市场地位和行业竞争环境的双重考量 [J]. 财经理论与实践, 2017, 38 (6): 78 – 85.

[176] 张友棠, 熊毅. 内部控制、产权性质与盈余管理方式选择——基于 2007 – 2015 年 A 股非金融类上市公司的实证研究 [J]. 审计研究, 2017 (3): 105 – 112.

[177] 张兆国, 刘晓霞, 邢道勇. 公司治理结构与盈余管理——来自中国上市公司的经验证据 [J]. 中国软科学, 2009 (1): 122 – 133.

[178] 甄丽明, 杨群华. 产权性质、薪酬制度与企业研发——基于中国上市公司的实证检验 [J]. 南方经济, 2014 (12): 82 – 95.

[179] 郑登津, 王丹, 闫天一. 稳健主义、环境不确定性与投资效率 [J]. 投资研究, 2015, 34 (6): 78 – 97.

[180] 中国注册会计师协会. 2016 年会计师事务所综合评价前

百家信息 [EB/OL]. 中国注册会计师协会网站，2017 - 01 - 12.

[181] 钟马，徐光华. 强制型社会责任披露与公司投资效率——基于准自然实验方法的研究 [J]. 2015，37（9）：146 - 154.

[182] 周春梅. 盈余质量对资本配置效率的影响及作用机理 [J]. 南开管理评论，2009，12（5）：109 - 117.

[183] 周冬华. 资产减值会计准则变更与盈余管理行为研究 [J]. 证券市场导报，2013（5）：22 - 28.

[184] 周嘉南，贾巧玉. 我国会计准则与国际财务报告准则之比较研究——基于利润表差异的实证检验 [J]. 管理评论，2018，30（2）：200 - 211.

[185] 周丽君. 提高会计信息可比性可以缓解融资约束吗？——基于沪深主板 A 股上市公司数据的实证研究 [J]. 浙江金融，2016（1）：66 - 73.

[186] 周夏飞，周强龙. 产品市场势力、行业竞争与公司盈余管理——基于中国上市公司的经验证据 [J]. 会计研究，2014（8）：60 - 66.

[187] 周晓苏，陈沉，吴锡皓. 会计稳健性、内部控制与投资效率——来自我国 A 股市场的经验证据 [J]. 山西财经大学学报，2015，37（11）：104 - 112.

[188] 朱凯，赵旭颖，孙红. 会计准则改革、信息准确度与价值相关性——基于中国会计准则改革的经验证据 [J]. 管理世界，2009（4）：47 - 54.

[189] AICPA. Improving Business Reporting - A Customer Focus [Z]. 1994.

[190] Ahmed. A. S. , Billings. B. K. , Morton. R. M. , and Stanford – Harris M. The Role of Accounting Conservatism in Mitigating Bondholder – Shareholder Conflicts over Dividend Policy and in Reducing Debt Costs [J]. The Accounting Review, 2002, 77 (4): 867 – 890.

[191] André. P. , Dionysiou. D. , and Tsalavoutas. I. Mandatory adoption of IFRS by EU listed firms and Comparability: Determinants and Analysts' Forecasts [R]. Working Paper, ESSEC – KPMG Financial Reporting Center and The University of Stirling, 2012.

[192] Archer. S. , Delvaille. P. , and McLeay. S. A Statistical Model of International Accounting Harmonization [J]. Abacus, 1996, 32 (1): 1 – 29.

[193] Badertscher. B. Overvaluation and the Choice of Alternative Earnings Management Mechanisms [J]. The Accounting Review, 2011, 86 (September): 1491 – 1518.

[194] Bae. K. , Tan. H. , and Welker. M. International GAAP Differences: the Impact on Foreign Analysts [J]. The Accounting Review, 2008, 83 (3): 593 – 628.

[195] Ball. R. , Robin. A. , and Wu. J. Incentives versus Standards: Properties of Accounting Income in Four East Asian Countries [J]. Journal of Accounting and Economics, 2003, 36 (1 – 3): 235 – 270.

[196] Ball. R. International Financial Reporting Standards (IFRS): Pros and Cons for Investors [J]. Accounting and Business Research, 2006, 36 (773): 5 – 27.

[197] Ball. R. , Kothari. S. , and Robin. A. The Effect of Institu-

tional Factors on Properties of Accounting Earnings: International Evidence [J]. Journal of Accounting and Economics, 2000, 29 (1): 1 - 52.

[198] Bamber. L. S. , Jiang. J. , and Wang. I. Y. What's my style? The Influence of Top Managers on Voluntary Corporate Financial Disclosure [J]. The Accounting Review, 2010, 85 (4): 1131 - 1162.

[199] Barberis. N. , and Shleifer. A. Style Investing [J]. Journal of Financial Economics, 2003, 68 (2): 161 - 199.

[200] Barth. M. , Landsman. W. , Lang. M. , and Williams. C. Are IFRS - based and US GAAP - based Accounting Amounts Comparable? [J]. Journal of Accounting and Economics, 2012, 54 (1): 68 - 93.

[201] Barton. J. , and Simko. P. The Balance Sheet as an Earnings Management Constraint [J]. The Accounting Review, 2002, 77 (Supplement): 1 - 27.

[202] Basu. S. The Conservatism Principle and the Asymmetric Timeliness of Earnings [J]. Journal of Accounting and Economics, 1997, 24 (1): 3 - 37.

[203] Beaver. W. Financial Reporting: An Accounting Revolution [M]. Prentice - Hall, Englewood Cliffs, 1981.

[204] Bell. T. , Marrs. F. , Solomon. I. , and Thomas. H. Auditing Organizations Through a Strategic - Systems Lens: the KPMG Business Measurement Process [M]. Montvale, NJ: KPMG, 1997.

[205] Beuselinck. C. , Joos. P. , and Van der Meulen. S. Interna-

tional Earnings Comparability [R]. Working Paper, Tilburg University, 2007.

[206] Biddle. G. C. , and Hilary. G. Verdi R. S. How does Financial Reporting Quality Relate to Investment Efficiency? [J]. Journal of Accounting and Economics, 2009, 48 (2 –3): 112 –131.

[207] Botosan. C. A. , and Plumlee. M. A. Assessing Alternative Proxies for the Expected Risk Premium [J]. The Accounting Review, 2005, 80 (1): 21 –53.

[208] Bradshaw. M. T. , Bushee. B. J. , and Miller. G. S. Accounting Choice, Home Bias, and US Investment in non – US Firms [J]. Journal of Accounting Research, 2004, 42 (5): 795 –841.

[209] Brochet. F. , Jagolinzer. A. D. , and Riedl. E. J. Mandatory IFRS Adoption and Financial Statement Comparability [J]. Contemporary Accounting Research, 2013, 30 (4): 1373 – 1400.

[210] Bushman. R. M. , and Smith. A. J. Financial Accounting Information and Corporate Governance [J]. Journal of Accounting and Economics, 2001, 32 (1 –3): 237 –333.

[211] Bushman. R. , Piotroski. J. , and Smith. A. What Determines Corporate Transparency? [J]. Journal of Accounting Research, 2004, 42 (2): 207 –252.

[212] Campbell. J. L. , and Yeung. P. E. Accounting Comparability, Investor Sophistication, and Contagion Effects [R]. Working Paper, University of Georgia and Cornell University, 2012.

[213] Cascino. S. , and Gassen. J. Mandatory IFRS Adoption and

Accounting Comparability [R]. Working paper, London School of Economics and Humboldt – Universität zu Berlin, 2010.

[214] Chen Ciao – Wei. , Collins. D. W. , Kravet. T. , and Mergenthaler. R. D. Financial Statement Comparability and the Efficiency of Acquisition Decisions [J]. Contemporary Accounting Research, Accepted, 2018, 35 (1): 164 – 202.

[215] Chen. C. W. , Chen Zhihong and Wei. K. C. John. Legal Protection of Investors, Corporate Governance, and the Cost of Equity Capital [J]. Journal of Corporate Finance, 2009, 15 (3): 273 – 289.

[216] Chen. S. M. , Sun. Z. , and Wang. Y. T. Evidence from China on whether Harmonized Accounting Standards Harmonize Accounting Practices [J]. Accounting Horizons, 2002, 16 (3): 183 – 197.

[217] Cheng. C. S. , and Zhang Hongbo. Effects of Smoothing and Comparability on Value – Relevance of Earnings [R]. Working Paper, Louisiana State University, 2011.

[218] Cheng. P. , Man. P. , and Yi. C. H. The Impact of Product Market Competition on Earnings Quality [J]. Accounting and Finance, 2013, 53 (1): 137 – 162.

[219] Chi Wuchun, Ling Lei Lisic, and Pevzner. M. Is Enhanced Audit Quality Associated with Greater Real Earnings Management? [J]. Accounting Horizons, 2011, 25 (2): 315 – 335.

[220] Chircop. J. , Collins. D. W. , Hass. L. H. , and Nguyen. N. Q. Accounting Comparability and Corporate Innovative Efficiency [R]. The Accounting Review, 2020, 95 (4): 127 – 151.

[221] Choi Jong – Hag, Choi Sunhwa, Myers. L. A., and Zie-bart. D. Financial Statement Comparability and the Informativeness of Stock Prices About Future Earnings [J]. Contemporary Accounting Research. 2019, 36 (1): 389 –417.

[222] Chou. J., Ng. L., Sibilkov. V., and Wang. Q. H. Product Market Competition and Corporate Governance [J]. Review of Development Finance, 2011 (1): 114 –130.

[223] Cohen. D. A, Dey. A., and Lys, T. Z. Real and Accrual - Based Earnings Management in the Pre - and Post Sarbanes - Oxley Periods [J]. T he Accounting Review, 2008, 83 (3): 757 –787.

[224] Cole. V., Branson. J., and Breesch. D. Determinants Influencing the De Facto Comparability of European IFRS Financial Statements [R]. Working paper, Vrije Universiteit Brussel, 2010.

[225] Collins. D., Kothari. S., Shanken. J., and Sloan. R. Lack of Timeliness and Noise as Explanations for the Low Contemporaneous Return – Earnings Association [J]. Journal of Accounting and Economics, 1994, 18 (3): 289 –324.

[226] Cooper. I., and Cordeiro. L. Optimal Equity Valuation Using Multiples: The Number of Comparable Firms [R]. Working paper, London Business School, 2008.

[227] Covrig. V., DeFond. M., and Hung. M. Home Bias, Foreign Mutual Fund Holdings, and the Voluntary Adoption of International Accounting Standards [J]. Journal of Accounting Research, 2007, 45 (1): 41 –70.

［228］Cushing. B. ，and Loebbecke. J. Comparison of Audit Methodologies of Large Accounting Firms ［M］. Sarasota，FL：American Accounting Association，1986.

［229］Datta. S. ，Iskandar － Datta. M. ，and Singh. V. Product Market Power，Industry Structure，and Corporate Earnings Management ［J］. Journal of Banking & Finance，2013，37（8）：3273 － 3285.

［230］De Franco. ，Kothari. P. ，and Verdi. R. The Benefits of Financial Statement Comparability ［J］. Journal of Accounting Research，2011，49（4）：895 － 931.

［231］DeAngelo. L. Auditor Size and Audit Quality ［J］. Journal of Accounting and Economics，1981，3（3）：183 － 199.

［232］Dechow. P. W. ，Sloan. R. G. ，and Sweeney. P. Causes and Consequences of Earnings Manipulation：An Analysis of Firms Subject to Enforcement Actions by the SEC ［J］. Contemporary Accounting Research，1996，13（10）：1 － 13.

［233］DeFond. M. ，Hu. X. ，Hung. M. ，and Li. S. The Impact of Mandatory IFRS Adoption on Foreign Mutual Fund Ownership：The Role of Comparability ［J］. Journal of Accounting and Economics，2011，51（3）：240 － 258.

［234］Dhaliwal. D. ，Huang. S. ，Khurana. I. K. ，and Pereira. R. Product Market Competition and Conditional Conservatism ［J］. Review of Accounting Studies，2014，19（4）：1309 － 1345.

［235］Dhole. S. ，Lobo. G. J. ，Mishra. S. ，and Pal. A. M. Effects of the SEC's XBRL Mandate on Financial Reporting Comparability ［J］.

International Journal of Accounting Information Systems, 2015, 19: 29 – 44.

[236] Durnev. A. , and Mangen. C. Corporate Investments: Learning from Restatements [J]. Journal of Accounting Research, 2009, 47 (3): 679 – 720.

[237] Dyck. A. , and Zingales. L. Private Benefit of Corporate Control: An International Comparison [J]. Journal of Finance, 2003, 59 (2): 537 – 600.

[238] Dye. R. Auditing Standards, Legal Liability and Audit or Wealth [J]. Journal of Political Economy, 1993, 101 (5): 887 – 914.

[239] Dzielinski. M. , Wagner. A. F. , and Zeckhauser. R. J. In no (un) Certain Terms: Managerial Style in Communicating Earnings News [R]. Working Paper, Stockholm University, 2016.

[240] Easton. P. D. PE Ratios, PEG Ratios, and Estimating the Implied Expected Rate of Return on Equity Capital [J]. The Accounting Review, 2004, 79 (1): 73 – 95.

[241] Elisabetta. I. , and Parbonetti. A. Mandatory IFRS adoption: the trade-off between accrual-based and real earnings management [R]. Accounting and Business Research, 2017, 47 (1): 91 – 121.

[242] Endrawes. M. , Feng Zhuoan, Lu Meiting, and Shan Yaowen. Audit Committee Characteristics and Financial Reporting Comparability [J]. Accounting & Finance, 2020, 60: 2361 – 2395.

[243] Fang Xiaohua, Li Yutao, Xin Baohua and Zhang Wenjun

Jenny. Financial Statement Comparability and Debt Contracting: Evidence from the Syndicated Loan Market [J]. Accounting Horizons, 2016, 30 (2): 277 - 303.

[244] Fang. V. W. , Maffett. M. , and Zhang Bohui. Foreign Institutional Ownership and the Global Convergence of Financial Reporting Practices [J]. Journal of Accounting Research, 2015, 53 (3): 593 - 631.

[245] Financial Accounting Standards Board (FASB). Statement of Financial Accounting Concepts No. 2: Qualitative Characteristics of Accounting Information [Z]. Norwalk, CT: FASB, 1980.

[246] Financial Accounting Standards Board (FASB) and International Accounting Standards Board (IASB). Completing the February 2006 Memorandum of Understanding: A Progress Report and Timetable for Completion [Z]. Norwalk, CT: FASB, and London, U. K. : IASB, 2008.

[247] Financial Accounting Standards Board (FASB). Statement of Financial Accounting Concepts. No. 8 [Z]. 2010.

[248] Fontes. A. , Rodrigues . L. , and Craig. R. Measuring convergence of National Accounting Standards with International Financial Reporting Standards [J]. Accounting Forum, 2005, 29 (4): 415 - 436.

[249] Francis. B. , Hasan. I. , and Li Lingxiang. A cross-country study of legal-system strength and real earnings management [J]. Journal of Accounting and Public Policy, 2016, 35 (5): 477 - 512.

[250] Francis. J. R. , and Pinnuck. M. L. Watanabe O. Auditor

Style and Financial Statement Comparability [J]. The Accounting Review, 2014, 89 (2): 605 – 633.

[251] Francis. J. , Khurana. I. , and Pereira. R. The Role of Accounting and Auditing in Corporate Governance and the Development of Financial Markets around the World [J]. Asian – Pacific Journal of Accounting and Economics, 2003. 10 (1): 1 – 30.

[252] García Lara J. M. , García Osma B. , and Penalva. F. Accounting Conservatism and Firm Investment Efficiency [J]. Journal of Accounting and Economics, 2016, 61: 221 – 238.

[253] Garrido. P. , Leon. A. , and Zorio. A. Measurement of Formal Harmonization Progress: the IASC Experience [J]. The International Journal of Accounting, 2002, 37 (1): 1 – 26.

[254] Ge. W. , Matsumoto. D. , and Zhang. J. Do CFOs have Style? An Empirical Investigation of the Effect of Individual CFOs on Accounting Practices [J]. Contemporary Accounting Research, 2011, 28 (4): 1141 – 1170.

[255] Graham. J. R. , Harvey. C. R. , and Rajgopal. S. The Economic Implications of Corporate Financial Reporting [J]. Journal of Accounting and Economics, 2005, 40 (1 – 3): 3 – 73.

[256] Gray. S. J. The Impact of International Accounting Differences from a Security – Analysis Perspective: Some European Evidence [J]. Journal of Accounting Research, 1980, 18 (1): 64 – 76.

[257] Guariglia. A. , and Liu. P. To What Extent Do Financing Constraints Affect Chinese Firms' Innovation Activities? [J]. Interna-

tional Review of Financial Analysis, 2014, 36: 223 – 240.

[258] Gul. F. A. , Kim. Jeong – Bon. , and Qiu. A. Ownership Concentration, Foreign Shareholding, Audit Quality, and Stock Price Synchronicity: Evidence from China [J]. Journal of Financial Economics, 2010, 95 (3): 425 – 442.

[259] Gunny. K. What are the Consequences of Real Earnings Management? [J]. Working paper, University of Colorado at Boulder, 2005.

[260] Han. J. , and Wild. J. Unexpected Earnings and Intraindustry Information Transfer: Further Evidence [J]. Journal of Accounting Research, 1990, 28 (1): 211 – 219.

[261] Harry I. Wolk. , and Teamey. M. G. Accounting Theory [M]. Fourth Edition, 1997.

[262] Haw. In – Mu, Hu Bingbing, and Lee Jay Junghun. Product Market Competition and Analyst Forecasting Activity: International Evidence [J]. Journal of Banking & Finance, 2015, 56: 48 – 60.

[263] Hou. K. , and Robinson. D. T. Industry Concentration and Average Stock Returns [J]. Journal of Finance, 2006, 61 (4): 1927 – 1956.

[264] Hubbard. R. G. Capital – Market Imperfections and Investment [J]. Journal of Economic Literature, 1998, 36 (1): 193 – 225.

[265] IASC. Framework for the Preparation and Presentation of Financial Statements [Z]. 1989.

[266] International Accounting Standards Board (IASB). Exposure Draft of an Improved Conceptual Framework for Financial Reporting [Z].

London, U. K. : IASB, 2008.

[267] International Accounting Standards Board (IASB). Conceptual Framework for Financial Reporting [Z]. U. K. : IASB, 2010.

[268] Jaafar. A. , and McLeay. S. Country Effects and Sector Effects on the Harmonization of Accounting Policy Choice [J]. Abacus, 2007, 43 (2), 156 – 189.

[269] Jayaraman. S. , and Verdi. R. Are Reporting Incentives and Accounting Standards Substitutes or Complements in Achieving Accounting Comparability? [R]. Working Paper, Washington University in St. Louis and MIT Sloan School of Management, 2014.

[270] Johnson. S. , La Porta R. , Lopez-de – Silanes F. , and Shleifer A. Tunneling [J]. American Economic Review, 2000, 90 (2): 22 – 27.

[271] Jones. J. Earnings Management during Import Relief Investigations [J]. Journal of Accounting Research, 1991, 29 (2): 193 – 228.

[272] Joos. P. , and Lang. M. The Effects of Accounting Diversity: Evidence from the European Union [J]. Journal of Accounting Research, 1994, 32 (Supplement): 141 – 168.

[273] Kinney. W. Audit Technology and Preferences for Auditing Standards [J]. Journal of Accounting and Economics, 1986, 8 (1): 73 – 89.

[274] Kothari. S. P. Capital Markets Research in Accounting [J]. Journal of Accounting & Economics, 2001, 31 (1 – 3): 105 – 231.

［275］ La Porta. R. , Lopez-de – Silanes. F. , Shleifer. A. , and Vishny. R. Legal Determinant of External Finance ［J］. Journal of Finance, 1997, 52 (3): 1131 – 1150.

［276］ Land. J. , and Lang. M. Empirical Evidence on the Evolution of International Earnings ［J］. The Accounting Review, 2002, 77 (Supplement): 115 – 133.

［277］ Lang. M. H. , Maffett. M. G. , and Owens. E. L. Earnings Comovement and Accounting Comparability: The Effects of Mandatory IFRS Adoption ［R］. Working paper, University of North Carolina at Chapel Hill and University of Rochester, 2011.

［278］ Leuz. C. , and Wysocki. P. Economic Consequences of Financial Reporting and Disclosure Regulation: A Review and Suggestions for Future Research ［R］. Working paper, University of Chicago, 2008.

［279］ Leuz. C. , Nanda. D. , and Wysocki. P. Earnings Management and Investor Protection: An International Comparison ［J］. Journal of Financial Economics, 2003, 69 (3): 505 – 527.

［280］ Leventis. S. , Weetman. P. , and Caramanis. C. Agency Costs and Product Market Competition: The Case of Audit Pricing in Greece ［J］. The British Accounting Review, 2011, 43 (2): 112 – 119.

［281］ Li. S. Does Mandatory Adoption of International Financial Reporting Standards in the European Union reduce the Cost of Equity Capital? ［J］. The Accounting Review, 2010, 85 (2): 607 – 636.

［282］ Liao Qing. , Sellhorn. T. , and Skaife. H. A. The Cross – Country Comparability of IFRS Earnings and Book Values: Evidence from

France and Germany [J]. Journal of International Accounting Research, 2012, 11 (1): 155 – 184.

[283] Liao Tsai – Ling, and Lin Wen – Chun. Product Market Competition and Earnings Management around Open – Market Repurchase Announcements [J]. International Review of Economics and Finance, 2016, 44: 187 – 203.

[284] Libby. R., Libby. P. A., and Short. D. G. Financial Accounting [M]. 6th edition. McGraw – Hill/Irwin, New York, NY, 2009.

[285] Lin. S., Riccardi. W., and Wang Changjiang. Relative Benefits of Adoption of IFRS and Convergence between IFRS and U. S. GAAP: Evidence from Germany [R]. Working Paper, Florida International University, 2013.

[286] Ma. M. Economic Links and the Spillover Effect of Earnings Quality on Market Risk [J]. The Accounting Review, 2017, 92 (6): 213 – 245.

[287] Mcleay. S., Neal D., and Tollington. T. International Standardization and Harmonization: a New Measurement Technique [J]. Journal of International Financial Management and Accounting, 1999, 10 (1): 42 – 70.

[288] Mitra. S., and Cready. M. Institutional Stock Ownership, Accrual Management and Information Environment [J]. Journal of Accounting Auditing & Finance, 2005, 20 (3): 257 – 286.

[289] Neel. M. J. International Financial Reporting Standards (IF-

RS) and the Institutional Environment: their Joint Impact on Accounting Comparability [D]. PHD Dissertation, Texas A&M University, 2011.

[290] Neel. M. Accounting Comparability and Economic Outcomes of Mandatory IFRS Adoption [J]. Contemporary Accounting Research, 2017, 34 (1): 658 – 690.

[291] Nguyen T. T. , Mia. L. , Winata. L. , and Chong. Vincent K. Effect of Transformational-leadership Style and Management Control System on Managerial Performance [J]. Journal of Business Research, 2017, 70: 202 – 213.

[292] Osma. B. G. Board Independence and Real Earnings Management: The Case of R&D Expenditure [J]. Corporate Governance: An International Review, 2008, 16 (2): 116 – 131.

[293] Petaibanlue. J. , Walker. M. , and Lee. E. When did Analyst Forecast Accuracy Benefit from Increased Cross-border Comparability Following IFRS Adoption in the EU? [J]. International Review of Financial Analysis, 2015, 42: 278 – 291.

[294] Rahman. A. R. , Perera. H. , and Ganeshanandam. S. Measurement of Formal Harmonization in Accounting: An Exploratory Study [J]. Accounting and Business Research, 1996, 26 (4): 325 – 339.

[295] Rahman. A. , Perera. H. , and Ganesh. S. Accounting Practice Harmony, Accounting Regulation and Firm Characteristics [J]. Abacus, 2002, 38 (1): 46 – 77.

[296] Ramnath. S. Investor and Analyst Reactions to Earnings Announcements of Related Firms: An Empirical Analysis [J]. Journal of

Accounting Research, 2002, 40 (5): 1351 – 1376.

[297] Richardson. S. Over-investment of Free Cash Flow [J]. Review of Accounting Studies, 2006, 11 (2 – 3): 159 – 189.

[298] Roychowdhury. S. Earnings Management through Real Activities Manipulation [J]. Journal of Accounting and Economics, 2006, 42 (3): 335 – 370.

[299] Schipper, . K. , and Vincent. L. Earnings quality [J]. Accounting Horizons, 2003, 17: 97 – 110.

[300] Schmidt. K. M. Managerial Incentives and Product Market Competition [J]. Review of Economic Studies, 1997, 64 (2): 191 – 213.

[301] Securities and Exchange Commission (SEC). SEC Concept Release: International Accounting Standards [Z]. Washington, D. C: SEC, 2000.

[302] Simmons. J. K. A Concept of Comparability in Financial Reporting [J]. The Accounting Review, 1967, 42 (2): 680 – 692.

[303] Soderstrom. N. S. , and Sun. K. J. IFRS Adoption and Accounting Quality: A Review [J]. European Accounting Review, 2007, 16 (4): 675 – 702.

[304] Sohn. B. C. The Effect of Accounting Comparability on the Accrual-based and Real Earnings Management [J]. Journal of Accounting and Public Policy, 2016, 35 (5): 513 – 539.

[305] Stickney. C. P. , Brown. P. R. , and Wahlen. J. M. Financial Reporting, Financial Statement Analysis, and Valuation [M]. Sixth Edi-

tion. Mason, OH: Thomson/South – Western, 2007.

[306] Street. D. L. , and Gray. S. J. Factors Influencing the Extent of Corporate Compliance with International Accounting Standards: Summary of a Research Monograph [J]. Journal of International Accounting, Auditing and Taxation, 2002, 11 (1): 51 – 76.

[307] Street. D. L. , Nichols. N. B. , and Gray. S. J. Assessing the Acceptability of International Accounting Standards in the US: An Empirical Study of the Materiality of US GAAP Reconciliations by Non – US Companies Complying with IASC Standards [J]. International Journal of Accounting, 2000, 35 (1): 27 – 63.

[308] Thomas. J. , and F. Zhang. Overreaction to Intra-industry Information Transfers? [J]. Journal of Accounting Research, 2008, 46 (4): 909 – 940.

[309] Van der Tas, and Leo. G. Measuring Harmonization of Financial Reporting Practice [J]. Accounting and Business Research, 1988, 18 (70): 157 – 169.

[310] Verdi. R. S. Financial Reporting Quality and Investment Efficiency [R]. Working Paper, Massachusetts Institute of Technology, 2006.

[311] Verrecchia. R. E. Essays on Disclosure [J]. Journal of Accounting & Economics, 2001, 32 (1 – 3): 97 – 180.

[312] Wang. C. Accounting Standards Harmonization and Financial Statement Comparability: Evidence from Transnational Information Transfer [J]. Journal of Accounting Research, 2014, 52 (4): 955 – 992.

［313］ Watts. R, and Zimmerman. J. Auditors and the Determination of Accounting Standards ［R］. Working Paper, University of Rochester, 1978.

［314］ Weetman. P. , Jones. E. A. , Adams. C. A. , and Gray. S. J. Profit Measurement and UK Accounting Standards: A Case of Increasing Disharmony in Relation to US GAAP and IASs ［J］. Accounting and Business Research, 1998, 28 (3): 189 – 208.

［315］ Wongsunwai. W. The Effect of External Monitoring on Accrual – Based and Real Earnings Management: Evidence from Venture – Backed Initial Public Offerings ［J］. Contemporary Accounting Research, 2013, 30 (1): 296 – 324.

［316］ Wu. J. S. , and Zhang. I. X. Accounting Integration and Comparability: Evidence from Relative Performance Evaluation around IFRS Adoption ［R］. Working Paper, University of Rochester, 2011.

［317］ Yang. H. I. Capital Market Consequences of Managers' Voluntary Disclosure Styles ［J］. Journal of Accounting and Economics, 2012, 53 (1 – 2): 167 – 184.

［318］ Yip. R. , and Young Danqing. Does Mandatory IFRS Adoption Improve Information Comparability? ［J］. The Accounting Review, 2012, 87 (5): 1767 – 1789.

［319］ Young. S. , and Zeng Yachang. Accounting Comparability and the Accuracy of Peer – Based Valuation Models ［J］. The Accounting Review, 2015, 90 (6): 2571 – 2601.

［320］ Yu. G. Accounting Standards and International Portfolio Holdings: Analysis of Cross – Border Holdings Following Mandatory Adoption of IFRS [R]. Working paper, University of Michigan, 2010.

[321] Zang. A. Y. Evidence on the Trade-off between Real Activities Manipulation and Accrual – Based Earnings Management [J]. The Accounting Review, 2012, 87 (2): 675 – 703.

[322] Zhang. J. H. Accounting Comparability, Audit Effort, and Audit Outcomes [J]. Contemporary Accounting Research, 2018, 35 (1): 245 – 276.